最近選擧事犯判決集

附　衆議院議員選擧法・同法施行令

選擧運動ノ爲ニスル文書圖畫ニ關スル件

日本檢察學會 編

昭和七年發行

最近選擧事犯判決集

附 衆議院議員選擧法・同法施行令
選擧運動ノ爲ニスル文書圖畫ニ關スル件

日本立法資料全集 別巻 1187

信山社

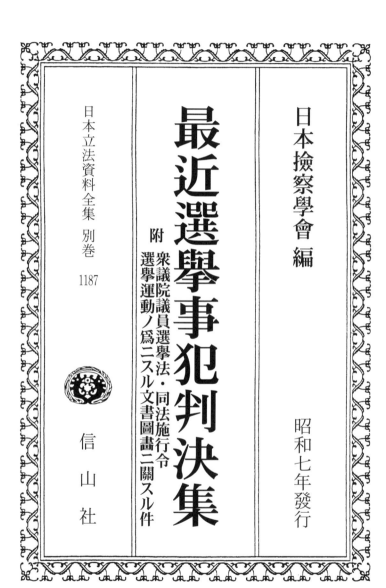

日本檢察學會編

最近

選擧事犯判決集

附 衆議院議員選擧法・同法施行令
選擧運動ノ爲ニスル文書圖畫ニ關スル件

東京 立興社 發行

例言

一、本書ハ昭和三年一月ヨリ同六年十二月ニ至ル衆議院議員選擧法違反事件ニ關スル大審院判決中執務上適切ニシテ又實際上最モ必要ナリト認ムヘキモノヲ拔萃收錄シタルモノナリ

一、判決ハ各本條別ニ一括シ其ノ言渡年月日順ニ從テ配列シタリ

一、判決要旨中ノ要點ヲ摘記シテ各本文ノ鼇頭ニ抽出シ之ヲ卷頭ノ索引ト爲シ全判決ノ內容ヲ一目窺知シ得ルニ便セリ

昭和七年二月

編者識

最近 選擧事犯判決集 目次及索引

最近選舉事犯判決集目次及索引終

最近

選擧事犯判決集

附　衆議院議員選擧法

衆議院議員選擧法施行令

選擧運動ノ爲ニスル文書圖畫ニ關スル件

日本檢察學會編

選擧事務員ヲ兼ヌルコトヲ許サス

第八十九條

一　選擧事務長ノ選擧事務員兼務（昭和四年（れ）第一六〇五號市會議員選擧罰則違反事件 昭和五年三月三日大審院第五刑事部言渡）

第十點原判決事實第一乙ノ金錢借用ハ相異ナキモ右ハ山口九郎ヲ選擧筆耕乃至雜役トシテ雇入レタル爲ニシテ何等違法ニアラス同人ヲ事務長トシテ屆出テタルハ併セテ事務長ノ任務ヲ委囑シタルモノニシテ

要旨

（イ）雜役筆耕事務員ハ事務長ヲ兼ヌルコトヲ得ストノ規定ナク（ロ）事務長ナリヤ事務員ナリヤ筆耕雜役ナリヤハ其ノ形式ニ依ランヨリ實質ニ依ルヘク裁判所出入ノ筆耕者ヲ煩ハシテ其ノ勞務ヲ致サセタル以上之ニ對シ相當報酬ヲ拂フハ道理上經濟上人情上當然ノ處置ナリ如斯ヲ犯罪トスレハ甚タ不都合ナリト存候要スルニ上告人ハ係爭選擧ニ當リ競爭劇烈トナリ當選ニ危險ヲ感スルニ至ラハ買收モ已ムヲ得サルヘシトシテ其ノ場合ニ其ノ事ノ出來得ルヤ否ヤヲ調査スル爲公訴事實第一甲（一）（イ）（ロ）所揭ニ誤解サレ易キ言動ヲ爲シ立候補後ノ運動者物色ノ爲同第一（甲）（乙）ノ如ク附會サレ易キ言動ヲ爲シ選擧事務員トシテ筆耕其ノ他ノ雜役トシテ雇入レタルモノニ當然ノ報酬ヲ與ヘタルニ過キスシテ若シ夫レカ犯罪トナルモノトスレハ法律ヲ知ラサル爲一、準備言動カ運動自體ノ如ク表現サレ又附會釋明セラレ二、事務長屆出ノ爲事務員又ハ筆耕雜役ノ本質ヲ抹殺スル道理ヲ辨セス不用意ニ相觸レタルモノニシテ情狀惡ムヘキモノ少ク買收ノ如キハ其ノ後斷然之ヲ拒絕シテ其ノ資金ヲ與ヘサルノミナラス末吉其ノ他モ未タ確定ニ約束シタル事實モナク只約束セントシタル形跡ノ存スルニ留ムル本件ニ於テ未決勾留ヲ通算セス折角市制改革ノ爲當選シタル榮譽ヲ奪ヒ他ノ多クノ類似事件ヨリ以上ノ不正違反罰金刑ニテ容赦サレ居ルニ被告人ノミ禁錮二ケ月ノ實刑ヲ科セラルルハ如何ニモ御無理ニハアラスヤト思料仕候ト謂フニ在レトモ「市制第三十九條ノ三ニ依リ準用セラルル衆議院議員選擧法ノ規定ニハ選擧事務長カ選擧事務員ヲ兼ヌルコトヲ得ヘキコトヲ定メタルモノナキヲ以テ選擧事務長ハ選擧事務員ヲ兼ヌルコト能ハサルモノト解釋セサルヘカラス蓋シ選擧事務員ハ選擧委員ト共ニ選擧事務長ニ依リ選任セラルルモノニシテ其ノ選擧委員トノ差別ハ單ニ報酬ヲ受クルコトヲ得ルト否トニ存シ法律上其ノ執ルヘキ事務ノ實質ニ於テ兩者ノ間ニ何等差別ヲ設クルコトナシト雖法カ特ニ選擧事務員ノ制度ヲ認メタル所以ノモノハ元來選擧運動ニ從事スル者ハ其ノ運動ニ付報酬ヲ受ケサルヲ本則トスルモ總テ無報酬トスルトキハ計算簿記ノ如キ特種ノ技能ヲ要スル事務又ハ諸般ノ雜役ニ從事スル如キ者ヲ得難キ虞アルカ故ニ此等ノ實際上ノ利便ヲ顧慮シ特ニ報酬ヲ受ケ得ル運動者トシテ選擧事務員ヲ選任シ得ヘキコトヲ認メタルモノニ外ナラサルシ以テ選擧事務長ノ如キ議員候補者ノ爲ニ選擧運動ノ樞軸ヲ握リ萬般ノ組織的選擧運動ヲ統制スル任ニ在ル者カ選擧事務員ヲ兼ヌルカ如キハ法ノ豫想セサル處ナリ」ト謂フヘク又「之ヲ選擧事務長ノ選任ニ關スル衆議院議員選擧法第八十八條ノ規定ト比較スルモ選擧事務長ノ選任ニアリテハ特ニ其ノ選任者タル議員候補者又ハ推薦屆出者カ自ラ選擧事務長タルコトヲ得ヘキ規定ヲ設クルニ反シ之ト同樣ノ法律關係ヲ規定セル選擧委員選擧事務員ノ選任ニ付テハ選任者タル選擧事務長自ラ選擧委員選擧事務員ト爲リ得ヘキ旨ヲ規定セス又議員候補者又ハ推薦屆出者自ラ選擧事務長ト爲ル場合法カ特ニ之ヲ選任ト謂ハサルニ徴スルトキハ選擧事務長ハ自己ヲ選擧委員又ハ選擧事務員トシテ選任スルコトヲ得サルモノト論斷セサルヘカラサレハナリ」所論ノ點ニ付原判決ノ認定シタル事實ハ被告人國矢ハ山口九郎カ本件選擧ニ付被告人國矢ノ爲選擧事務長トシテ選擧運動ヲ爲シタルコトノ報酬ト爲ス目的ヲ以テ九郎ニ對シ原判決記載ノ金錢供與ノ各所爲ニ及ヒタリト云フニ在ルコト判文上明白ニシテ右ノ事實ハ原判決擧示ノ證據ニ依リ優ニ之ヲ認ムルニ足ルヲ以テ從テ九郎ハ選擧事務員ニアラサルコト明ナリト謂フヘク右金錢供與ノ行

第八十九條

爲ヲ以テ九郎ノ選擧事務員トシテノ報酬ヲ供與シタルモノナリト爲スヲ得ス而シテ記錄ヲ精査スルモ原判決カ被告人國矢ノ判示犯罪事實ヲ認メタルコトニ付重大ナル事實ノ誤認アルコトヲ疑フヘキ顯著ナル事由ヲ發見セス尙記錄ヲ精査シ諸般ノ事情ヲ參酌スルモ原判決ノ量刑ヲ甚シク不當ナリト認ムヘキ顯著ナル事由ヲ發見セサルヲ以テ本論旨亦理由ナシ

二　演說又ハ推薦狀ニ依ル選擧運動ノミニ付テノ選擧事務所ノ設置ト選擧事務長ノ權限

選擧事務長ニ非レハ設置スルコトヲ得ス

（昭和五年(れ)第一九五七號衆議院議員選擧法違反事件
昭和六年二月九日大審院第二刑事部言渡）

第一點原判決ハ擬律錯誤ノ違法アリ原判決ハ其ノ理由第一ノ(一)ニ於テ被告人小熊清一ハ選擧事務長ニ非スシテ選擧事務所ヲ設置シタルモノナリトシテ衆議院議員選擧法第八十九條第一項ニ問擬處斷シタリ然ルニ原判決ノ認定シタル事實ヲ通覽スルニ被告人小熊清一、上野貫一、石井直孝ハ札幌市ニ於ケル政友會ノ支持團體タル政友會ノ幹事被告人岩崎與三吉ハ同シク支持團體タル協和會ノ幹部ナルトコロ右被告人等ハ昭和五年一月中衆議院ノ解散ヲ豫想シ來ルヘキ總選擧ニ備フルタメ同志ト相謀リ同シク政友會ノ支持團體タル懇和會靑年聯盟ヲモ合ハセ此等四團體ヲ基礎トシ其ノ上ニ立ツ大團體トシテ同年同月十七日會員約千六百名ヲ得テ札幌政友俱樂部ヲ組織シ右被告人等ハ何レモ其ノ常任幹事ニ擧ケラレ同俱樂部ノ事務所ヲ札幌市北二條西三丁目一番地政友會北海道支部内ニ設置シ次テ同年二月十日頃之ヲ同市北二條西二丁目一番地㊂旅館事赤迫タキ方ニ移轉シ以テ同年二月二十日施行ノ衆議院議員總選擧ニ際シ札幌市ヲ根據トスル政友會所屬議員候補者ヲ應援スヘキコトヲ計畫シタルカ豫期ニ反シ遂ニ立候補スルモノナカリシヨリ偶々同月十日中立議員候補者中西六三郎死去ノ後ヲ承ケテ主義政見ノ比較的政友會ニ近キ村田不二三カ中立ヲ標傍シテ北海道第一區選擧區ヨリ立候補スルヤ右被告人等ハ札幌政友俱樂部ヲ率ヒテ同候補者ヲ應援シ當選ヲ得シメ以テ政友會ノ地盤ヲ擁護センコトヲ企圖シ同年二月十一日札附市公會堂ニ於テ總會ヲ開キ同總會ニ於テハ演說又ハ推薦狀ニ依ル所謂獨立選擧運動ヲ以テ極力同候補者ヲ應援スヘキコトヲ決議シタル結果昭和五年二月十二日ヨリ右政友俱樂部事務所ニ於テ議員候補者村田不二三ノ爲推薦狀ヲ發送シ又幹部會員等會合シ之カ運動對策ヲ講シタルモノナリト云フニ在リ而シテ衆議院議員選擧法第九十六條但書ニ依ル所謂獨立選擧運動者ノ權限ハ演說又ハ推薦狀ニヨル選擧運動ナルコト其ノ費用ヲ自由ニ支出シ得ルコトノ二ヲ特色トスルモノニシテ此ノ權限ノ利用點ノ極度ヲ明確ニスルコトハ現行法ノ解釋上甚タ困難ナリト雖少クトモ第三者ノ選擧運動カ組織的且繼續的ニ之ヲ爲ス場合モ許容セラルルモノト解スルヲ相當トスヘシ何トナレハ衆議院議員選擧法第九十六條ハ演說又ハ推薦狀ニヨル選擧運動ニ付テハ議員候補者選擧事務長選擧委員若クハ選擧事務員ハ勿論是等法定ノ選擧運動者ニ非サル所謂第三者ト雖之ヲ爲スコトヲ得ル旨ヲ規定シ其ノ運動カ組織的且繼續的ニ爲サルルコトヲ禁シタル旨ノ見ル可キモノナキコトハ既ニ御院判例ノ是認セラルル所ナリ昭和三年(れ)第一一二七號昭和三年八月三十日大審院第二刑事部判決(大審院刑事判例集第七卷五五二頁參照)既ニ演說又ハ推薦狀ニ依ル選擧運動ヲ組織的且繼續的ニスルコトヲ許容スル以上右運動ヲ爲スニ付運動ヲ爲スヘキ者カ會合シ其ノ

要旨

對策ヲ講シ推薦狀ヲ發送スル空間ノ必要ナルハ當然ニシテ一定ノ場所ニ於テ推薦狀ヲ發送シ又ハ之カ對策ヲ講シタリトスルモ直チニ以テ衆議院議員選擧法第八十九條第一項ニ所謂選擧事務所ヲ設置シタルモノト斷スルコトヲ得サルモノトス何トナレハ被告カ㊂旅館事赤迫タキ方札幌政友俱樂部事務所ナル一定ノ場所ニ於テ推薦狀ヲ發送シ之カ對策ヲ講シタルノ故ヲ以テ同法第八十九條第一項ニ違反スルモノトセンカ同法カ前述シタルカ如ク演說又ハ推薦狀ニ依ル選擧運動ヲ法定ノ選擧運動者以外ノ第三者ニ許シ而カモ此ノ獨立選擧運動ヲ組織的且繼續的ニ許容シタル同法ノ精神ヲ沒却スルモノト謂ハサルヘカラス右原判決認定ノ事實ニ依レハ被告人カ札幌政友俱樂部ナル政治團體ノ幹部トシテ同團體カ一致協力シテ判示村田不二三候補者ニ演說又ハ推薦狀ニ依リ極力應援スヘキコトヲ決議シ被告人等カ該決議ニ基キ政友俱樂部事務所ニ於テ之カ運動對策ヲ講シ推薦狀ヲ發送シタリト謂フニ過キス換言スレハ被告人等ハ單ニ政友俱樂部ノ事務タル右推薦運動ヲ同俱樂部事務所ニ於テ執リタルモノナルニ過キス果シテ然ラハ被告人等ノ右行爲ハ選擧法第九十六條ノ許サレタル範圍ニ屬スルモノニシテ何等ノ犯罪ヲ構成スヘキモノニ非サルニ不拘原判決ハ此ノ法律上許容セラレタル點ヲ看過シ被告人小鹽清一ヲ前記法條ニヨリ處斷シタルハ擬律錯誤ノ違法アルモノニシテ破毀ヲ免レサルモノト信スト云フニアレトモ「衆議院議員選擧法第八十九條第一項ノ規定ニ依レハ選擧事務長ニ非サレハ選擧事務所ヲ設置スルコトヲ得サルコト明白ナレハ演說又ハ推薦狀ニ依ル選擧運動ノミニ付テノ選擧事務所ト雖選擧事務長ニ非サレハ之ヲ設置スルヲ得サルモノト解セサルヘカラス」原判決ノ判示事實ニ依レハ昭和五年二月二十日施行ノ衆議院議員選擧ニ對シ

村田不二三カ北海道第一區ヨリ立候補スルヤ被告人等ハ判示札幌政友俱樂部ヲ率ヒテ之ヲ應援シ其ノ當選ヲ得シムルコトヲ企圖シ札幌市公會堂ニ於テ總會ヲ開キ演說又ハ推薦狀ニ依ル選擧運動ヲ以テ極力同候補者ヲ應援スヘキコト等ヲ決議シタルカ被告人ハ右政友俱樂部ノ代表者東英治ヨリ同俱樂部ヲ代表シ右選擧運動ヲ統理スヘキ旨ノ委任ヲ受ケタルニヨリ先ツ選擧運動ノ事務所ヲ設置セムトシ外二名ノ幹部ト協議ノ上同月十二日頃札幌市北二條西二丁目一番地㊂旅館事赤迫タキ方政友俱樂部事務所ヲ右議員候補者村田不二三ノ爲推薦狀ヲ發送シ又幹部會員等會合シ各方面ヨリノ情報ヲ綜合シテ選擧運動對策ヲ講スル等選擧事務ヲ執ル場所ト定メ以テ選擧事務長ニ非スシテ選擧事務所ヲ設置シタルモノナレハ同法第八十九條第一項前段第百三十一條ノ犯罪ヲ構成スルコト勿論ニシテ原審ノ擬律ニハ錯誤アルコトナシ論旨ハ原判示ノ一部ノミニ依據スルモノニシテ結局原判示ニ副ハサルモノナレハ採ルニ足ラサルモノトス

論旨理由ナシ

屆出ノ時期

三　選擧委員、選擧事務員選任ノ形式ト屆出ノ懈怠（昭和五年（れ）第九五三號衆議院議員選擧法違反事件 昭和五年七月十九日大審院第三刑事部言渡）

第二點假ニ一歩ヲ讓リ原判決判示ノ如ク鴨下榮一ニ對シテハ昭和五年一月三十一日選任行爲ヲ爲シタルニ拘ラス同年二月三日其ノ屆出ヲ爲シ小林駒藏、成塚政之助ニ對シテハ同年二月七日同樣選擧委員ニ選任シナカラ同月十日其ノ屆出ヲナシタリトスル被告ニ於テ毫モ其ノ懈怠ナク客觀的犯罪構成事實ノ存セサルノミナラス犯意モ亦之ヲ認ムルコトヲ得ス何トナレハ鴨下榮一ニ對スル場合ハ屆出ヲ爲サントスル

要旨

モ被告及阿部己與午檢事聽取書ニ明ナルカ如ク事務長ノ印章見當ラス且二月一日ハ土曜日二月二日ハ日曜日ニテ何レモ屆出ヲナス餘地ナク三日ニ之カ屆出ヲ爲シタルモノニシテ印章紛失ノ際事務長ノ自宅迄之ヲ持チニ行クモ若自宅ニモ代リノ印章ナク新ニ之ヲ造ルモ相當ノ時間ヲ要スヘク之カ紛失ノ場合ニ探スモ見當ラサレハ或ハ二月三日尙後ルルヤモ豫見シ得ス小林駒藏、成塚政之助ニ對シテハ二月七日ニ其ノ選任ヲ爲シタルニ拘ラス之カ屆出ヲ二月十一日ニ爲シ依テ懈怠アリト云フニアルモ二月八日ハ土曜日ニ月九日ハ日曜日ニシテ尙且是等兩人ノ證明書ヲ紛失シ極力之カ有場所ヲ探シタルモ見當ラス依テ二月九日ノ晩ニ見當リタルカ故二月十日直ニ之カ屆出ヲナシタリト云フニアリ依テ其ノ間何等懈怠ノ觀念ヲ容ルルノ餘地ナキコト明ナリ然ルニ拘ラス原判決ハ之カ懈怠ノ存スルト爲シ有罪ノ問擬ヲ爲シタルモノニシテ之明ニ法律違背タルヲ免レスト云フニ在レトモ「衆議院議員選擧法第八十九條第四項ニ選擧委員若ハ選擧事務員ヲ選任シタルトキハ直ニ其ノ旨ヲ警察官署ニ屆出ツヘシト規定シタルハ選擧事務長ニ於テ選擧委員若ハ選擧事務員ヲ選任スルヤ否ヤ直ニ之カ屆出ノ手續ニ着手シ之ニ要スル相當ナル時間內ニ警察官署ニ對スル屆出ヲ完了スヘキコトヲ命シタルモノト解セサルヘカラス何トナレハ選擧事務長カ本條ノ屆出ヲ爲スニハ屆出ヲ爲スニ缺クヘカラサル準備選擧事務所警察官署間ノ距離等ニ應シ相當ナル時間ヲ必要トスルト共ニ選擧委員若ハ選擧事務員ハ屆出手續ノ完了ヲ竢ツコトナク選任ト同時ニ法定ノ選擧運動者トシテ選擧運動ヲ爲スコトヲ得ルモノナルニ依リ選擧取締ノ目的ヲ達成スルカ爲速ニ屆出ヲ爲サシムヘキ必要存スルコト明ニシテ元來屆出ナルモノハ屆出義務者ノ一方行爲ニシテ其ノ屆出ヲ受クヘキ官公署ニ到達セシムルヲ以テ足リ必スシモ處理權限アル者ニ直接ニ交付スルヲ要スルモノニアラス且屆出カ休日若ハ官公署ノ執務時間外ニ爲サレタルノ故ヲ以テ之ヲ無效ト爲スヘキ理據ナキニ依リ該屆出ハ書類カ當該官署ニ到達スルニ依リ完了スルモノト解スヘキモノトス」去レハ原判示ノ如ク被告人ニ於テ選擧委員トシテ鴨下榮一ヲ昭和五年一月三十一日ニ選任シ同年二月七日ニ小林駒藏、成塚政之助ヲ同樣選任シタル以上ハ判示選擧事務所所轄警察署選擧委員等ノ居村役場間ノ距離書類作成ニ要スル時間等諸般ノ事情ヲ綜合考覈スルニ選擧事務長トシテ相當ナル注意ヲ加フルニ於テハ前者ニ付テハ同年二月三日ニ至ラサル以前後者ニ付テハ同月十日ニ至ラサル以前ニ其ノ屆出ヲ完了シ得ヘキモノナルコト極メテ明ナリ然ルニ被告人ハ原判示ノ如ク鴨下榮一ニ付テハ同年二月三日小林駒藏、成塚政之助ニ付テハ同月十日ニ至リテ初メテ所轄警察署ニ屆出テタルモノナルヲ以テ選擧事務長ノ加フヘキ注意義務ヲ盡ササルモノトシテ屆出懈怠ノ責ニ任スヘキモノナルコト論ヲ竢タス若夫レ選擧事務長タル被告人ノ印章紛失小林駒藏成塚政之助ニ對スル資格證明書ノ選擧事務所内ニ於ケル紛失選擧事務長タル被告人ノ住居地其ノ職業等ノ如キハ選擧事務長タル被告人ヲシテ上記懈怠ノ責ヲ免レシムヘキ事由ト爲スコトヲ得サルヤ論ナシ去レハ原判決ニ所論ノ如キ法律違背存スルコトナク論旨ハ理由ナシ

選擧運動ノ爲メ設ケタル事實ノ判示

第九十二條

休憩所ノ設置ニ付有罪ノ判決ヲ爲ス場合ト其ノ事實ノ判示

（昭和四年（れ）第一三六五號町會議員選擧罰則違反事件
昭和四年十二月十九日大審院第五刑事部言渡）

本件ニ關スル略式命令請求書ヲ閲スルニ被告人ハ昭和四年四月二十五日施行セラレタル島根縣簸川郡大社町町會議員選擧ニ當リ候補者トシテ選擧運動中云々土肥磯太郎方表二部屋ニ休憩所ヲ兼ネタル選擧事務所ヲ設置シタルモノナリトノ記載アルカ故ニ被告人ニ對スル公訴事實ハ被告人カ右ノ場所ヲ一面選擧事務ヲ處理スル場所ト爲スト共ニ一面休憩所トモ爲シタリトノ趣旨ニ解シ得ルノミナラス所論ノ如ク選擧事務所ヲ設ケタル以上ハ選擧運動ノ爲ニスル休憩所ヲ兼ヌルコト當然ナリトスルモ休憩所ナル以上ハ常ニ選擧事務ヲ處理スヘキ場所ナリト云フヲ得サルカ故ニ右ノ公訴事實ヲ解シテ單ニ選擧事務ヲ處理スル場所ヲ不法ニ設置シタル行爲ノミヲ起訴シタルモノト爲スヲ得サルハ勿論ナリ然ラハ本件ニ付審判ヲ爲スニハ專ラ被告人カ土肥磯太郎方ニ選擧事務ヲ處理スヘキ場所ヲ設ケタリヤ否ヤヲ判斷スルヲ以テ足レリトセス休憩所タル設備ヲ設ケタリヤ否ヤニ付テモ亦判決ヲ爲スコトヲ要スルカ故ニ原判決カ被告人ノ休憩所設置ノ所爲ヲ認定シテ相當法條ヲ適用シ有罪ノ言渡ヲ爲シタルハ不法ニ非サルノミナラス右略式命令請求書ノ記載ニ徴スレハ公訴事實中選擧事務所ヲ設置シタリトノ點ハ右有罪ノ部分ト一所爲ノ關係アリトシテ起訴セラレタル趣旨ナルコト明白ナルカ故ニ原判決ハ選擧事務所ヲ設置シタリトノ點ニ付

要旨

犯罪ノ證明ナシト認メタルモ其ノ理由ノ末段ニ所論ノ如ク說明シ特ニ無罪ノ言渡ヲ爲ササリシハ相當ナリ

原判決ハ被告人ノ設置ニ係ル休憩所カ選擧運動ノ爲ニスルモノナル旨ヲ判示シ該設備カ選擧運動ノ目的ニ出テタルコトヲ說明シタルノミナラス「町村制第三十六條ノ二ニ依リ町村會議員ノ選擧ニ準用セラルル衆議院議員選擧法第九十二條ニ違反シテ休憩所ヲ設ケタル行爲ヲ判示スルニハ其ノ休憩所カ選擧運動ノ爲メ之ヲ設ケタルモノナル事實ヲ判示スレハ足ルカ故ニ原判決カ右ノ如ク說明シタル以上ハ該休憩所カ如何ナル選擧運動ニ供用セラレタルカヲ說明セサルモ罪トナルヘキ事實ノ說明ニ缺クル所アリト爲スニ足ラス加之原判決ニ擧示スル證據ニ對照スレハ判示休憩所ノ設置ハ選擧ノ當日選擧權者ヲ休憩セシムルノ目的ニ出テタルモノニシテ投票ヲ得ルニ有利ナル行爲ニ外ナラサルコト判文上明白ナルカ故ニ」結局原判決ニ理由不備ノ不法ナシ

届出前ノ運動ト數罪

第九十六條

一　候補者又ハ選擧運動者トシテ届出テサル以前ノ戸別訪問ニ依ル選擧運動ト法ノ適用

（昭和二年（れ）第一四九八號縣會議員選擧罰則違反事件
昭和三年一月二十四日大審院第一刑事部言渡）

原判決ノ認定セル事實ハ被告人幾壽ハ昭和二年九月施行ノ栃木縣縣會議員選擧ノ際其ノ候補者ニ立ンド欲シ之ヲ被告人信太郎秋三郎ニ詢リ其ノ賛同ヲ得未タ議員候補者トシテ届出テサル以前ニ於テ立候補後投票ヲ得ル目的ヲ以テ又被告人信太郎秋三郎ハ選擧運動者トシテ届出テルニ先チ被告人幾壽ノ爲メニ其ノ立候補後投票ヲ得セシムル目的ヲ以テ昭和二年六月初旬ヨリ七月下旬ニ亘リ各別ニ又ハ共同シテ當該選擧區ナル足利市ニ於テ選擧人五十八名ヲ戸別訪問シテ被告人幾壽ハ自己ヲ議員候補者トシテ被告人信太郎秋三郎ハ被告人幾壽ヲ同候補者ニ推薦セラレンコトヲ依賴シ因テ選擧運動ヲ爲シタリト云フニ在リ

前掲原判示事實カ衆議院議員選擧法第九十六條及第九十八條ニ違反スルヤ否ヤヲ按スルニ同法第九十六條ニ所謂選擧運動トハ一定ノ議員選擧ニ付一定ノ議員候補者ヲ當選セシムヘク投票ヲ得若クハ得セシムルニ付直接又ハ間接ニ必要且有利ナル周旋勸誘若クハ誘導其ノ他諸般ノ行爲ヲ爲スコトヲ汎稱シ直接ニ投票ヲ得又得セシムル目的ヲ以テ周旋勸誘等ヲ爲ス行爲ニ局限セサルモノト解スヘク但法ハ演說又ハ推薦狀ニ依ル選擧運動ヲ禁セサルノミ故ニ原判示ノ如ク選擧人ニ對シ被告人幾壽カ自己ヲ議員候補者トシ

テ被告人信太郎秋三郎カ被告人幾壽ヲ同候補者ニ推薦セラレンコトヲ依賴シタル行爲ハ後日被告人幾壽カ議員候補者ニ立チタル場合ニ於テ之ヲ當選セシムヘク間接ニ必要且有利ナル周旋ヲ爲シタルモノニ外ナラサレハ所謂選擧運動ニ該當スト解スヘキモノトス而シテ議員候補者ノ推薦ハ固ヨリ投票ト別殊ノ行爲ナレハ推薦ヲ依賴シタル者必スシモ投票ヲ依賴シタル者ナリト謂フヘカラサルト同時ニ推薦ヲ諾約シタル者必スシモ投票ヲ諾約シタル者ナリト謂フヘカラサルヤ論ナシト雖選擧人ニシテ既ニ一定ノ人ヲ議員候補者トシテ推薦センコトヲ諾約シタル以上ハ其ノ人ヲ投票スルコト人情ノ自然ナレハ議員候補者トシテ推薦センコトヲ依賴スル者ハ此ノ人情ノ機微ヲ捉ヘ投票ヲ得若クハ得セシメントスル目的ヲ有スル者ナリト認ムルハ社會通念ニ照シテ決シテ失當ノ見解ニ非ス之ヲ原判決ノ證據理由ニ徵スルニ所論首藤久太郎ニ對スル檢事聽取書記載ノ供述及第一審公判調書記載ノ被告人信太郎久三郎ノ供述ノ如キ以テ所論判示目的ヲ認定セル理由ノ一端ヲ窺フニ足ルヘシ之ヲ要スルニ原判決ニ於テ被告人等カ縣會議員選擧ニ際シ「被告人幾壽カ議員候補者トシテ被告人信太郎久三郎カ選擧運動者トシテ孰レモ屆出ヲ爲ササル以前ニ於テ連續シテ多數ノ選擧人ノ住宅ヲ訪問シ被告人幾壽ヲ議員候補者トシテ推薦センコトヲ依賴シタル事實ヲ認メ右議員候補者若クハ選擧運動者ニ非ル被告人等カ選擧運動ヲ爲シタル行爲ハ衆議院議員選擧法第九十六條ニ違反セルモノト爲シ而シテ上叙多數選擧人ヲ歷訪シ議員候補者トシテ被告人幾壽ヲ推薦センコトヲ依賴シタル行爲ハ被告人幾壽自ラ投票ヲ得若クハ被告人信太郎久三郎ニ於テ同被告人ヲシテ投票ヲ得セシムル目的ニ出テタル戸別訪問ナリト認メ之ヲ同法第九十八條ニ違反セルモノト爲シ同

法第百二十九條ニ依リ處斷シタルハ相當ニシテ所論ノ如ク擬律錯誤ノ違法アルモノニ非ス」

原判決ノ認定セル事實ハ前掲各論點ニ對シ説明セル如ク被告人幾壽ハ縣會議員候補者トシテ屆出テサル以前ニ於テ卽チ議員候補者ニ非スシテ立候補後投票ヲ得ル目的ヲ以テ被告人信太郎秋三郎ハ選擧運動者トシテ屆出ツルニ先チ卽チ選擧事務長選擧委員又ハ選擧事務員ニ非スシテ被告人幾壽ノ爲メニ其ノ立候補後投票ヲ得セシムル目的ヲ以テ選擧人ヲ戸別訪問シテ被告人幾壽ハ自己ヲ議員候補者トシテ被告人信太郎秋三郎ハ被告人幾壽ヲ同候補者ニ推薦セラレンコトヲ依賴シ因テ選擧運動ヲ爲シタリト云フニ在リテ「被告人等ノ行爲ハ一個ニシテ一面ニ於テ衆議院議員選擧法第百二十九條ニ於テ處罰スヘキ同法第九十六條ノ違反ト爲リ他面ニ於テ同一法條ニ依リ處斷スヘキ同法第九十八條ノ違反ト爲リ刑法第五十四條ニ所謂一個ノ行爲ニシテ數個ノ罪名ニ觸ルル場合ニ該當スルヲ以テ所論原判決ノ擬律ハ相當ニシテ同一罰條ニ觸ルルノ故ヲ以テ單純ノ一罪ヲ以テ論スヘシト爲ス見解ハ其ノ當ヲ得ス」

要旨

「依賴」ト立候補準備行爲ノ程度

二　立候補屆出前選擧有權者數名ヲ訪問シ宜敷盡力セラレタシト申向ケタル行爲ト選擧運動

（昭和二年(れ)第一九六九號縣會議員選擧罰則違反事件）
（昭和三年一月二十七日大審院第一刑事部言渡）

原判決ノ認定セル事實ニ依レハ被告人ハ昭和二年九月二十七日施行セラレタル長野縣會議員選擧ニ際シ同月五日民政黨北信第一支部役員總會ノ推薦ノ下ニ立候補シ翌六日其ノ屆出ヲ爲シタルモノナル處之ヨリ先右選擧ニ際シ立候補セントコトヲ決意シ自己ニ投票ヲ得ル目的ヲ以テ同年八月下旬ヨリ九月四五日頃

要旨

迄ノ間ニ「連續シテ數回ニ選擧有權者阪口美雄ヲ訪問シ美雄以下五名ノ者ニ對シ今回縣會議員選擧ニ立候補スル心算ナル故宜敷盡力セラレタシト申向ケタルモノニ係リ右ハ選擧有權者ニ對シテ自己カ立候補ノ上ハ之ヲ當選セシムルコトニ盡力センコトヲ依頼シタルモノニシテ依頼ノ趣旨ニハ自カラ其ノ者ヨリ投票ヲ得ントスルコトヲ包含スルヲ以テ其ノ行爲ハ之ヲ選擧運動ト認ムヘキモノニシテ之ヲ單ナル立候補ノ準備行爲ト謂フヲ得ス」故ニ原判決カ其ノ判示スル被告人ノ行爲ヲ選擧運動ト認メテ法ノ適用ヲ爲シタルハ洵ニ正當ナリ論旨ハ理由ナシ

當選ヲ斡旋スル行爲

三 當選ヲ得シムル目的ヲ以テ地盤ニ對スル反對派ノ侵蝕ヲ監視センコトヲ他人ニ依頼スル行爲ト選擧運動
（昭和二年(れ)第一七九六號縣會議員選擧罰則違反事件
昭和三年三月三日大審院第三刑事部言渡）

要旨

按スルニ議員候補者ヲシテ「當選ヲ得シムル目的ヲ以テ其ノ地盤ニ對スル反對派ノ侵蝕ヲ監視センコトヲ他人ニ依頼スルハ當選ヲ斡旋スル行爲ニ外ナラサルヲ以テ選擧運動ニ屬ス」原判示事實ハ被告カ長野縣會議員選擧ニ際シ議員候補者伊藤傳兵衞ノ立候補屆出前ナルニ拘ラス同人ヲシテ當選ヲ得シムルノ目的ヲ以テ有權者武田權一郎ニ對シ伊藤傳兵衞ノ爲ニ上田市表鍛原町及下紺屋町方面ノ有權者ニ對スル投票ノ運動方ヲ依頼シ其ノ報酬トシテ金三十圓ヲ供與シ以テ一面選擧運動ヲ爲シタリト云フニ在リテ其ノ投票ノ運動方ノ依頼トハ所論ノ如ク反對派ノ地盤侵蝕ノ監視ヲ依頼シタル事實ヲ指スモノトスルモ前示ノ理由ニ依リ選擧運動タルノミナラス原判決ノ引用セル證據ニ依レハ獨リ地盤侵蝕ノ監視ニ止マラス戸

別訪問ニ依ル投票勸誘ヲモ依頼シタル事實ヲ指シタル趣旨ナリト解シ得ヘキヲ以テ原判決カ被告ノ行爲ヲ府縣制第三十九條第四十條衆議院議員選擧法第百十二條第一號第百二十九條第九十六條ニ問擬シタルハ正當ニシテ云々

推薦狀ノ名義人ト選擧運動

四　特定ノ候補者ノ爲投票ヲ爲サシムル目的ヲ以テ推薦狀ノ名義人タルヘキコトヲ依頼スル行爲ト法第九十六條ニ所謂推薦狀ニ依ル選擧運動

（昭和三年(れ)第七七號縣會議員選擧罰則違反事件
昭和三年三月五日大審院第二刑事部言渡）

要旨

衆議院議員選擧法第九十六條但書ニ所謂推薦狀ニ依ル選擧運動トハ推薦狀ヲ選擧人ニ發送シテ投票ノ決意ヲ促シ以テ議員候補者ノ當選ヲ得シメントスル選擧運動ノ一方法ヲ謂ヒ數人共同シテ推薦狀ヲ發送スルコトハ固ヨリ法ノ禁スルトコロニ非サレトモ議員候補者ノ爲ニ投票ヲ得シムル目的ヲ以テ選擧人ニ對シ推薦狀ノ名義人タルヘキコトヲ依頼スル場合ハ之ト異ナリ「單ニ推薦狀ノ宛名人ヲシテ特定ノ議員候補者ノ爲ニ投票ヲ爲サシメントスルニ止マラスシテ推薦狀ノ名義人タルヘキ依頼ヲ受ケタル選擧人ヲシテ該候補者ノ爲ニ投票ヲ爲サシメントスル目的ヲ有スルモノナルカ故ニ斯ル行爲ヲ目シテ推薦狀ニ依ル選擧運動ト爲スヲ得サルコト明白ナリ」從テ同條本文所定ノ選擧運動者ニ非スシテ斯ノ如キ行爲ヲ爲スニ於テハ同條ニ違反シタルモノトシテ同法第百二十九條ヲ適用處斷セラルヘキモノトス

投票スヘ

五　特定ノ候補者ニ投票ヲ纏ムル目的ヲ以テ有權者ノ集會ヲ催シ其ノ意見ヲ纏ムルニ至ラシメタル

ク決意セシメタル行爲

要旨

行爲ト選擧運動（昭和三年（れ）第一〇二號縣會議員選擧罰則違反事件 昭和三年三月五日大審院第二刑事部言渡）

原判決ノ認定シタル事實ハ被告人三名ハ孰レモ立憲民政黨員ナル處昭和二年九月二十五日施行セラレタル茨城縣會議員選擧ニ際シ同縣東茨城郡選出議員候補者飛田忠ノ選擧事務長選擧委員又ハ選擧事務員ニ非サルニ拘ラス被告松次郎幸吉ノ兩名ハ居村大字袴塚ノ民政黨員ヲ纏メテ飛田忠ニ投票セシメンコトヲ企テ同月十七日夜袴塚ノ民政黨員ニシテ選擧人ナル柏貫次郎外十數名ヲ被告人松次郎方ニ集合セシメ被告人竹次郎ト三名共謀ノ上飛田候補者ニ投票ヲ纏ムルノ目的ヲ以テ右集會ニ列シ先ツ被告人松次郎ヨリ集會者一同ニ對シ今回東茨城郡ノ民政黨ヨリ飛田忠及海老澤寛ノ兩名立候補シタルカ二人ノ内孰レノ候補者ニ贊成スヘキカ袴塚ニハ黨員五十八名アルニヨリ一糸亂レサル樣ニ致シ度旨挨拶ヲ爲シ次テ被告人竹次郎ハ自ラ議員候補者飛田忠ハ前ニ郡會議長ヲ爲シ又現ニ郡農會長ヲ爲シ居ル人格者ナルヲ以テ同人ニ投票スヘキ旨ヲ言明シ仍テ同所ニ集合セル選擧人ヲシテ議員候補者飛田忠ニ投票スヘク意見ヲ纏ムルニ至ラシメタリト云フニ在リテ之ニ依レハ被告人松次郎幸吉ハ判示議員候補者飛田忠ニ投票ヲ得シムル目的ヲ以テ選擧有權者集會ヲ開催シ且ツ「被告人竹次郎ト三名共謀ノ上右ノ目的ヲ以テ右集會ニ列席シ被告人松次郎及竹次郎ニ於テ交々判示ノ挨拶及言明ヲ爲シ兩々相俟テ集會者一同ヲシテ右候補者飛田忠ニ投票スヘク決意セシメタルモノナルヲ以テ被告人等ハ特定セル議員候補者飛田忠一人ノ爲メ選擧運動ヲ爲シタルモノナレハ被告人等ノ判示行爲ハ府縣制第三十九條第四十條ニ依リ縣會議員ノ選擧ニ付準用

セラルル衆議院議員選擧法第九十六條ノ規定ニ違反スルコト論ヲ俟タス」又飛川忠及海老澤宜カ立憲民政黨ノ公認候補者ナルコトハ原判決ノ認メサル所ナルノミナラス縱令忠及宜ノ兩名カ何レモ同黨ノ公認候補者ナリトスルモ其ノ一人タル飛田忠ニ投票ヲ得シムル目的ヲ以テ同人ノ選擧事務長選擧委員又ハ選擧事務員ニ非サル被告人等カ選擧運動ヲ爲シタルコト原判示ノ如クナル以上同黨員ナレハトテ其ノ行爲ハ前記法條ニ違反スルコト多言ヲ要セス然レトモ原判示事實ニ依レハ被告人等ハ選擧人十數名ノ集會ニ臨ミ被告人松次郎及竹次郎ヨリ交々集會者一同ニ對シ同時ニ判示ノ挨拶及言明ヲ爲シ集會者一同ヲシテ竹次郎ノ意見ニ贊成シテ飛川候補者ニ投票スヘク決意セシメタルモノニシテ集會者個々ニ對シ意見ヲ求メ面接シタルモノニ非サルコト明ナルヲ以テ被告人等ノ右行爲ハ衆議院議員選擧法第九十八條第二項ニ違反シタルモノト謂フヲ得ス然ラハ原判決カ其ノ事實理由末尾ニ於テ右行爲ニ對スル法律上ノ見解トシテ説示シタルカ如ク該行爲ヲ以テ連續シテ選擧人十數名ニ對シ個別ニ面シタルモノト爲シ同條項ニ觸ルルモノトシテ擬律シタルハ法律ノ適用ヲ誤リタルモノニシテ論旨第三點及第二點ノ一部ハ其ノ理由アリ原判決ハ破毀ヲ免カレス

六　推薦狀ノ意義　（昭和三年（れ）第一七九號縣會議員選擧罰則違反事件 昭和三年三月十六日大審院第四刑事部言渡）

推薦狀ノ實質

要旨

府縣制第四十條ニ依リ準用セラルヘキ衆議院議員選擧法第九十六條ニ「所謂推薦狀トハ特定又ハ不特定ノ選擧人ニ對シ特定人ヲ議員候補者トシテ推薦スル趣旨ヲ記載シタル文書ニシテ特定又ハ不特定ノ選擧

人ニ對シ個別的ニ到達セシメ其ノ受ケタルモノニ於テ推薦者ノ何人タルヤヲ知ルコトヲ得ヘキモノヲ指稱スルモノトス」所論判示新聞號外ニ掲載スル所ハ日山君遂ニ立ツトノ題下ニ於テ政友會候補者蟹江壽一郎ニ對抗シ更新會及正和會カ一致シテ日山淺吉ヲ推薦スルコトトナリ淺吉モ亦其ノ勸請ニ餘儀ナクセラレテ遂ニ立候補スルニ至リタル旨及ヒ更新會員某氏ノ談トノ題下ニ於テ日山カ立候補スルニ至ル經過ヲ叙シ及ヒ其ノ立候補ニ付テモ保證金ノ供託並ニ立候補ノ屆出等凡テ推薦者ノ代表者西牧留次郎名義ニ於テ爲サレ選舉事務長モ亦西牧自ラ之ニ當ルコトトナリ之ノ如キハ眞ニ理想的ノモノナリトナシ而シテ蟹江ノ去就及其ノ態度ハ不鮮明タルヲ免レサル趣旨ヲ記述シタルニ止リ毫モ被告等カ特定又ハ不特定ノ選舉人ニ對シ判示日山淺吉ヲ兵庫縣會議員候補者トシテ推薦スルノ趣旨ノ認ムヘキモノナキヲ以テ同號外ハ前示法條ニ所謂推薦狀ニ該當スヘキモノニ非ス然ラハ右號外ヲ以テ推薦狀ト認ムヘキモノトナス見解ニ基ク本論旨ハ其ノ理由ナシ

七　選舉委員ト選舉事務員トノ區別

（昭和三年(れ)第一六二號縣會議員選舉罰則違反事件
昭和三年三月二十二日大審院第二刑事部言渡）

區別ノ標準及資格發生ノ時期

府縣制第四十條ヲ以テ準用セラルル改正衆議院議員選舉法ハ第十章選舉運動及第十一章選舉運動費用ノ二章下ニ選舉運動ノ取締ニ關スル規定ヲ設ケ其ノ第九十六條ニハ議員候補者選舉事務長選舉委員又ハ選舉事務員ニ非サレハ選舉運動ヲ爲スコトヲ得ス但シ演說又ハ推薦狀ニ依ル選舉運動ハ此ノ限ニ在ラスト規定セルヲ以テ選舉運動中演說又ハ推薦狀ニ依ルモノヲ除キテハ右法定ノ資格ヲ有スル者ニ非サレハ選

第九十六條

要旨

擧運動ヲ爲スコトヲ得サルハ明ナリ而シテ法定選擧運動者中選擧委員及選擧事務員ノ區別ニ付本法第八十九條第一項ハ選擧事務長ニ非サレハ選擧委員若ハ選擧事務員ヲ選任スルコトヲ得スト爲シ又第九十七條ニ依レハ選擧委員又ハ選擧事務員ハ選擧運動ノ實費ノ辨償ヲ受クルコトヲ得選擧事務員ハ選擧運動ヲ爲スニ付報酬ヲ受クルコトヲ得ト定ムル外兩者ノ職務範圍ニ付規定スルトコロナキカ故ニ「選擧委員及選擧事務員ハ孰レモ選擧事務長ニ選任セラレ其ノ指揮ノ下ニ諸般ノ選擧事務ニ從事スル者ニシテ職務權限ニハ法律上差別ナク兩者區別ノ標準ハ畢竟スルニ選擧事務長カ選擧委員トシテ選任シタルヤ又ハ選擧事務員トシテ選任シタルヤノ形式ニ存シ選擧事務員トシテ選任セラレタルトキハ選擧運動ヲ爲スニ付報酬ヲ受クルコトヲ得ルモノト謂ハサルヘカラス」蓋シ選擧運動ニ屬スル行爲ヲ分類スレハ其ノ間輕重ノ差アルカ如シト雖何レカ樞機ノ事項タリ何レカ庶務ノ事項タルヤノ一定ノ分界ヲ定メ難キヲ慮リ寧ロ選任者ノ意思ニ依リ選擧事務員タリ又ハ選擧委員タルヘキ法意ト解スルヲ相當トスレハナリ然ラハ選擧委員及選擧事務員タル資格發生ノ時期如何ト云フニ同第八十九條第一項ニ依レハ孰レモ選擧事務長ヨリ選任セラルヘキモノニシテ同條第四項ニ依レハ選擧事務長之レヲ選任シタルトキハ直チニ其ノ旨ヲ所定ノ警察官署ニ屆出ツヘク其ノ異動アリタルトキ亦同シト規定シ該選任ノ屆出ヲ強制スルニヨリ右選任セラレタル者ハ選任ノミニヨリ法定ノ選擧運動者タル資格ヲ得ヘク從テ選擧運動ニ從事スルコトヲ得ルヤ選任後其ノ屆出ヲ爲スニヨリ始メテ之ヲ克クスルヤ否ニ付更ニ審按スルニ議員候補者ニ關シテハ第六十七條ヲ以テ議員候補者タラントスル者ハ所定ノ期日迄ニ選擧長ニ屆出ツヘシト規定シ屆出ニヨリ其ノ資格

ヲ取得スヘキモノナルコト明白ナルニ拘ラス選擧委員及選擧事務員ニ關シテ之ト趣ヲ異ニシテ前掲ノ如ク選任ト屆出トヲ區別シ選任ニ付何等ノ形式ヲ要求セサルヲ以テ苟クモ當時者間ニ選擧運動ヲ爲スニ付明示若クハ默示ノ合意成立セハ選任行爲ハ完成スヘキモノニシテ其ノ解任辭任ニ關シ第八十九條第二條第三項ニ於テ選擧事務長ハ文書ヲ以テ通知スルコトニ依リ選擧委員又ハ選擧事務員ヲ解任スルコトヲ得選擧委員又ハ選擧事務員ハ文書ヲ以テ選擧事務長ニ通知スルコトニ依リ辭任スルコトヲ得ト定メ全然當時者ノ一方的意思表示ヲ以テ之ヲ爲スコトヲ得ルニ徵スルトキハ「右資格ノ發生消滅ハ一ニ叙上選任解任及辭任ノ意思表示ニ因ルモノニシテ警察官署ニ對スル之カ屆出ハ法定選擧運動者タル資格ノ發生及消滅ノ成立要件ニ非サルヲ知ルニ足ルヘシ然リ而シテ選擧委員又ハ選擧事務員タル資格ヲ得タル以上ハ反對ノ規定ナキヲ以テ直ニ選擧運動ヲ爲スヲ得ヘシトスルヲ當然トス」論者或ハ屆出前選擧運動ヲ爲スコトヲ得シムルニ於テハ之カ取締リヲ完フシ難シト難スル者アラント雖本法ハ一面ニ於テ選擧事務長ニ對シ警察官署ニ屆出ノ義務ヲ認メ之レカ懈怠ニ對シテ第百三十二條ヲ以テ刑罰ヲ課シ又他面ニ於テ第九十三條第百三十條ニヨリ選擧委員及選擧事務員ノ數ヲ制限シ之カ違反ニ對シ制裁ヲ加ヘ相俟テ選擧運動ノ取締ヲ遺憾ナカラシメントシタルニ鑑ミルトキハ叙上ノ論結ヲ以テ本法ノ解釋上妥當ト爲サヽルヲ得ス果シテ然ラハ「選擧事務長ニシテ報酬ヲ與フヘキ約旨ノ下ニ演說ニヨル選擧運動ヲ委託シ相手方ニ於テ之ヲ承諾シ候補者ニ對スル投票ヲ得セシムル爲數十回ニ亘ル演說ニ依ル選擧運動ヲ爲シ且選擧委員トシテ選任セラレタル事實ノ見ルヘキモノナキ以上ハ選擧事務員ノ選任アリタルモノニシテ直ニ選擧運動ヲ

第九十六條

爲シ得ヘキハ勿論ナリトス」而シテ原判決カ證據ニ依リ確定セル事實ハ被告衛ハ昭和二年十月五日施行セラレタル山口縣會議員選擧ニ際リ同縣豐浦郡選擧區ノ議員候補者被告新平ハ其ノ選擧事務長ナリシトコロ兩名共謀ノ上同年九月二十八日其ノ選擧事務員大木政一ヲ通シ被告判治ニ對シ應援演說ノ依賴ヲ爲シ且判治ニ對シテハ金三百圓同人ノ同行スル他ノ辯士ニ對シテハ金百圓ヲ各報酬トシテ供與スヘキ旨ヲ契約シ該約旨ニ基キ同年九月三十日ヨリ同年十月四日迄ノ間被告衛ニ對スル投票ヲ得シムル爲數十回ニ亘ル演說ニ依ル選擧運動ヲ爲シタル被告判治及秀曉ニ對シ其ノ報酬及實費トシテ被告衛ハ被告判治ニ金貳百圓ヲ被告新平ハ被告判治ニ殘金百圓ヲ被告秀曉ニ金百五十圓ヲ交付シ以テ右金圓中ヨリ判治ノ實費四十四圓秀曉ノ同上參圓ヲ控除シタル殘額ヲ報酬ニ各供與シ被告判治秀曉ハ被告衛ニ對シ投票ヲ得シムル爲演說ニ依ル選擧運動ヲ爲シ其ノ報酬トシテ各前記ノ供與ヲ受ケタルモノニシテ右事實ハ判示證據ニ依リ之ヲ認ムルニ足リ之ニ依レハ被告衛ノ選擧事務長タル被告新平ハ衛ト謀リテ被告判示及秀曉ニ對シ判示報酬ヲ與フヘキ約旨ニテ演說ニ依ル選擧運動ヲ委託シ兩名之ヲ承諾シタルコト明ナレハ即兩名ヲ選擧事務員ニ選任シタルモノニ外ナラスシテ孰レモ其ノ選任ニ基キ判示演說ニ依ル選擧運動ヲ爲シ之カ報酬ヲ受ケタルモノト謂フヘキヲ以テ被告等ノ所爲ハ犯罪ヲ構成スヘキモノニ非ス然ルニ原判決ハ以上ノ事實ヲ認定シナカラ選擧事務員ノ選任ニ非スト爲シ被告判治及秀曉ハ法定ノ選擧運動者ノ資格ヲ有セサルモノト認メ被告衛新平ニ對シ府縣制第四十條衆議院議員選擧法第百十二條第一號被告判治秀曉ニ對シ府縣制第四十條衆議院議員選擧法第百十二條第四號ニ問擬シタルハ擬律錯誤ノ違法アルモノニシテ各辯

護人ノ論旨ハ此ノ點ニ於テ理由アルヲ以テ原判決ハ破毀ヲ免レス

但書ノ推薦狀ニ該當セス

八 立看板張札ノ類ニ特定人ヲ議員候補者トシテ推薦スル旨ヲ記載シタルモノト推薦狀

（昭和三年（れ）第三一號縣會議員選擧罰則違反事件
昭和三年三月二十七日大審院第一刑事部言渡）

要旨

府縣制第四十條ニ依リ準用セラルヘキ衆議院議員選擧法第九十六條但書ニ所謂推薦狀トハ特定及ハ不特定ノ選擧人ニ到達セシムル目的ヲ以テ特定人ヲ議員候補者トシテ推薦スル趣旨ヲ記載シタル文書ニシテ之ヲ受ケタル者ニ於テ推薦者ノ何人ナルヤヲ知ルヲ得ヘキモノヲ謂フ故ニ「同條但書ノ推薦狀ニ依ル選擧運動ニハ特定人ヲ議員候補者トシテ推薦スル旨ノ書簡ヲ選擧人ニ送達スルヲ以テ通常ノ方法ト爲スモ新聞紙上ニ掲載スル推薦廣告ニ依リ其ノ新聞紙ヲ選擧人ニ送達セシムルカ如キモ亦之ヲ推薦狀ニ依ル選擧運動ト認ムルニ妨ナシ然レトモ之ト異ナリ立看板張札ノ類ニ特定人ヲ議員候補者トシテ推薦スル旨ヲ記載シタルモノノ如キハ縱令之ニ推薦者ノ住所氏名ヲ掲ケ且其ノ選擧人ニ對シテ推薦スル趣旨ナルコトハ自ラ了解シ得ラルルトスルモ其ノ文書ハ同條但書ノ推薦狀ニ非ス」從テ如上ノ立看板張札ノ使用ニ依ル選擧運動ハ其ノ推薦狀ニ依ル選擧運動ニ該當セサルモノトス原判決ノ確定セル事實ニ依レハ被告人ハ昭和二年九月二十二日施行ノ栃木縣會議員選擧ニ際シ法定ノ選擧運動者ニ非サルニ拘ラス芳賀郡選出議員候補者蝶良源右衞門ノ爲同月十五日川又文吾外一名ヲシテ同郷中村大字大島三郎方外約百ヶ所ノ人ノ見易キ場所ニ蝶良源右衞門君ヲ縣會議員候補ニ推薦ストノ文旨ヲ記シ且推薦者トシテ被告人ノ住所氏名

ヲ載セタル文書（證第六號）約百枚ヲ貼付シ以テ選擧運動ヲ爲シタルモノナルヲ以テ其ノ行爲ハ上ニ揭クル推薦狀ニ依ル選擧運動ニ該當セス然ルニ原判決ハ右推薦廣告ノ張札ヲ前揭第九十六條但書ノ推薦狀ト認メ之ヲ利用スル選擧運動ヲ以テ推薦狀ニ依ル選擧運動ト認メ被告人ニ對シ無罪ノ言渡ヲ爲シタルモノナルヲ以テ原判決ノ法律適用ハ不當ニシテ論旨ハ理由アリ

推薦狀ノ條件ヲ缺如スルモ本條及第百二十九條ニ問擬セラル

九

新聞ノ發行兼編輯人カ號外ニ候補者ノ談ト題シ「當選後ハ縣治ニ盡瘁シ厚志ニ酬ユヘキヲ以テ自己ニ投票セラレタシ」トノ趣旨ヲ述ヘタリト揭載シタル行爲ト本條ノ適用

（昭和二年（れ）第一八七六號議會議員選擧罰則違反事件
昭和三年四月四日大審院第三刑事部言渡）

原判決カ其ノ末段ニ於テ本件公訴事實中被告人カ中山候補者ノ法定運動者ニ非サルニ拘ラス判示新聞紙ヲ選擧人ニ頒布シ選擧運動ヲ爲シタリトノ事實ハ推薦狀ニ依ル選擧運動ト同一ニ認ムルヲ以テ罪ト爲ラサル旨判示シタルコト所論ノ如シ而シテ原判決前段ノ說示ニ依レハ被告人ハ常總日曜新聞（月刊）ノ發行編輯兼印刷人ナル處昭和二年九月二十五日施行セラレタル茨城縣會議員選擧ニ際シ新治郡選出議員候補者中山國通ノ當選ヲ得シムル目的ヲ以テ同月二十四日發行ノ右新聞號外ニ「立候補ニ就テ中山國通君談」ト題シ「當選後ハ誠意ヲ傾注シテ縣治ニ盡瘁シ厚志ニ酬ユヘキ積リナルカ土浦町ハ未成品ニシテ施設ヲ要スルモノ多々アリ商工學校ノ設置ノ如キ地下道問題ノ如キ皆然リ町內選擧人ハ此ノ意ヲ諒トシテ自己ニ投票セラレタシ」トノ趣旨ノ記事ヲ執筆揭載シ該號外約四千枚ヲ同日土浦町及ヒ其ノ附近ノ選擧人其

要旨

ノ他各戸ニ頒布シ土浦町民一般カ現ニ熱望シ居レル縣立商業學校設置鐵道地下道開設ニ付キ當選後中山國通カ之ニ盡力スヘキコトヲ知悉セシメテ以テ土浦町内各選擧人ニ對シ特殊ノ直接利害關係アル右問題ヲ利用シテ中山候補者ニ投票スヘク誘導シタリト云フニ在リテ該行爲タルヤ議員候補者中山國通ノ當選ヲ得シムルノ目的ヲ以テ同候補者ノ談話ヲ藉リテ土浦町ノ選擧人ニ特殊ノ直接利害關係ヲ有スル事項ヲ新聞號外ニ掲載シテ廣ク之ヲ同地ノ選擧人ニ頒布シ以テ同候補者ノ爲メニスル選擧運動ニ利用シ選擧人ヲ誘導シタルニ外ナラサレハ該新聞ノ記載事項ヲ目シテ衆議院議員選擧法ニ所謂推薦狀ナリト謂フヲ得ス「蓋シ同法ノ推薦狀トハ選擧人ニ對シ特定人ヲ議員候補者トシテ推薦スル趣旨ヲ記載シタル文書ニシテ個別的ニ選擧人ニ到達シ選擧人ニ於テ其ノ推薦者ノ何人タルヤヲ知リ得ヘキモノヲ云フモノニシテ其ノ文書ノ書簡ナルト新聞紙ナルトニ依リテ之ヲ區別スヘキ理由ナキヲ以テ苟モ叙上ノ要件ヲ具備スル限リ新聞紙ニ依ル推薦モ亦推薦狀タルヲ妨ケスト雖モ判示新聞ハ其ノ内容前ニ説明スル如クニシテ議員候補者トシテ中山國通ヲ推薦スル趣旨ノ記事ナキヲ以テ推薦狀ノ要件ヲ缺除スルコト明ナレハナリ故ニ原判決説示ノ如ク被告人カ議員候補者中山國通ノ法定運動員ニ非サルニ拘ラス同人ヲシテ當選ヲ得シムル目的ヲ以テ判示新聞紙ヲ頒布シタルニ於テハ衆議院議員選擧法第九十六條ニ違反シ同法第百二十九條ノ犯罪ヲ構成スヘシ」然ルニ原判決カ判示新聞紙ヲ推薦狀ナリト解シ被告事件罪ト爲ラスト判示シタルハ擬律ノ錯誤ニシテ論旨ハ理由アリ而シテ右ハ原判示有罪ノ部分ト牽聯犯ノ關係ニ在ルヲ以テ原判決ハ全部破毀ヲ免レスト雖原判決ハ右事案ヲ罪ト爲ラストセルノ結果被告人カ候補者中山國通ノ法定運動員ニ

非サルノ事實ハ證據ニ依リテ之ヲ確定セサリシカ故ニ本院ニ於テ直ニ判決ヲ爲スヲ得ス依テ刑事訴訟法第四百四十條ヲ適用シ本件全部ニ付キ事實ノ審理ヲ爲スヘキモノトス依テ主文ノ如ク決定ス

一〇　推薦狀ニ單ニ推薦者タル選擧人數名ノ署名ヲ求ムル行爲ト推薦運動

（昭和三年（れ）第三四四號縣會議員選擧罰則違反事件
昭和三年四月十三日大審院第四刑事部言渡）

推薦狀ニ依ル選擧運動ト認メス

要旨

衆議院議員選擧法第九十六條但書ニ所謂推薦狀ニ依ル選擧運動トハ推薦狀ヲ選擧人ニ發送シテ投票ノ決意ヲ促シ以テ議員候補者ノ當選ヲ得シメントスル選擧運動ノ一方法ニシテ「單ニ推薦狀ニ推薦者タル選擧人數名ノ署名ヲ求ムルノ行爲ハ法ノ禁スルトコロニ非スト雖議員候補者ノ爲メ投票ヲ得シムル目的ヲ以テ選擧人ニ對シ推薦狀ノ名義人タルヘキコトヲ依頼スル場合ハ之ヲ推薦狀ニ依ル選擧運動ト爲スヲ得サル」コト當院ノ判例（昭和三年（れ）第七七號同年三月五日宣告）トスルトコロナルカ故ニ原判決カ判示被告人ノ行爲ニ對シ判示法條ヲ適用處斷シタルハ正當ニシテ毫モ法ノ解釋ヲ誤リタルモノニ非ス論旨理由ナシ

原判決ノ判示スルカ如ク被告人カ法定ノ選擧運動者ニ非スシテ縣會議員候補者タル宇喜多幸太郎ニ投票ヲ得シムル目的ヲ以テ判示多數ノ選擧人ニ對シ同候補者ヲ援助セラレタキ旨勸告シ連續シテ個々ノ面接ヲ爲シタル以上ハ右各選擧人ニ於テ當時被告人ノ勸告ヲ竢ツマテモナク判示議員候補者ニ投票ヲ爲ス意思アリタルト否トヲ問ハス其ノ行爲ハ府縣制第四十條ヲ以テ準用セラルル衆議院議員選擧法第九十八條

第二項ニ觸ルルモノト云ハサルヘカラス然レハ原判決カ所論判示事實ニ對シ判示法條ヲ適用シタルハ其ノ法律ニ錯誤アリト爲スヘキニ非ス論旨理由ナシ

推薦狀ニ依ル選擧運動ノ過程

一　特定ノ人ヲ候補者トシテ推薦スルニ付單ニ推薦者トシテ其ノ推薦狀ニ加名センコトヲ勸誘スル行爲ト本條但書（昭和三年(れ)第三四九號縣會議員選擧罰則違反事件 昭和三年四月二十日大審院第四刑事部言渡原判決破毀無罪）

要旨

按スルニ府縣制第四十條ニ依リ準用セラルル衆議院議員選擧法第九十六條ニ所謂選擧運動トハ一定ノ議員選擧ニ付一定ノ議員候補者ヲ當選セシムヘク投票ヲ得若クハ得シムルニ付直接又ハ間接ニ必要且有利ナル周旋勸誘若クハ誘導其ノ他諸般ノ行爲ヲ爲スコトヲ汎稱シ直接ニ投票ヲ得又ハ得シムル目的ヲ以テ周旋勸誘等ヲ爲ス行爲ニ限局セサルコト本院判例ノ判示スル所ナリ（昭和二年(れ)第一四八九號縣會議員選擧罰則違反被告事件同三年一月二十四日第一刑事部判決參照）故ニ法定ノ選擧運動者ニ非サル者カ投票ヲ得又ハ得シムル目的ヲ以テ選擧人ニ對シ或人ヲ議員候補者トシテ推薦セントコトヲ依賴スル行爲ハ右法條ニ違反スルコト論ヲ俟タス「然レトモ推薦狀ニ依ル選擧運動ハ議員候補者選擧事務長選擧委員又ハ選擧事務員ニ非サルモノト雖之ヲ爲スコトヲ得ヘキコト前記法條ニ明定スル所ナレハ或人ヲ議員候補者トシテ推薦スルニ際リ單ニ推薦者トシテ推薦狀ニ加名センコトヲ勸誘スルハ法ノ禁スル所ニ非スト解スルヲ正當トス蓋シ推薦狀ニ依ル選擧運動ヲ爲スニハ推薦狀ノ作成ヲ要スルハ勿論多數ノ者同時ニ推薦者トナリ共ニ推薦狀ニ依ル運動ニ從事スルモ亦法ノ認容スル所ト謂フヘク而シテ多數ノ推薦者カ推薦狀

ニ依リテ選擧運動ヲ爲スニハ先ツ同志相謀リテ推薦者タルヘキモノヲ確定シ然ル後推薦狀ヲ作成シ以テ其ノ運動ヲ爲スニ至ルコト普通ノ順序ナレハ特定ノ人ヲ議員候補者トシテ推薦スルニ付單ニ推薦者トシテ其ノ推薦狀ニ加名セムコトヲ勸誘スルハ之レ唯推薦狀ニ依ル選擧運動ヲ爲ス過程ニ過キサレハ苟モ其ノ勸誘ヲ利用シテ投票ヲ得シムル目的ヲ以テ爲ササル以上毫モ違法性ヲ具有スルコトナケレハナリ」原判決カ證據ニ依リ認定シタル事實ハ被告人等ハ昭和二年十月一日施行ノ德島縣會議員總選擧ニ付選擧名簿ニ記載セラレタル者ヨリ議員候補者トシテ推薦屆出ヲ爲サレタル逢坂佐馬之助ノ爲メ同年九月十五日被告人上坂國太郎ハ其ノ選擧事務員ニ其ノ餘ノ被告人ハ孰レモ選擧委員ニ選任屆出テラレタルモノナルトコロ其ノ法定選擧運動者トシテ屆出前ナル同年九月十四日肩書居町大村茂一方等ニ於テ逢坂佐馬之助ヲ右議員候補者ニ推薦スル旨ノ推薦狀ニ加名者ヲ勸誘センコトヲ共謀シ卽日一、被告人井上半平ニ於テ同町ノ選擧ノ有權者ナル高岡悦太郎山岡益八久保川萬太川原芳多嘉鹽田春日佐鎌田多郎師水榮左衛門ノ七名ヲ訪ヒ二、被告人吉本福松ニ於テ同町ノ選擧有權者ナル沖田宇平西忍之助大倉幸一久原才助高岡多平木村寛一石川與一庄野邦一木村義一ノ九名ヲ訪ヒ同町馬場文夫ニ對シテハ被告人宅ニ於テ同大島由太郎ニ對シテハ同町ノ道路上ニ於テ夫々面接シ三被告人高崎辨太郎ニ於テ同町ノ選擧有權者ナル山本吉太郎ニ對シ被告人ノ居宅ニ於テ面接シ孰レモ今回ノ縣會議員候補者ニ逢坂佐馬之助ヲ推薦スルコトトナリタルニ付推薦者トシテ推薦狀ニ加名セラレタキ旨申入レ以テ議員候補者逢坂佐馬之助ノ爲メニ選擧運動ヲ爲シタルモノナリト云フニ在リテ各被告等ノ行爲ハ判示議員候補者逢坂佐馬之助ノ爲メニ投票ヲ得シムル目的ヲ以テセス唯同人ヲ縣會議員候補者ニ推薦スルコトトナリタルニ付推薦者トシテ推薦狀ニ加名セラレタキ旨ヲ申入レタルニ過キサルコト判文上明確ナレハ則チ被告等ノ判示行爲ハ法律上罪ト爲ラサルモノトス然ルニ原判決カ之ヲ有罪ト認メ府縣制第三十九條第四十條衆議院議員選擧法第九十六條第百二十九條ニ問擬シテ各被告人ニ對シ刑ノ言渡ヲ爲シタルハ擬律錯誤ノ違法アルモノニシテ論旨孰レモ其ノ理由アリ原判決ハ之カ爲メニ破毀ヲ免レス

一二　特定ノ議員候補者ニ投票スル選擧人ヲ取纏ムルコトヲ他人ニ依頼スル行爲ト選擧運動

純然タル選擧運動ナリ

（昭和三年(れ)第四二五號縣會議員選擧罰則違反事件
昭和三年四月二十三日大審院第五刑事部言渡破毀自判）

要旨

「特定ノ議員候補者ヲシテ當選ヲ得シムル目的ヲ以テ之ニ投票スル選擧人ヲ取纏ムルコトヲ他人ニ依頼スルハ卽チ投票ヲ得若ハ得シムル周旋行爲ニシテ選擧ノ自由公正ヲ害スルモノニ外ナラサレハ所謂選擧運動ニ該當スト解スヘキモノトス既ニ其ノ行爲自體カ選擧運動タル以上之ヲ依頼セラレタル者ノ選擧人タルト否ト又其ノ者ノ之ヲ實行シタルヤ否ハ選擧運動タル右行爲ノ成立ニ消長ヲ來タスコトナキヤ明白ナリ」故ニ右行爲ハ衆議院議員選擧法第九十六條ニ該當シ同法第百二十九條ニ違反スルモノトス然レハ原判決ニ於テ被告人金吉ハ昭和二年九月二十七日施行ノ大分縣縣會議員選擧ノ際法定運動者タル資格ナキニ拘ラス議員候補者川野直吉ニ當選ヲ得シムル目的ヲ以テ同月二十日選擧人ニ非サル山口仲雄ニ對シ右候補者川野直吉ニ投票スル選擧人ヲ取纏メ呉レ度ト依頼シ以テ選擧運動ヲ爲シタリトノ公訴事實ニ付

無罪ノ言渡ヲ爲シタルハ上叙ノ理由ニ依リ擬律錯誤ノ違法アリ

三　立候補ノ屆出ヲ豫期シテ其ノ者ニ當選ヲ得シムル目的ヲ以テ他人ニ對シ選擧運動ヲ依賴シ其ノ報酬トシテ金錢ヲ供與スル行爲ト本條竝第百十二條第一號ノ關係

（昭和三年(れ)第五四七號縣會議員選擧罰則違反事件
昭和三年五月十四日大審院第二刑事部言渡）

本條ト第百二十九條及第百十二條ノ罪ノ競合

要旨

府縣制第十三條ノ二ニ依レハ議員候補者タラントスル者ハ所定ノ期日迄ニ其ノ旨ヲ選擧長ニ屆出ツヘキモノニシテ立候補ノ屆出ニ依リ議員候補者タル資格ヲ取得スルコト明ナルモ「議員候補者タラントスル者カ未タ立候補ノ屆出ヲ爲ササル以前ト雖其ノ屆出ヲ豫期シテ其ノ者ニ當選ヲ得シムル目的ヲ以テ他人ニ對シ選擧運動ヲ依賴シ其ノ報酬トシテ金錢ヲ供與シタルトキハ府縣制第三十九條第四十條ニ依リ府縣會議員ノ選擧ニ付準用スヘキ衆議院議員選擧法第九十六條第百二十九條ノ罪名ニ觸ルルト同時ニ同法第百十二條第一號ノ罪名ニ觸ルルコト言ヲ俟タス」原判決ノ認定シタル事實ニ依レハ被告人ハ昭和二年九月二十六日施行セラレタル岡山縣會議員選擧ニ際シ同議員候補者平尾賢治ノ法定ノ選擧運動者ニ非サルニ拘ハラス同月二、三日頃同候補者ニ當選ヲ得シムル目的ヲ以テ選擧有權者坂手政雄ニ對シ同候補者ノ爲選擧運動ヲ爲スコトヲ依賴シ其ノ報酬トシテ金十五圓ヲ政雄ニ供與シタリト云フニ在リテ記錄ニ依レハ右平尾賢治カ立候補ノ屆出ヲ爲シタルハ昭和二年九月七日頃ナルコト明ナルヲ以テ原判決ニ於テ被告

當選ヲ希企スル行爲

人カ同月二、三日頃議員候補者平尾賢治ノ爲選擧運動ヲ爲ス事ヲ依頼シ云々ト判示シ恰モ賢治ノ立候補屆出後ニ被告人カ判示行爲ヲ爲シタルカ如ク説示シタルハ失當ヲ免レスト雖被告人ノ判示行爲ハ賢治ノ立候補屆出前ニ爲サルルモ將タ又其ノ屆出後ニ爲サルルモ均シク前掲法條ノ犯罪ヲ構成スルヲ以テ右瑕疵ハ判決ニ影響ヲ及ホササルヨリ未タ以テ原判決ヲ破毀スル理由ト爲スニ足ラス論旨ハ採用ノ價値ナシ

一四　特定議員候補者ノ爲ニ推薦狀ニ署名ヲ依頼スル行爲ハ本條但書

（昭和三年(れ)第五六二號縣會議員選擧罰則違反事件
昭和三年五月十七日大審院第二刑事部言渡）

上告趣意書第一點原判決ハ其ノ事實理由ニ於テ「第一被告小市ハ縣會議員選擧罰則ニ違反スルコトヲ知リナカラ同月二十七日居村役場ニ於テ選擧人横内甚作又居村選擧人篠原榮作方ニ於テ同人ニ各面接シテ候補者鈴木安市ノ爲メニ援助ヲ乞フ趣旨ノ推薦狀ニ氏名ノ掲載ヲ依頼シ第二被告兎夫太ハ同日居村役場ニ於テ選擧人横内甚作ニ居村選擧人鈴木政吉方ニ於テ同人ニ各面接シテ候補者鈴木安市ノ爲ニ援助ヲ乞フ趣旨ノ推薦狀ニ氏名ノ掲載ヲ依頼シ依テ何レモ右選擧人ニ暗ニ候補者鈴木安市ニ投票スヘキコトヲ依頼シ以テ選擧運動ヲ爲シタルモノナリ」ト認定シ被告等ヲ有罪ニ處斷シタリ然レトモ右選擧人ニ暗ニ候補者鈴木安市ニ投票スヘキコトヲ依頼シ以テ選擧運動ヲ爲シタルモノナリトノ認定事實ニ對シテハ何等證據ヲ擧示スル所ナシ然ラハ原判決ハ證據ニ依ラスシテ事實ヲ不當ニ認定シタル違法アルヲ以テ破毀ヲ免レスト云ヒ第四點原判決ハ其ノ證據説明ノ部ニ於テ「前略而シテ推薦狀ニ氏名掲載ノ依頼中ニ候補者

要旨

鈴木安市ニ投票スヘキコトノ依頼ヲ包含セルコトハ行爲自體ニ徵シテ自ラ明ニシテ選擧運動ヲ爲シタルコトヲ推斷シ得ヘキヲ以テ其ノ證據充分ナリ」ト說示シタリ然レトモ被告等ノ行爲ハ單ニ横内甚作篠原榮作鈴木政吉ニ對シ鈴木候補推薦ノ爲ニスル推薦狀ニ氏名ヲ掲載スル事ノ交渉ヲナシタルニ過キサル事明白ナルヲ以テ候補者鈴木安市ニ投票スヘキ事ノ依頼ヲ包含セルモノナリトハ推斷シ得ヘキニ非ス右推斷ヲ事實トシテ認定セントセハ之ニ對シ的確ナル證據ヲ擧示セサルヘカラス然ルニ原判決ハ本件犯罪成立ニ關スル重大ナル要素ニ付何等證據ニ依ラス單ニ想像ヲ逞ツシテ事實ヲ不當ニ認定シタル證據欠缺ノ違法アルヲ以テ破毀ヲ免レスト云フニ在リ「按スルニ選擧人ニ對シ推薦狀ニ署名ヲ承諾スヘク依頼シタル事實アレハトテ必スシモ該選擧人ノ投票ヲ得ル目的ノ存在ヲ肯認セサルヘカラサルモノニアラサレトモ其ノ事實ヲ判斷ノ資料ニ供シテ斯ル行爲者カ投票ヲ得ル目的ヲ有セシコトヲ認定スルハ毫モ妨ナシ蓋シ特定議員候補者ノ爲ニ推薦狀ニ署名スヘキコトヲ依頼スル者ハ固ヨリ其ノ當選ヲ希圖スルモノナルカ故ニ普通ノ場合ニ於テハ推薦狀ノ宛名人ノ投票ノミナラス推薦狀ノ名義人タルヘキ依頼ヲ受ケタル選擧人自身ノ投票ヲモ得ントスル目的ヲ有スト認ムルハ社會通念上妥當トスレハナリ」然リ而シテ原判決ノ證據理由ニハ候補者鈴木安市ノ爲援助ヲ乞フ趣旨ノ推薦狀ニ氏名掲載ノ依頼中ニ同候補者ニ投票スヘキコトノ依頼ヲ包含スルコトハ行爲自體ニ徵シ自ラ明ナリト說示シ措辭簡略ナリト雖其ノ前段ニ於テ證據ヲ擧ケテ被告人等カ判示選擧人ニ對シ候補者鈴木安市ノ推薦狀ニ署名方ヲ依頼シタル事實ヲ認定シ前記普通ノ事例ニ鑑ミ該事實ヨリ推理シテ本件被告等カ之ト同時ニ當該選擧人ノ投票ヲ得ル目的ヲ有シ暗ニ

之カ依頼ヲ爲シタル事實ヲ認メタル趣旨ナルコト判文通讀上明瞭ニシテ判示事實ハ判示證據ニ依リ認ムルヲ得之ヲ記錄ニ徵スルモ右認定ヲ以テ重大ナル誤認アルコトヲ疑フニ足ルヘキ顯著ナル理由アリト爲スニ足ラサレハ原判決ニハ所論ノ如キ證據ニ憑ラスシテ事實ヲ認定シタル違法ナク論旨ハ理由ナシ

選舉運動ノ準備行爲

一五 單ニ推薦狀ニ加名セシコトヲ勸誘スル行爲ト本條但書ノ適用

(昭和三年(れ)第六六六號縣會議員選舉罰則違反事件)
(昭和三年六月十九日大審院第一刑事部言渡破毀無罪)

要旨

案スルニ府縣制第三十九條第四十條ニ依リ準用セラルル衆議院議員選舉法第九十六條ニハ議員候補者選舉事務長選舉委員又ハ選舉事務員ニ非サレハ選舉運動ヲ爲スコトヲ得サルコトヲ規定シナカラ演說又ハ推薦狀ニ依ル選舉運動ニ付除外例ノ設アルヲ以テ「推薦狀ニ依ル選舉運動ハ選舉ノ自由公正ヲ保持スルニ關シ取締上毫モ害ナキヲ以テ之ヲ不問ニ附スル法意ナルコト蓋シ疑ヲ容レス故ニ推薦狀ヲ配付スルニ先タチ之ヲ作成スル行爲ノ如キハ論ナク特定ノ人ヲ議員候補者トシテ推薦スルニ付他人ニ對シ單ニ推薦狀ニ加名センコトヲ勸誘スル行爲ノ如キモ亦推薦狀ニ依ル選舉運動ヲ爲スニ至ルヘキ準備行動ニ屬シ縱令之ヲ進展セシムルモ結局推薦狀ニ依ル選舉運動ヲ爲スニ至ルニ過キサルモノナルカ故ニ均シク法ニ於テ之ヲ不問ニ付スルモノト解スルヲ正當トス故ニ他ニ投票ヲ得ル目的ヲ有シ如上ノ勸誘ヲ利用シテ之ヲ其ノ目的ヲ達スル手段ニ供スルニ非サル限リ其ノ勸誘ハ同法第九十六條ノ禁止ノ範圍外ニ在ルモノト謂フヘク勸誘カ立候補ノ屆出以後ニ在ルト其ノ前ニ在ルトニ依リ論定ヲ異ニスルコトナキモノトス」原判

決ノ認ムル事實ニ依レハ被告人等ハ徳島縣名西郡阿野村村會議員ニシテ昭和二年十一月一日施行ノ徳島會縣議員選擧ニ付キ同年九月十二日ニ至リ議員候補者トシテ屆出ヲ爲シタル同村出身西田喜一カ其ノ屆出ヲ爲スニ先タチ同月八日村與ニ喜一カ候補ニ立ツニ於テハ其ノ當選ヲ期センコトヲ申合セ未タ法定ノ選擧運動者タル資格ヲ有セサリシニ拘ハラス同郡鬼籠野村入田村神領村下分上山村上分上山村ニ於ケル有力者ニ就キ西田喜一カ立候補ノ上ハ其ノ推薦人タランコトノ承諾ヲ得置カンコトヲ共謀シ壽三郎林藏國二ハ判示第一ノ(イ)及(ロ)ノ如ク壽三郎國二ハ判決第二ノ如ク徳次郎武平ハ判示第三ノ(イ)及(ロ)ノ如ク他村ニ至リ選擧有權者數名ヲ歷訪シ西田喜一カ立候補ノ上ハ其ノ推薦人タランコトヲ依頼シタルモノニ係リ原判決ノ判示ニ依レハ被告人等カ西田喜一ニ投票ヲ得シムル目的ニ出テタルコトニ付テハ其ノ證明ナキモノナルヲ以テ原判決ノ認ムル被告人等ノ行爲ハ法律上罪トナラサルニ依リ無罪ヲ言渡スヘキモノニシテ之ニ府縣制第三十九條第四十條衆議院議員選擧法第九十六條第百二十九條ヲ適用シ罰金刑ノ言渡ヲ爲シタル原判決ハ法令ニ違反スルモノナルヲ以テ上告ハ理由アリ原判決ハ破毀ヲ免レス

一六　他人ヲシテ投票依頼狀ヲ戸々ニ配布セシメタル行爲ト本條但書ノ適用

(昭和三年(れ)第四七六號縣會議員選擧罰則違反事件)
(昭和三年六月二十六日大審院第一刑事部言渡原判決破毀無罪)

各被告辯護人野村淡一上告趣意書第一點原判決ハ事實ノ誤認ヲ疑フニ足ル重大ナル事由アルモノナリ被告今尾元右衛門ハ縣會議員候補者トシテ運動ヲナスニ當リ選擧法ニ適セサルカ故ニ岐阜警察署高等課ニ

犯罪ヲ構成セス

要旨

問合セ人夫ヲ使役シテ依賴狀ヲ配付スルハ敢テ差支ナシトノ敎ヲ受ケ其ノ敎ニ基キ其ノ他ノ被告ヲ人夫トシテ雇入レ依賴狀ヲ配付セシメタルモノナリサレハ元右衞門以外ノ被告ノ行爲ハ單ニ依賴狀配付ナル一仕事ヲ機械的ニナシタルニ過キスモトヨリ選擧運動ト云フヘキモノニアラス或ハ被告等カ自ラ配付ヲ爲サスシテ人ヲ選擇シテ配付ノ任ニ當ラシメタルハ機械的行動ニアラスシテ選擧運動ナリト解スヘキモノナリトノ說ナキニアラスト雖モ依賴狀配付ナル仕事カ或一人ニ託セラレ其ノ受託者カ更ニ自己ノ手足トシテ他人ヲ使役スルトモ何等其ノ仕事ノ性質ニ變更ヲ來スモノニアラサルカ故ニ之ヲ以テ直ニ選擧運動ト見ルハ當ラス而シテ他ニ何等證據ナキ本件ニ於テ被告等ノ行爲ヲ選擧運動ナリト解シタルハ事實ヲ誤認シタルモノニ外ナラス假ニ被告等ノ所爲カ選擧運動ナリトスルモ被告ハ岐阜警察署ノ敎ニヨリ斯ル行爲ハ當然爲スヲ得ヘキモノト解シタルニ基クモノニシテ換言スレハ斯ル行爲ハ選擧法ニ於テ認メタルモノナリト解シタルモノニシテ選擧法ノ誤解ニシテ犯意ヲ阻却スルモノナリ選擧罰則ノ誤解不知ニアラスシテ選擧自體ニ關スル法令ノ誤解ナリ結局事實ノ錯誤トシテ犯意ヲ阻却シ無罪タルヘキモノナルニ係ハラス有罪ノ判決ヲナシタルハ失當ナリト云フニ在リ

仍テ按スルニ衆議院議員選擧法第九十六條ニ所謂選擧運動カ一定ノ議員選擧ニ付一定ノ議員候補者ヲ當選セシムヘク投票ヲ得若クハ得シムルニ付重要且有利ナル周旋勸誘等諸般ノ行爲ヲ爲スコトヲ汎稱シ止タ演說又ハ推薦狀ニ依ル運動ヲ禁セサルノ法意ナルコトハ既ニ本院判例ノ認ムル所ナリ「故ニ進テ本件被告人元右衞門以外ノ被告人等カ右元右門衞ノ依賴ニ應シ同人ヲ當選セシムル目的ヲ以テ他人ニ依賴シ

テ選擧權者ノ宅ニ投票依賴狀ヲ配付シタル點、自ラ戸々ニ就キ投票依賴狀配付ノ必要上前記選擧權者ノ親族ナリヤ否ヲ調査シタル點及地方ニ於ケル被告人元右衞門ノ人氣ヲ調査報告セシメタル點カ罪トナルヤ否ヲ按スルニ元右衞門ヲ當選セシムル目的ヲ以テ他人ニ依賴シテ選擧權者ノ宅ニ投票依賴狀ヲ配付セシメタルコトハ所謂推薦狀ヲ配付セシメタルニ外ナラスシテ法ノ禁スルモノニ非ラサルコト前述ノ如クナルノミナラス自ラ戸々ニ就キ選擧權者ノ親族ナリヤ否ヲ調査スルカ如キ又地方ニ於ケル元右衞門ノ人氣ヲ調査報告セシムルカ如キハ到底之ヲ目シテ選擧運動ト認メ難シ假ニ此等ノ行爲ニシテ選擧運動ト目シ得ル場合アリトスルモ所謂選擧運動タルヤ苟モ選擧委員又ハ選擧事務員ニ選任セラレタルモノニ於テハ自由ニ之ヲ行ヒ得ヘク敢テ選任屆出ノ前後ヲ問ハサルコトニ付テハ亦本院判例ノ存スルトコロナレハ被告人元右衞門以外ノ被告人等カ元右衞門ノ選任ニ因リテ同人ノ選擧運動者タルコト明カナル本件ニ在リテハ縱シ同被告人等ニ於テ判示ノ如キ行爲ヲ爲シタリトスルモ何等ノ犯罪ヲ構成セサルハ勿論之ヲ敎唆シタル被告人元右衞門ノ行爲モ亦犯罪ヲ構成セサルモノト謂ハサルヘカラス」然ラハ原判決カ被告人等ニ判示ノ行爲ヲ認定シ之ヲ縣會議員選擧違反罪ニ問擬シタルハ法令ノ適用ヲ誤リタルモノト謂フヘク此點ニ於テ結局本論旨ハ理由アリ

所謂推薦狀ニ非ス選擧運動ナリ

一七　候補者ノ經歷ヲ叙シ其ノ人格ノ高潔ナルヲ賞揚シアル小册子ヲ配布シタル行爲ト本條ノ適用

（昭和三年（れ）第八三六號衆議院議員選擧罰則違反事件
昭和三年六月二十九日大審院第一刑事部言渡）

凡ソ選擧運動トハ一定ノ議員選擧ニ付一定ノ議員候補者ヲ當選セシムル爲メ投票ヲ得若クハ得シムルニ付直接又ハ間接ニ必要且有利ナル周旋勸誘諸般ノ行爲ヲ爲ス事ヲ汎稱シ其ノ演説又ハ推薦狀ニ依ル選擧運動ノ外ハ法定選擧運動者ニ非サレハ絶對ニ之ヲ爲スコトヲ得サルモノトス然リ而シテ原判決認定ノ事實ニ依レハ被告人兩名ハ議員候補者小池仁郎ノ法定選擧運動者ニ非サルニ拘ハラス同候補者ノ當選ヲ得シムル目的ヲ以テ所論册子ヲ他人ニ交付シテ之カ配付ヲ依頼シ又ハ之カ配付ヲ爲サシメタリト云フニ在ルヲ以テ右行爲カ果シテ所謂選擧運動ニ該ルヤ否ヤヲ按ルニ該册子カ特ニ小池候補者ノ選擧運動ノ爲メニ作成セラレタルモノニ非サルコト寔ニ所論ノ如シト雖同册子ノ小池候補者ノ部分ヲ閲スルニ同人ノ經歴ヲ叙スルト共ニ其ノ人格ノ高潔ナルコトヲ賞揚シテ最モ推薦ニ値スル旨記載シアルヲ以テ己ニ選擧運動ノ熾烈ナル昭和三年二月十日頃ニ當リテ此ノ如キ册子ヲ選擧人ニ配付スルカ如キハ同候補者ノ選擧ニ付多大ノ氣勢ヲ添フルモノト解スルヲ相當トスヘク其ノ選擧運動ニ該ルヤ疑ヲ容レス加之右册子ハ濱口總裁小池仁郎等民政黨候補者三十有七名ノ經歴人物ヲ紹介セルニ止リ特ニ小池候補者ヲ推薦スル目的ヲ以テ作成セラレタルモノニ非サルコト前示所論ノ如クナルヲ以テ之ヲ目シテ法ニ所謂推薦狀ト爲スコトヲ得ス然ラハ原判決カ判示事實ヲ認定シ之ヲ衆議院議員選擧法第九十六條第百二十九條ニ問擬シタルハ洵ニ相當ニシテ論旨ハ理由ナシ

演説ニ依ル選擧運

一八　政見發表演説會開催ノ爲寺院借入ノ紹介又ハ會場ニ電燈ノ取付其ノ他ノ準備ヲ爲ス等ノ行爲

動中ニ包含ス

ト本條ニ所謂演説ニ依ル選擧運動（昭和三年(れ)第八七九號衆議院議員選擧罰則違反事件）
（昭和三年七月十日大審院第四刑事部言渡）

要旨

「所論判示第二ノ(三)ノ事實ハ何レモ議員候補者ノ政見發表演説會開催ノ準備若ハ其ノ演説會ニ要シタル費用ノ支拂ニ關スル行爲ニ屬シ此ノ如キハ衆議院議員選擧法第九十六條ニ所謂演説ニ依ル選擧運動中ニ包含セラレ何人カ之ヲ爲スモ罪ト爲ラサルモノト解スヘキヲ以テ原審カ其ノ事實ヲ有罪トシテ判示シタルハ不法ナリト雖此不法ハ原判決ノ認定セル一罪ノ一部ニ關スルモノニシテ判決ニ影響ヲ及ホスモノニ非サルコト明白ナレハ以テ上告ノ理由ト爲スヲ得ス」

備考

本文中判示第二ノ(三)ノ事實概要左ノ如シ

被告人齋藤國平ハ新潟縣第二區衆議院議員選擧ニ際シ候補者須貝快天ノ法定選擧運動員ニ非サルニ拘ハラス同候補者ノ當選ヲ期スル目的ヲ以テ昭和三年二月二日前示候補者ノ選擧事務員高山末松ノ依頼ニ依リ同人カ前示候補者ノ爲メ政見發表演説會會場ヲ借入ルルニ際シ同人ヲ中蒲原郡新津町大字飯柳所在淨明寺ニ案內シテ同寺住職ニ紹介シ更ニ翌三日同寺ニ於テ右演説會開催ニ付會場ノ電燈ノ取付其他一切ノ諸準備ヲ爲シ且同候補者選擧事務員高山市太郎ヨリ該演説會ノ費用トシテ金十五圓ヲ受取リ淨明寺竝ニ電氣會社ニ會場ノ借賃及ヒ電燈料ノ支拂ヲ爲シ以テ違法ノ選擧運動ヲ爲シタルモノナリ

本法ノ罰

一九　新聞紙ノ記事ヲ利用シテ爲シタル選擧運動ト本條ノ適用

則ニ準據ス

要旨

（昭和三年（れ）第九八四號衆議院議員選擧罰則違反事件
昭和三年七月十日大審院第四刑事部言渡）

「案スルニ新聞紙法違反ノ行爲ニ付テハ發行人編輯人若ハ印刷人ヲ處罰スヘキモノナルコト新聞紙法ノ明定スル所ナリト雖衆議院議員選擧ニ際シ偶々新聞紙ノ記事ヲ利用シテ爲シタル選擧運動カ衆議院議員選擧罰則ニ觸ルル場合ニ在リテハ專ラ其ノ實質ニ顧ミ衆議院議員選擧法ノ所定ノ罰則ヲ以テ臨ム可ク新聞紙ノ發行人編輯人若ハ印刷人ニ於テ當然其ノ責ニ任スヘキモノニ非ス」然リ而シテ原判決ノ判示スル事實ニ依レハ被告ハ大和毎日新聞社員ニシテ同新聞ノ編輯兼校正係ヲ擔任セル者ナル處昭和三年二月廿日施行ノ衆議院議員選擧ニ際シ奈良縣ヨリ立候補シタル議員候補者森本千吉ノ法定運動者ニ非サルニ拘ハラス同年二月十九日發行ノ同新聞紙第千五百六十二號第二面ノ紙上ニ判示ノ如キ記事ヲ掲ケ同月十八日十九日ノ兩日ニ亘リ同新聞紙三千五百部ヲ奈良縣下ニ配布シ演說又ハ推薦狀ニ依ラサル選擧運動ヲ爲シタルモノナリト云フニ在レハ則チ被告ハ判示衆議院議員選擧ニ際シ法定運動者ニ非サルニ拘ハラス當選ヲ得シムル目的ヲ以テ議員候補者森本千吉ノ爲メ判示新聞紙ノ記事ヲ利用シテ選擧運動ヲ爲シタルモノナルコト明ニシテ其ノ行爲ハ衆議院議員選擧法第九十六條本文ノ規定ニ違反シ同法第百廿九條ニ依リ處罰スヘキモノニ該當スルヤ疑ヲ容レス尙記錄ニ徵スルモ原判決ハ重大ナル事實ノ誤認アルコトヲ疑フニ足ルヘキ顯著ナル事由ノ認ムヘキモノナク且本件衆議院議員選擧法違反ノ罪ヲ判示スルニ付毫モ缺クル所アルコトナシ從テ判示事實ヲ判示法條ニ問擬シタル原判示ハ正當ニシテ論旨ハ孰レモ其ノ理由ナシ

第九十六條

一定ノ意志ト行爲アレハ足ル

二〇　選擧ノ自由公正ニ對スル實害發生ノ有無ト選擧運動罪ノ成立

（昭和三年(れ)第一〇〇一號衆議院議員選擧罰則違反事件
昭和三年七月十三日大審院第一刑事部言渡）

「衆議院議員選擧法カ議員候補者、選擧事務長、選擧委員又ハ選擧事務員ニ非サル者ニ對シ選擧運動ヲ爲スコトヲ禁シ之ヲ犯ス者ヲ處罰セル所以ノモノハ一ニ選擧ノ自由公正ヲ保護セントスルニ在リ而シテ投票ヲ依頼シ又ハ勸誘スルカ如キ選擧運動ニ在リテハ苟モ投票ノ依頼又ハ勸誘ノ意志ヲ以テ一定ノ行爲ニ出ツルトキハ其ノ行爲ノミヲ以テ直ニ犯罪成立シ敢テ之ニ因リテ選擧ノ自由公正ニ對スル實害ノ發生シタルコトヲ要セサルハ勿論之カ具體的危險ノ發生ヲ必要トセサルナリ」然ラハ本件ニ於テ被告人カ川崎候補者ニ投票セシムルコトヲ依頼シタル辻元治郎ニ於テ業已ニ同候補者ニ投票セムコトヲ決意シ居タリトスルモ犯罪ノ成否ニ何等ノ影響ナキモノト謂ハサルヘカラス

準備行爲ヲ包含ス

二一　演說ヲ爲スニ付必要ナル演說會場ノ借入其ノ他ノ準備行爲ト演說ニ依ル選擧運動

（昭和三年(れ)第一〇二八號衆議院議員選擧罰則違反事件
昭和三年七月十四日大審院第三刑事部言渡原判決破毀無罪）

衆議院議員選擧法第九十六條ニ所謂選擧運動トハ特定ノ議員選擧ニ於テ特定ノ議員候補者ヲ當選セシムル爲投票ヲ得若クハ得シムルニ付直接又ハ間接ニ必要且有利ナル周旋勸誘若クハ誘導其ノ他諸般ノ行爲ヲ爲スヲ汎稱スルモノナルコト既ニ本院判例ノ示ス所ノ如シ故ニ法定ノ選擧運動者ニ非サル者カ投票ヲ

要旨

得若クハ得シムル目的ヲ以テ或議員候補者ノ爲ニ演説會場借入ノ申込ヲ爲ス行爲ノ如キモ亦同法條ニ所謂選擧運動ニ該當スヘキヤ勿論ナリトス然レトモ演説ニ依ル選擧運動ハ議員候補者選擧事務長選擧委員又ハ選擧事務員ニ非サル者ト雖其ノ之ヲ爲シ得ヘキモノナルコト同條但書ノ明規スル所ニシテ「同條但書ニ所謂演説ニ依ル選擧運動トハ單ニ演説ヲ爲ス行爲夫レ自體ノミヲ謂フモノニ非スシテ其ノ演説ヲ爲スニ付必要ナル演説會場ノ借入其ノ他ノ準備ヲ爲スカ如キ行爲ハ是亦等シク演説ニ依ル選擧運動中ニ包含スルモノトシ法ノ禁スル所ニ非スト解スルヲ正當トス蓋シ演説ノ方法ニ依リテ選擧運動ヲ爲サントスルニ際シテハ通常演説會場ヲ選定シ其ノ借入レ其ノ他ノ準備ヲ要スヘキハ當然ニシテ其ノ必要ナル準備ノ行爲ヲ不法ナリト論スルハ法ノ精神ニ非サレハナリ」原判決カ證據ニ依リテ確定シタル事實ハ被告人ハ昭和三年二月二十日ニ擧行セラレタル衆議院議員ノ選擧ニ際シ法定ノ選擧運動員タル資格ナキニ不拘愛知縣第一區議員候補者鬼丸義齊ヲ當選セシムル目的ヲ以テ同月十二三日頃名古屋市中區西日置町字若狹東光寺ノ總代ナル同市同區廣井町三丁目九十三番地伊藤竹次郎方ニ到リ同人ニ對シ東光寺ヲ同月十四日ニ開催スヘキ同候補者ノ演説會場トシテ借受ケ度キ旨ノ交渉ヲ爲シテ其ノ承諾ヲ得次イテ右演説會カ同月十六日ニ變更セラルルヤ更ニ同月十五日頃右竹次郎方ニ赴キ同人ニ對シ同月十六日開催スヘキ同候補者ノ演説會場トシテ同寺ヲ借受ケ度キ旨ノ交渉ヲ爲シテ其ノ承諾ヲ得仍テ同候補者ノ爲ニ選擧運動ヲ爲シタルモノナリト云フニ在リテ被告ノ行爲ハ法定ノ選擧運動者ニ非サル者ノ爲シタル選擧運動ナルコト勿論ナリト雖其ノ行爲ハ衆議院議員選擧法第九十六條但書ニ所謂演説ニ依ル選擧運動中ニ包含スルモノ

ト解スヘク從テ被告人ノ爲シタル選擧運動ハ法ノ禁スル所ニ非ス衆議院議員選擧法第百二十九條ヲ適用處罰スルヲ得サルモノニシテ其ノ行爲ハ法律上罪ト爲ラサルモノトス然ルニ原判決カ之ヲ有罪ト認メ衆議院議員選擧法第九十六條第百二十九條ニ問擬シテ被告人ニ對シ刑ノ言渡ヲ爲シタルハ擬律錯誤ノ違法アルモノニシテ論旨ハ理由アリ原判決ハ破毀ヲ免レス既ニ此ノ點ニ於テ原判決ヲ破毀スヘキモノト爲ス以上爾餘ノ論旨ニ付遂一說明ノ要ナク刑事訴訟法第四百四十七條第四百四十八條ニ則リ原判決ヲ破毀シ更ニ本院ニ於テ判決ヲ爲スヘキモノトス而シテ原判決ノ確定シタル事實ハ罪ト爲ラサルニ依リ刑事訴訟法第四百五十五條第三百六十二條ニ則リ被告人ニ對シ無罪ノ言渡ヲ爲スヘキモノトシ主文ノ如ク判決ス

屆出ノ前後ヲ問ハス

要旨

二三　立候補屆出ノ前後ニ於ケル選擧運動ト本條ノ適用

（昭和三年（れ）第九八一號縣會議員選擧罰則違反事件）
（昭和三年八月七日大審院第一刑事部言渡）

「凡ソ法ニ所謂選擧運動トハ特定ノ選擧ニ付特定人ノ當選ヲ直接間接ニ斡旋スル一切ノ行爲ヲ指稱スルモノナルカ故ニ其ノ多クハ立候補屆出後ニ於テ爲サルルモノナルヘシト雖必スシモ右屆出後ノ行爲ニ限ルノ要ナシ蓋被選擧權アル者ハ選擧法ノ規定ニ從ヒ一度立候補ノ屆出ヲ爲ストキハ議員候補者タル法律上ノ資格ヲ得ル可能性ヲ有スルヲ以テ特定人ノ當選ヲ期シテ爲ス上叙ノ行爲カ選擧運動トナルハ立候補ノ屆出後ニ於ケルト屆出前ニ於ケルトニ依リ何等擇フ所ナケレハナリ」然ラハ論旨第二點ニ於テ原判決

カ其ノ決定事實中立候補屆出前ノ斡旋行爲ヲ以テ選擧運動ナリト斷シタルハ誤ナリトスル所論攻擊ハ該ラサルモノト謂フヘク從テ論旨第三點ニ於テ論難スルポスタービラヲ作成シタルコトカ縱シ立候補屆出前ニ爲サレタリトスルモ此ノ一事ヲ捉ヘテ選擧運動ニ非スト斷スル能ハサルハ勿論ポスタービラノ類ハ其ノ演說會ノ日時場所ヲ告知スルヲ目的トシ作成セラレタル時ト雖議員候補者ノ主義政見ノ倂セ記載セラルル場合ニ於テハ當選ヲ目的トスル普通一般ノポスタービラニ依ル選擧運動ト異ル所ナキカ故ニ之ヲ目シテ單ナル演說會ノ準備行爲ニ過キスト爲シ彼ノ演說會場借入ノ行爲ト同一視シテ不問ニ付スヘカラサルヤ言ヲ竢タス

推薦狀ニ依ル選擧運動ノ範疇ニ非ス

一三　議員候補者推薦ノポスターヲ貼付シ又ハ之ヲ配付シ若ハ該候補者ニ投票セラレ度キ旨ノ宣傳ビラヲ撒布シ且其ノ會計事務ヲ執ルカ如キ行爲ト本條ノ適用

（昭和三年（れ）第一一二七號縣會議員選擧罰則違反事件）
（昭和三年八月三十日大審院第二刑事部言渡）

衆議院議員選擧法第九十六條ハ演說又ハ推薦狀ニ依ル選擧運動ニ付テハ議員候補者選擧事務長選擧委員又ハ選擧事務員ハ勿論是等法定ノ選擧運動者ニ非ラサル所謂第三者ト雖モ之ヲ爲スコトヲ得ル旨規定シタルニ止マリ組織的且繼續的ニ爲スコトヲ禁シタル趣旨ノ見ルヘキモノナキヲ以テ第三者カ組織的且繼續的ニ爲シタルトキト雖同條ノ規定ニ違背スルモノトシテ同法第百二十九條ニ依リ之ヲ處罰スルコトヲ

得サルモノトス蓋シ第三者カ組織的且繼續的ニ演說又ハ推薦狀ニ依ル選擧運動ヲ爲スニ當リテ或ハ選擧事務所ヲ設置シ或ハ事實上選擧委員又ハ選擧事務員ト同一ノ者ヲ選任シ其ノ他法律ノ禁止スル行爲ヲ爲スコトアルヘキハ想像スルニ難カラスト雖斯ル場合ニ於テハ夫レ夫レ當該罰條（例ヘハ衆議院議員選擧法第八十九條第一項第百三十一條）ニ依リ處罰スルハ格別其ノ選擧運動カ單ニ組織的且繼續的ナル故ヲ以テ之ヲ同法第九十六條ニ違反スルモノトシテ同法第百二十九條ニ依リ處罰スルハ演說又ハ推薦狀ニ依ル選擧運動ヲ汎ク何人ニモ爲スコトヲ許シタル同法ノ精神ニ反スルモノト謂ハサルヲ得サレハナリ「然ラハ所論原判事實中被告人等カ縣會議員候補者伊地智三郎右衞門ノ法定ノ選擧運動者ニ非スシテ共謀ノ上同候補者ニ當選ヲ得シムル目的ヲ以テ組織的且繼續的ニ演說及推薦ニ依ル選擧運動ヲ爲シタル點ハ同法第五十九條ニ違反スルモノニ非サルニヨリ原判決カ之ヲ同條ニ違反スルモノトシテ同法第百二十九條ニ依リ處斷シタルハ違法ナルモ原判示ニ依レハ被告人等ハ單ニ演說及推薦狀ニ依ル選擧運動ヲ爲シタルニ止マラスシテ法定ノ選擧運動者ニ非サルニ拘ラス共謀ノ上伊地智候補者ニ當選ヲ得シムル目的ヲ以テ同候補者推薦ノポスター貼札及配付竝ニ同候補者ニ投票セラレ度キ旨ノ宣傳ビラノ撒布ニ依ル選擧運動ヲ爲シ且ツ其ノ會計事務ヲ執リタルモノニシテ其ノ行爲ハ府縣制第三十九條第四十條ニ依リ縣會議員ノ選擧ニ付準用スヘキ衆議院議員選擧法第九十六條ニ違反シ同法第百二十九條ニ依リ處罰スヘキモノナレハ原判決カ被告人等ヲ府縣制第三十九條第四十條衆議院議員選擧法第九十六條第百二十九條刑法第六十條ニ問擬シタルハ結局相當ニシテ前記ノ違法ハ原判決ニ影響スル所ナキモノト認ムヘキヲ以テ破毀ノ理

選任ノミニ依リテ法定ノ資格アリ

要旨

由トナスニ足ラス」

二四　選擧委員ノ選任屆出ト選擧運動（昭和三年（れ）第一一〇五號衆議院議員選擧罰則違反事件
（昭和三年九月十七日大審院第二刑事部言渡）

按スルニ原判決ノ認定シタル事實ハ本論旨冒頭所掲ノ如クニシテ其ノ一部ヲ要約スレハ被告人ハ選擧委員トシテ屆出ヲ爲ス以前法定ノ選擧運動者ニ非サルニ拘ラス議員候補者木村秀興ノ當選ヲ得シムル目的ヲ以テ選擧運動（演説又ハ推薦狀ニ依ラサル）ヲ爲シタリト謂フニ歸ス「然レトモ選擧委員ハ選任ノミニ因リテ法定ノ選擧運動者タル資格ヲ得ルモノニシテ選任ノ屆出ナキ場合ト雖選擧運動ヲ爲スコトヲ得ルモノナルコト本院ノ判示（昭和三年（れ）第一六二號同年三月二十六日判決）スル所ナレハ選任ノ屆出以前ニ選擧運動ヲ爲シタル場合ニアリテハ選任ノ月日ヲ確定スルニ非サレハ法定ノ選擧運動者ナリヤ否ヲ確定スルコト能ハサル筋合ナリトス」然ルニ原判決ハ被告人ハ選擧委員トシテ屆出ヲ爲ス以前法定ノ選擧運動者ニ非サルニ拘ラス選擧運動ヲ爲シタリト判示シ選任アルモ屆出ナキ以上法定ノ選擧運動者ニ非サル如ク説示シ選任ノ月日ニ付何等審査確定スルコトナク被告人ニ對シ輙ク衆議院議員選擧法第九十六條本文第百二十九條ニ問擬シタルハ違法ニシテ論旨ハ理由アリ而シテ右ハ原判決ニ依レハ有罪ノ部分ト牽連犯ノ關係アリトセラレタルモノナレハ原判決ハ全部破毀ヲ免レスト雖判決ハ選擧委員トシテノ選任ノ月日ヲ證據ニ依リ確定セサルカ故ニ本院ニ於テ直チニ判決ヲ爲スヲ得ス依テ刑事訴訟法第四百四十條ヲ適用シ本件全部ニ付事實ノ審理ヲ爲スヘキモノトス

第九十六條

斯ル行爲ハ選擧運動ナリ

二五 法定ノ選擧運動者ニ非サル者カ推薦狀ニ署名センコトヲ依賴シ同時ニ他ノ選擧運動ヲ爲サンコトヲ請託シ選擧ポスターノ貼付演説會場借入ノ交渉又ハ選擧ビラノ配付ヲ依賴シタル行爲ト本條ノ適用

（昭和三年(れ)第一一七二號衆議院議員選擧罰則違反事件　昭和三年九月二十四日大審院第二刑事部言渡）

第二點原判決ハ其ノ理由中第一前略其ノ頃ヨリ同月十六日頃迄ノ間ニ於テ右居宅等ニ於テ同候補者ノ法定事務所ヨリ受取リ來リタル同候補者ノ選擧ポスター約二百枚ヲ被告人秀吉ニ約五十枚ヲ右久保庄右衞門ニ各交付シテ右地方ニ之ヲ貼付スヘキコトヲ依賴シ又ハ右庄右衞門ニ對シ前記多田村外三ヶ村ノ各役場ニ於テ同候補者ノ法定事務所主催ニ係ル演説會場ノ借入ノ交渉方及同地方ニ於テ同候補者ノ選擧ビラ配布方ヲ依賴シ以テ同候補者ノ爲メニ選擧運動ヲ爲サント判示シ右行爲モ亦衆議院議員選擧法第九十六條ニ所謂選擧運動ナリト解シ同法第百二十九條ヲ適用シテ處罰シタリ然レトモ右等ノ行爲ハ必スシモ法定運動員自ラ爲スヲ要スルモノニアラス亦限リアル法定運動員ニテハカカル雜事迄自ラ爲シ得ヘキモノニアラス第三者ニ託シテ爲サシメ得ヘキコト固ヨリ當然ニシテ寧ロカカル雜事務ハ第三者ニ爲サシムルヲ通常トス然シテ被告カ山邑候補者ノ法定事務所ヨリポスターヲ受取リ來リタルコトハ記錄上明カナルモ其ノ何人ヨリ託サレタルヤ被告自ラ貼付スヘク託サレタルヤ或ハ他人ヲシテ貼付セシムヘキコトヲ託サレ受取リ來リタルヤハ記錄上不明ナルモ要スルニ貼付ノ依賴アルニアラサレハ法定事務所ヨリ受取リ來ルヲ得サルヘシ然シテポスターノ貼付ハ何人カ爲スモ別ニ違法ニアラサレハ被告カ貼付ノ依賴ヲ受ケ

タル右ポスターヲ更ニ第三者ニ依賴シテ貼付ヲ爲サシムルトモ當該行爲自體ハ第九十六條ノ所謂選擧運動ニ屬セサルハ言ヲ俟タス更ニ演說會場借入レノ如キハ法定運動員ノ作成シタル適式ノ文書ヲ以テ申込ヲ爲スヘキモノナレハ本來郵便ニ託スルモ足ルヘキ事項ニ過キス被告カ法定事務所ヨリ借入ノ文書ヲ託サレ居リ之ヲ更ニ第三者ニ託シタリトスルモ演說會場ノ借入ト云フカ如キ所謂使者ノ役目ニ過キサル行爲ヲ以テ選擧運動ト解スルカ如キハ誤レルノ甚タシキモノト云フヘシ果シテ然ラハ被告ノ右ノ如キ所爲等ヲ以テ第九十六條ニ所謂選擧運動ト解シ衆議院議員選擧法第百二十九條ヲ適用シ刑罰ニ處シタル原判決ハ重大ナル事實ノ誤認アリ且ツ法律ヲ不當ニ適用シタル違法アルヲ以テ破毀ヲ免レサルモノト思料スト云フニ在レトモ「衆議院議員選擧法ニ所謂選擧運動員トハ議員候補者ニ當選ヲ得シムル目的ヲ以テ投票ヲ得ルカ爲ニ爲ス一切ノ行爲ヲ指稱スルモノナレハ苟モ投票ヲ得ルカ爲ニ爲ス以上所論ノ如キ行爲ト雖選擧運動タルヲ妨ケス而シテ選擧運動ハ原則トシテ議員候補者選擧事務長選擧委員又ハ選擧事務員ニ非サレハ之ヲ爲スコトヲ得サルモノナレハ被告人カ其ノ資格ナクシテ所論ノ如キ行爲ヲ爲スハ正ニ衆議院議員選擧法第九十六條ニ違反シ同法第百二十九條ニ該當スルモノト云フヘシ」論旨理由ナシ

要旨

選擧運動ニ非ス

二六　選擧事務所ノ單ナル借受交渉ト本條ニ所謂選擧運動

（昭和三年(れ)第一一三三號衆議院議員選擧罰則違反事件）
（昭和三年九月二十六日大審院第三刑事部言渡）

第三點原判決ハ片峰留吉カ昭和三年二月二日候補者松村光三ノ爲メニ居郡佐野町小林泰助ヨリ同人ノ居

宅ヲ選擧事務所トシテ借受ケ以テ同候補者ノ爲メニ選擧運動ヲ爲シタル旨判示シタリト雖モ此ノ點ニ關スル唯一ノ證據タル片峰留吉ニ對スル檢事ノ聽取書ノ陳述中「二月一日頃ト思フ片岡茂平ヨリ佐野町ニ事務所ヲ設ケルニ付テ小林泰助ノ家ヲ借ル樣ニ交渉シテ吳レトノコトニテ同家ニ交渉シ二月一杯五十圓ノ家賃ニテ借受ケ同月八日ニ小林方ニ居タ上岡ヨリ五十圓ヲ受取リ夫レヲ泰助ニ支拂ヒマシタ」トアリ如斯事實ハ選擧法ノ所謂選擧運動ニ非ラス即チ選擧委員タル上岡カ被告片峰ヲ依賴シ事務所ノ借入ヲ爲シタルモノニシテ片峰ハ單ニ上岡ノ依賴ニ應シ家屋借入ニ局限セラレタル事務ヲ取リタルニ過キス而シテ家屋借入等ノ事務ハ吾人生活上ノ實驗ヨリスルモ日常一般ノ事務ニシテ夫レ自體カ選擧運動ニ關聯ヲ有スルモノニ非ラス唯家屋ヲ借リ此レヲ事務所ニ充當スルコトニ付キ主觀的ニ決定シ得ヘキ者カ此レヲ爲シタル場合ニ於テ選擧運動ト稱スルコトヲ得ヘキモ本件ノ如ク斯ル意思決定ヲ爲シ得ヘキ者ヨリ依賴ヲ受ケ其ノ手足トナリテ機械的ニ仲介ノ勞ヲ取リタルニ過キサル者ヲ以テ選擧運動ヲ爲シタルモノト斷スル能ハサルヤ論ナキ所ナリ從テ此ノ點ニ關スル原判決ハ擬律ノ錯誤アル違法ノ裁判ナリト云フニ在リ

「按スルニ衆議院議員選擧法第九十六條ニ所謂選擧運動トハ一定ノ議員選擧ニ付一定ノ議員候補者ニ當選セシムル爲直接又ハ間接ニ必要且有利ナル周旋勸誘等諸般ノ行爲ヲ爲スコトヲ指稱スルモノナレハ同條ノ違反タルニハ法定ノ選擧運動員ニ非サル者カ一定ノ議員候補者ヲ當選セシムル爲前記ノ如キ行爲ヲ爲シタルコトヲ要スルモノトス然ルニ原判示第二事實ハ單ニ被告留吉カ昭和三年二月二日未タ法定ノ選擧運動者ニ非サルニ拘ラス候補者松村光三ノ爲ニ佐野町小林泰助ヨリ同人ノ居宅ヲ選擧事務所トシテ借

要旨

受ケタリト云フニ過キスシテ毫モ候補者松村光三ニ當選セシムル爲判示居宅ヲ選舉事務所トシテ借受ケタリト云フニ在ラサルヲ以テ縱令被告留吉ニ於テ判示ノ如キ行爲ヲ爲シタリトスルモ前示法條ニ所謂選舉運動ヲ爲シタルモノト謂フコトヲ得ス」從テ被告留吉ノ原判示ノ第二所爲ハ何等ノ犯罪ヲ構成スルモノニ非ス果シテ然ラハ原判決カ被告留吉ニ判示第二ノ行爲ヲ認定シ之ヲ衆議院議員選舉法第百二十九條第九十六條ニ問擬シタルハ法令ノ適用ヲ誤リタルモノト謂フヘク結局此ノ點ニ於テ本論旨ハ理由アリ

選舉運動タルヲ失ハス

一二七　ポスターヲ有利ナル場所ニ貼付スヘク考量シタル行爲ト本條ノ適用

（昭和三年(れ)第一三五五號衆議院議員選舉法違反事件
昭和三年十月二十九日大審院第五刑事部言渡）

要旨

特定ノ議員候補者ノ爲メ其ノ宣傳用張紙ヲ宣傳ニ有利ナル場所ナルヤ否ヤヲ自ラ考量シテ適當ト認メタル場所ニ貼付スル行爲ハ單ニ他人ヨリ命セラレタル場所ニ貼付スル行爲ト異ナリ機械的勞務ノ範圍ヲ超越セルモノニシテ特定ノ議員候補者ヲ當選セシムヘク投票ヲ得シムル目的ヲ以テ之ニ必要且有利ナル行爲ヲ自ラ判定實行スルモノニ外ナラス而シテ特定ノ議員候補者ノ爲メ投票ヲ得シムルニ付必要且有利ナル行爲ヲ爲シタル以上ハ所論ノ如ク組織的且繼續的ノモノニ非ストスルモ之ヲ選舉運動ニ非スト爲スヘキ理由ナキカ故ニ「叙上ノ如ク議員候補者ノ宣傳用張紙ヲ宣傳ニ適當ナル場所ヲ選定シテ貼付スル行爲ハ縱令組織的ニナサレタルモノニ非ス又一時的ノモノナリトスルモ仍ホ衆議院議員選舉法ニ所謂選舉運動タルヲ失ハサルモノトス」原判決ノ認定ニ依レハ被告人ハ衆議院議員候補者鈴木富士彌ノ爲メ法定ノ

選擧運動員タル資格ナキニ拘ハラス同候補者ヲ當選セシメンカ爲メ同人ノ選擧運動員田村愛之助ヨリ同候補者ノ宣傳ポスター大小取交約五百五十枚ヲ受取リ自家ノ雇人八角利世ヲ監督使用シ自ラ貼付ノ場所ヲ求メテ該ポスター若干枚ヲ原判示ノ秋山金五郎方ヲ首トシ附近約十六七戸ノ人家ニ貼付シタルモノナルカ故ニ其ノ所爲ハ一時機械的ノ勞務ヲ供シタルト異ナリ右候補者ノ爲選擧運動ヲ爲シタルモノト認メサルヘカラス然ラハ原判決カ被告人ノ所爲ヲ衆議院議員選擧法第九十六條ニ違反スルモノトシテ同法第百二十九條ニ問擬シタルハ正當ニシテ論旨ハ理由ナシ

選擧運動ニ外ナラス

要旨

等シク選

二八　法定選擧運動者ノ爲シタル投票買收及勸誘ノ行爲ト本條竝其ノ他ノ法條ノ適用

（昭和三年(れ)第一五七一號衆議院議員選擧法違反事件
昭和三年十月三十日大審院第一刑事部言渡）

「議員候補者ヲ當選セシムル目的ヲ以テ選擧有權者ニ對シ投票ヲ求メントスル行爲ハ其ノ行爲ノ適法ナルト違法ナルトニ論ナク總テ之ヲ選擧運動ト謂フヘク從テ法定ノ選擧運動員ニ非スシテ選擧有權者ニ對スル投票ノ買收及投票ノ勸誘ヲ爲スカ如キハ固ヨリ選擧ノ運動ニ外ナラサレハ」原審カ所論事實ヲ認定シテ被告ニ對シ衆議院議員選擧法第百十二條第一號第三號ノ外同法第百二十九條第九十六條刑法第五十四條第一項前段ヲ適用處斷シタルハ洵ニ正當ニシテ論旨ハ理由ナシ

二九　當選危キ旨ヲ當該候補者ノ事務員ニ注意スヘク依賴スル行爲ト選擧運動

擧運動ナリ

要旨

法定ノ選擧運動者ニ非スシテ選擧運動ヲ爲シタル者

要旨

（昭和三年（れ）第一七二八號縣會議員選擧罰則違反事件）
（昭和四年三月六日大審院第三刑事部言渡）

苟モ特定ノ縣會議員選擧ニ付特定ノ候補者ニ當選ヲ得シムル目的ノ下ニ行ハルル投票幹旋ノ行爲タル以上ハ其ノ行爲ノ積極ナルト消極ナルト將又直接ナルト間接ナルトヲ問ハス法ニ所謂選擧運動ニ該當スヘク而シテ原判決ノ確定シタル事實卽チ昭和二年九月二十四日施行セラレタル石川縣縣會議員ノ選擧ニ付「金澤市ヨリ立候補シタル政友會公認候補者飭谷與右衞門ノ當選ヲ得シムル目的ヲ以テ被告人カ廣坂警察署長ノ官職ニ在リナカラ部下ノ巡査內山敬吉ニ對シ飭谷候補者ノ當選危キ由ナルニ付キ同候補者ノ事務員等ニ其ノ旨注意スヘク依賴スルカ如キハ縱シヤ其ノ依賴ヲ受ケタル內山巡査ニ於テ其ノ旨之ヲ飭谷候補者ノ事務員等ニ傳達注意ヲ爲ササリシトスルモ其ノ行爲自體飭谷候補者ノ投票ニ影響ヲ及ホシ得ヘク選擧ノ自由公正ヲ害スル虞アルヤ言ヲ俟タサルカ故ニ之ヲ目シテ選擧運動ニ非スト云フヘカラス」從テ原判決カ所論判示事實ヲ認定シ之ヲ府縣制第三十九條第四十條ノ準用ニ依ル衆議院議員選擧法第九十六條ニ所謂選擧運動ニ該當スルモノト解シタルハ正當ナリ

三〇 議員候補者タラントスル者ノ立候補屆出前ニ於ケル戶別訪問又ハ其ノ他ノ選擧運動ト本條ノ適用

（昭和四年（れ）第五一三號衆議院議員選擧法違反事件）
（昭和四年六月十二日大審院第三刑事部言渡）

「衆議院議員候補者タラムトスル者ト雖立候補屆出前ニ在リテハ未タ其ノ資格ヲ有セス從テ前記第九十

六條所定ノ議員候補者ニ該當セサルコト言ヲ俟タサレハ」原判決ニ於テ被告人カ議員候補者トシテ屆出ヲ爲ス以前既ニ戸別訪問其ノ他ノ選擧運動ヲ爲シタル事實ヲ認メテ以テ法定ノ選擧運動者ニ非スシテ選擧運動ヲ爲シタルモノナル旨判示シ衆議院議員選擧法第九十六條ノ違反トシテ處斷シタルハ正當ナリ

三一　法定ノ選擧運動者ニ非サル者カ選擧人ヲシテ特定ノ議員候補者ニ投票セシムル目的ヲ以テ之ニ演説ヲ依賴シ又ハ推薦狀ヲ發センコトヲ依賴スルカ如キ行爲ト本條ノ適用

本條及第百二十九條ニ違反ス

（昭和四年(れ)第六七九號衆議院議員選擧法違反事件）
（昭和四年八月六日大審院第四刑事部言渡）

要旨

特定ノ議員候補者ヲ當選セシメンカ爲ニ其ノ宣傳用張紙ヲ貼付スルニ依リテ投票ヲ勸誘シ若ハ之カ補助的勞務ヲ爲スハ單ナル使丁給仕ノ如キ機械的勞務ニ服スルト異ナリ叙上選擧運動ヲ爲スモノト謂フヲ得ヘシ而シテ原判示第一(イ)事實及之ニ關スル證據說示ヲ通讀スルトキハ原判決ハ被告人林太郎カ判示選擧ニ付議員候補者增田伊三郎ノ法定ノ選擧運動者ニ非サルニ拘ハラス同候補者ヲシテ當選ヲ得シムル目的ヲ以テ猪飼正治ヲシテ同候補者ノ選擧事務所ニ赴カシメ宣傳用張紙ノ貼付等ノ勞役ニ服セシメタル事實ヲ認定シタル趣旨ナルコト自ラ明ナレハ右所爲ニ對シ右法條ニ違反セルモノトシテ處罰セル原判決ハ正當ニシテ論旨(一)ハ理由ナシ次ニ單ナル演説及推薦狀ニ依ル選擧運動ハ法定ノ選擧運動者ニ非サル者ト雖之ヲ爲スヲ得ヘキコト前揭第九十六條ノ明定スルトコロナレトモ「法定ノ選擧運動者ニ非スシテ選擧人ニ對シ其ノ者ヲシテ特定ノ議員候補者ニ投票ヲ爲サシムル目的ヲ以テ演説ヲ依賴シ又ハ推薦狀ヲ發

推薦狀ノ形式方法ニハ制限的規定ナシ

セシコトヲ依頼スル如キハ單純ナル演說又ハ推薦狀ノ發送ト異ナリ右法條ニ違反スルコト論ヲ俟タサルトコロナリトス」而シテ判示第一ノ(ロ)事實ニ依レハ被告人林太郞ハ議員候補者增田伊三郞ノ法定選擧運動者ニ非サルニ拘ハラス同候補者ヲシテ當選ヲ得シムル目的ヲ以テ判示各有權者ニ判示ノ如ク推薦狀ニ依ル選擧運動又ハ演說竝ニ推薦狀ニ依ル選擧運動ノ依頼ヲ爲シタリトアリテ被告人林太郞ハ當該選擧人ヲシテ右議員候補者ニ投票ヲ爲サシムルノ目的ヲ有シ叙上ノ依頼ヲ爲シタル事實ヲ認定シタル趣旨ニ解スルヲ得ルヲ以テ右所爲ハ前揭衆議院議員選擧法第九十六條本文第百二十九條ニ該當スルコト勿論ニシテ論旨(二)又其ノ理由ナシ

三二　新聞紙ニ掲載セル推薦廣告ヲ切取リ配布スル行爲ト推薦狀ニ依ル選擧運動

(昭和四年(れ)第一五〇八號縣會議員選擧罰則違反事件
昭和五年三月二十九日大審院第三刑事部言渡)

被告人ハ昭和四年八月三十日施行ノ福島縣會議員伊達郡補闕選擧ニ際シ議員候補者加藤宗平ノ法定選擧運動者ノ資格ナキニ拘ラス同候補者ノ當選ヲ得シムル目的ヲ以テ同月二十六七日頃ヨリ同二十九日頃迄ノ間山際喜三郞外數名ヲ使用シ同月二十六日附月刊新聞伊達公論中有權者ニ對シ同候補者ノ爲投票サレ度趣旨ノ廣告文ノ掲載シアル部分ヲ切取リタル紙片ニシテ推薦狀ニ非サルモノ約一千枚ヲ同郡五十澤村白根村富野村堰本村粟野村山舟生村ノ六ケ村內多數人ニ配布セシメ以テ選擧運動ヲ爲シタルモノナリト云フニ在リ

要旨

因テ記錄ヲ閲シ押收ノ證據物ニ付案スルニ右伊達公論ノ二頁ハ信夫廣三郎外七名カ議員候補者加藤宗平ノ爲ニスル推薦狀ナリト認ムヘキモノニシテ殊ニ信夫廣三郎、八谷佐太郎、佐藤仙授ニ對スル檢事ノ各聽取書並ニ當公廷ニ於ケル被告人ノ供述ニ依レハ被告人カ前記伊達公論ヲ夫々選擧人ニ配布シタルハ推薦狀ノ署名者タル信夫廣三郎、佐藤仙授、宍戸忠兵衞等ト相談ノ上其ノ意思ニ基キ之ヲ爲シタルモノニシテ被告人カ專斷ニ之ヲ爲シタルモノニ非サルコト明ナリ而シテ府縣制第四十條ニヨリ準用セラルヘキ衆議院議員選擧法第九十六條ニ依レハ「議員候補者、選擧事務長、選擧委員又ハ選擧事務員ニ非サレハ選擧運動ヲ爲スコトヲ得ス但シ演說又ハ推薦狀ニ依ル選擧運動ハ此ノ限ニ在ラス」トアリ然ルニ同法ハ他方ニ於テ戸別訪問ヲ禁止シ其ノ他特殊ノ運動方法ヲ禁止若ハ制限シアルニ反シ推薦狀ニ依リテ爲ス選擧運動ノ形式方法ニ付テハ何等制限的規定ヲ設ケサルヨリ之ヲ觀レハ推薦者ノ意思ニ基キタル以上推薦狀ノ起草ハ勿論之カ配布ニ付テモ其ノ推薦者タルト否トヲ問ハス之ヲ自由ナラシメタルモノト解スルヲ妥當トス」本件事實ハ叙上ノ如ク被告人カ推薦人ノ署名者タル信夫廣三郎等ト相談ノ上其ノ意思ニ基キ之カ配付ヲ爲シタルモノナレハ右選擧法第九十六條但書ノ規定ニ依リ當然爲シ得ヘキ選擧ヲ爲シタルニ過キサルヲ以テ罪トシテ論スヘキモノニ非ス然ルニ原判決ハ事玆ニ出テス同條但書ヲ誤解シ推薦狀ノ配布ニ付推薦者ト協議ヲ遂ケタルト否トニ關セス法律上許サレサル選擧運動ナリトシテ有罪ノ言渡ヲ爲シタルハ失當ナリ因テ刑事訴訟法第四百四十七條、第四百四十八條、第四百五十五條、第三百六十二條ニ則リ主文ノ如ク判決ス

何等ノ不法性ナキ選擧運動

要旨

三三 演說ニ依ル選擧運動ノ意義及其ノ範圍（昭和五年（れ）第五一五號衆議院議員選擧法違反事件 昭和五年五月二十九日大審院第五刑事部言渡 無罪）

衆議院議員選擧法第九十六條但書ニ所謂「演說ニ依ル選擧運動」トハ特定ノ議員選擧ニ付特定ノ議員候補者ヲシテ當選ヲ得シムルノ目的ヲ以テ多衆集會ノ場所ニ於テ其ノ多衆ニ對シ直接同時ニ口頭ヲ以テ一定ノ事項ヲ講談論議シ其ノ候補者ノ當選ヲ斡旋スル一切ノ行爲ヲ汎稱スルモノニシテ此ノ方法ニ依ル選擧運動ハ議員候補者、選擧事務長、選擧委員又ハ選擧事務員タル法定ノ資格ヲ有セサル者卽チ所謂第三者ト雖一般ニ適法ニ之ヲ爲シ得ヘキモノナルコト同法第九十六條但書ノ明規スル所ニシテ演說ニ依ル選擧運動ナルモノハ選擧法ノ廣ク何人ニモ許容スル所ニ係リ其ノ選擧運動ヲ目シテ不法性ヲ有スルモノト論スルヲ許サレサルナリ、蓋シ選擧法ハ選擧運動ヲ爲スヘキ者ニ一定ノ制限ヲ加ヘ選擧運動ニ隨伴シテ生スヘキ弊害ノ防止ニ努ムト雖元來選擧運動ハ言論文章ヲ以テ其ノ主義政見ヲ發表シ特定候補者ニ對スル當選ヲ斡旋セシムヘキモノナルコト選擧法ノ精神トスル所ニシテ斯カル手段方法ニ依ル選擧運動ハ選擧ノ自由公正ヲ害セスシテ克ク選擧ノ目的ヲ達シ得ヘキカ故ニ法定ノ選擧運動者ニ非サル一般ノ者ニ對シテ「モ之レカ選擧運動ヲ許容シタルモノト解スルヲ相當トナセハナリ」原判決カ證據ニ依リテ確定シタル本件ノ事實ハ所論原判示ノ如クニシテ之ニ依レハ被告人兩名ハ法定ノ選擧運動者ニ非サリシモ昭和五年二月二十日施行セラルヘキ衆議院議員ノ選擧ニ際シ既ニ立候補ヲ宣言シタル民政黨公認候補者山桝儀重ノ當選ヲ得シムル目的ヲ以テ同月七日居村被告人辰藏宅ニ他ノ目的ノ爲ニ集會セシメタル同部落民ニシテ多クハ選擧有權者タル約三十有餘名着座ノ席上ニ於テ各被告人交々席上ニ立チテ集會者一同ニ對シ夫々原判示ノ如ク同部落ト民政黨トノ關係ヲ述ヘ民政黨公認候補者山枡儀重ニ對シ投票スヘキ所以ヲ說キ同候補者ノ當選ヲ斡旋シタルモノナルコト明ナリ但タ其ノ說クトコロ簡單ニシテ恰モ一場ノ投票依賴ノ挨拶ニ過キサルカ如ク見ユルモ是レ說者ニ於テ意ヲ用ヒテ思想ヲ練リ之ニ秩序整然タル結構ヲ加ヘ之ヲ表スニ修飾シタル言辭ヲ以テセサルノ致ストコロニシテ其ノ趣旨タルヤ特定ノ選擧ニ付特定ノ候補者ノ當選ヲ得シムル目的意思ノ下ニ民政黨公認候補者タル山枡儀重ノ政見ヲ紹介披瀝シ前回ノ選擧ニ落選シタル原因ヲ講談論議シタル上同人ノ當選ヲ斡旋シタルモノニ係リ被告人兩名ノ行爲ハ正ニ演說ニ依ル選擧運動ヲ爲シタルモノト云ハサルヲ得ス然リ而シテ被告人兩名ノ前叙選擧運動ノ行爲カ選擧法ニ於テ禁止スル同法第九十八條第一項ノ所謂戸別訪問ニ非サルハ勿論同條第二項ニ所謂連續シテ個々ノ選擧人ニ對スル面接ニ該當セサルコト疑ヲ容レサルカ故ニ結局原判決判示ノ本件公訴事實ハ何等ノ不法性ヲ有セサル選擧運動ニシテ罪ト爲ラサルモノト云フヘシ

三四　無資格運動ト金錢供與申込行爲トカ連續シテ行ハレタル場合ノ刑法總則ノ適用

（昭和五年(れ)第六七一號衆議院議員選擧法違反事件
昭和五年六月十日大審院第一刑事部言渡）

原判決ノ如ク多數ノ選擧人集合セル席上ニ於テ其ノ集合者一同ニ對シ特定ノ候補者ニ當選ヲ得シムル爲メ投票及選擧運動ノ報酬トシテ金錢供與ノ申込ヲ爲シタル場合ノ如キハ其ノ侵害スル法益ハ選擧ニ關ス

ル自由公正ナル公共的單一ノ利益ニシテ各選擧人ニ關スル個別的利益ニ非サルヲ以テ之ヲ包括的ニ觀察シテ一個ノ犯罪ナリト解シ刑法第五十四條第一項前段ヲ適用セサルヲ相當トス（昭和四年(れ)第四二九號同年五月三十一日言渡判決參照）然ラハ之ト同趣旨ニ出テタル原判決ニハ何等ノ違法ナキヲ以テ論旨ハ總テ理由ナシ

衆議院議員選擧法第九十六條第百二十九條ノ罪ハ法定ノ選擧運動ヲ爲スノ資格ヲ有セサル者カ其ノ運動ヲ爲スヲ禁止スルコトヲ以テ其ノ目的トシ又同法第百十二條第一號ノ罪ハ利益ノ供與等ニ依リ選擧界ヲ腐敗セシムルヲ禁遏スルコトヲ以テ目的トスルモノニシテ彼是其ノ罪質ヲ同フセサルカ故ニ之等ノ罪カ連續シテ行ハレタル場合ニ於テモ刑法第五十五條ヲ適用シ一罪トシテ處斷スヘカラサルモノトス「然ラハ本件ニ於テ判示金錢供與申込ノ所爲ト被告人カ法定運動員ニ非サル田口市三郎ヲ教唆シ同人ヲシテ平島候補者ノ爲メニ選擧運動ヲ爲サシメタル所爲トハ各別罪ヲ構成シ併合罪タルヘキヲ以テ之ト同趣旨ニ於テ被告人ノ所爲ヲ併合罪トシテ處斷シタルハ正當ナリ」

三五　候補者名義ノ挨拶狀又ハ他人名義ノ推薦狀ヲ無資格運動者カ廣告文トシテ新聞ニ掲載頒布シタル行爲ト文書僞造行使罪及無資格運動罪トノ關係

（昭和五年(れ)第六二一號衆議院議員選擧法違反事件私文書僞造行使）
（昭和五年六月十七日大審院第一刑事部言渡）

要旨

一個ノ所爲ニテ數個ノ罪名ニ觸ルルモノナリ

署名者カ作成シテ外部ニ發表頒布シタル既存文書アル場合ト雖署名者ノ承諾ナクシテ其ノ氏名ヲ冒用シ

新ニ他ノ文書ヲ作成スルトキハ假令其ノ文書ノ內容カ既存文書ト全然同一ナル場合ニ於テモ文書僞造罪ヲ構成スヘク又苟モ文書ノ僞造行使アリタル以上ハ公ノ信用ヲ害シ若クハ害スル危險ヲ生セシメタルモノナレハ假令作成名義ヲ冒用セラレタル他人ノ方面ニ於テ損害ヲ生セス寧ロ其ノ利益ニ歸スヘキ場合ニ於テモ之カ爲ニ文書僞造行使罪ノ成立ヲ妨クルモノニ非ス從テ是等ノ點ニ關スル論旨ハ其ノ理由ナク又所論廣告文書タル推薦狀及挨拶狀等カ權利義務ニ關スル文書ニ非サルコト所論ノ如シト雖是等ノ文書ハ推薦又ハ挨拶等ノ事實ヲ直接ニ證明スル文書ニシテ刑法第百五十九條第一項ニ所謂事實證明ニ關スル文書ニ該當スルヲ以テ之ヲ僞造スルトキハ同條ノ文書僞造罪ヲ構成スルコト勿論ニシテ原判決亦所論文書ヲ事實證明ニ關スル文書ト認メテ之ヲ同條ノ私文書僞造罪ニ問擬シタルモノナルコト判文上明白ナルヲ以テ此ノ點ニ關スル論旨ハ畢竟原判決ヲ精讀セサルニ基因スルモノニシテ上告ノ理由トナラス然リ而シテ警察犯處罰令第二條第八號後段ニ「申込ナキ廣告ヲ爲シ其ノ代料ヲ請求シタル者」トアル所謂廣告ニ付テハ何等ノ制限ナキヲ以テ他人ノ氏名ヲ署シタル廣告ナルト否トハ之ヲ問フコトナシ然レトモ新聞紙ニ掲載セル他人ノ廣告ハ廣告依賴者ノ作成ニ係ル私文書ニシテ編輯人又ハ發行人ノ作成セル文書ニ非サルヲ以テ若シ編輯人又ハ發行人カ其ノ新聞紙上ニ他人ノ承諾ヲ得ルコトナクシテ其ノ他人ノ氏名ヲ冒署シタル廣告ヲ爲シ其ノ代料ヲ請求シタル場合ニ於テハ固ヨリ私文書僞造行使罪ノ構成要件ヲ具備スルヲ以テ該行爲ハ一面警察犯處罰令第二條第八號ノ罪ニ該當スルト同時ニ之ト其ノ法益ヲ異ニスル私文書僞造行使罪ヲモ構成スルコト勿論ナルニ依リ此ノ兩罪ノ內其ノ一ノミヲ論シテ他ヲ不問ニ附スヘキモノニ

サルハ當然ナルノミナ非ラス右廣告ヲ爲シタルノミニテ其ノ代料ヲ請求セサル場合ニ於テハ私文書僞造行使罪ノミノ成立スルコト亦固ヨリ當然ナリ「原判決ノ判示セル事實ニ依レハ被告人ハ江州時事ト題スル日刊新聞ノ發行兼編輯印刷人ナルトコロ昭和五年二月二十日施行セラレタル衆議院議員選擧ニ際シ同月四月同議員候補者堀田義次郎ノ八日市事務所ヨリ有權者各位ニ宛テタル御挨拶ト題シ「自分ハ衆議院議員候補者トシテ立候補シタルカ幸ニ當選ノ光榮ニ浴シタル投票ヲ乞フ」旨ノ堀田義次郎名義ノ挨拶狀及吉田羊次郎外五名カ有權者各位ニ宛テタル「右堀田ヲ同議員候補者トシテ推薦スル」旨ヲ記載シ其ノ責任者トシテ安井伊太郎名義ノ記載アル推薦狀ヲ貰受ケタルモ該各名義人ヨリ之カ新聞廣告ヲ爲スヘキ依頼ヲ受ケタルコトナキニ拘ハラス同候補者ノ當選ヲ得シムル目的ヲ以テ其ノ法定ノ選擧運動者ニ非スシテ同月八日附同新聞紙上ニ前記堀田義次郎名義ノ挨拶狀ト同一文言ノ事實證明ニ關スル廣告文及同月六日及八日附同紙上ニ前記吉田羊次郎、山中正吉、久郷庄藏、橋田治右衛門、阿部喜兵衛、山本武夫及安井伊太郎名義ノ推薦狀ト同一文言ノ事實證明ニ關スル廣告文ヲ各行使ノ目的ヲ以テ各擅ニ各千二百部宛ノ新聞紙上ニ印刷掲載シテ其ノ頃之ヲ各僞造シ該廣告文カ何レモ眞正ニ成立セルモノノ如ク裝ヒ其ノ頃之ヲ滋賀縣下ノ同新聞購讀者ニ各頒布シテ之ヲ行使シ以テ演説及推薦狀ニ依ル以外ノ選擧運動ヲ爲シタルモノナリト云フニ在リテ原判決ハ被告人カ衆議院議員候補者堀田義次郎ヲシテ當選ヲ得シムル目的ヲ以テ判示ノ如キ私文書ヲ僞造行使シ選擧運動ヲ爲シタル事實ヲ認定シ被告人カ申込ナキ廣告ヲ爲シ其ノ代料ヲ請求シタル事實ヲ認定シタルモノニ非サル以上原判決カ判示廣告ノ掲載頒布ノ所爲ヲ私文書僞造行使罪ニ問擬シタルハ正當ニシテ原判決ニハ所論ノ如キ違法ナルコトナク此ノ點ニ關スル論旨亦其ノ理由ナシ尙議員候補者ノ政見ヲ新聞紙ニ掲載シテ購讀者ニ紹介スルカ如キ事實ノ報道ヲ爲スコトハ新聞記者ノ正當ナル業務上ノ行爲ニシテ固ヨリ選擧違反行爲ニ非スト雖右ノ如キ報道ヲ爲スニ止マラス議員候補者ヲシテ當選ヲ得シムル目的ヲ以テ候補者ノ挨拶狀又ハ推薦狀ヲ新聞紙ニ廣告トシテ掲載頒布シ之ニ因テ該議員候補者ニ投票スヘク選擧人ヲ誘導スルカ如キハ固ヨリ選擧運動ニ外ナラサルヲ以テ假令新聞記者ト雖モ法定ノ選擧運動者ニ非サル以上選擧違反ノ罪責ヲ免ルルコトヲ得サルモノトス」然レハ原審カ前掲判示事實ヲ認定シテ被告人ノ行爲ハ一面私文書僞造行使罪ヲ構成スルト同時ニ他面選擧法違反罪ヲ構成シ一個ノ行爲ニシテ數個ノ罪名ニ觸ルルモノトシテ有罪ノ判決ヲ爲シタルハ洵ニ正當ニシテ此ノ點ニ關スル論旨モ亦其ノ理由ナシ

但書ハ立候補ノ前後ヲ問ハサルノ法意ナリ

三六　演說又ハ推薦狀ニ依ル選擧運動ヲ爲スノ時期

(昭和五年(れ)第七〇八號衆議院議員選擧法違反事件
昭和五年七月十九日大審院第三刑事部言渡)

宇都宮地方裁判所檢事正樋口柳吉上告趣旨書本件公訴事實ハ被告人等ハ昭和五年二月二十日施行ノ衆議院議員選擧ニ際シ栃木縣第二區選出議員候補者岡部久四郎ニ當選ヲ得シムル目的ヲ以テ其ノ立候補前(同月五日屆出)ナル同月四日岡部久四郎カ芳賀郡山前村柳澤麟太郎及小倉市郎方ニ於テ開催セル政談演說會ニ於テ何レモ約七、八十名ノ聽衆ニ對シ被告人菊池善十郎ハ「第二次普通選擧ニ當リ吾々農民ハ農民ヲ理解セル代議士ヲ選フヘク諸君等自覺アラハ私ハ諸君等ト相談シタイ彼ノ鑛毒問題ニ生命ヲ賭シタ田中翁ノ如キ人カ（農村ニ於ケル理解者岡部久四郎ヲ暗示）明日ニモ立候補ヲ宣スル場合ニハ必スヤ諸君ハ翕然トシテ投票ヲセラレンコトヲ御願ヒスルノテアル」被告人菊池正風ハ「愈々選擧モ近付イタカ輸入候補ヨリモ吾々ハ矢張リ東沼トカ眞岡トカ云フ近イ所カラ吾々ノ代議士ヲ出サナケレハナラヌ岡部先生ハ非常ナ熱心家テ農業方面ニ於テ改革意識ノ大尖端ヲ行ク人テアル（一里離レタ眞岡ノ地ニ斯クノ如キ吾々ノ先驅カアルカ之ヲ見逃ス事ハ出來ヌ）ト各演説シ岡部久四郎ノ立候補シタル時ハ之ヲ投票スヘキ旨ヲ告ケ以テ選擧ノ運動ヲ爲シタリト謂フニ在リテ當裁判所ハ右事實ヲ認定シタルニ拘ラス衆議院議員選擧法第九十六條ハ議員候補者選擧事務長選擧委員又ハ選擧事務員ニ非サレハ選擧運動ヲ爲スコトヲ得サルモノトシ其ノ但書ニ至リ演説又ハ推薦狀ニ依ル選擧運動ハ此ノ限リニ在ラスト規定シタルハ畢竟此ノ種ノ選擧運動ハ選擧ノ自由公平ヲ保持スルニ關シ取締上害ナキヲ以テ之ヲ不問ニ付スルノ法意ナリト解スヘク從テ立候補屆出ノ前後ニヨリ右但書ノ適用ヲ異ニスヘキ理由ナシトシ本件被告人等ノ所爲ハ罪ト爲ラサルモノト判示シタルモ第一衆議院議員選擧法第九十六條ニ所謂選擧運動トハ一定ノ議員選擧ニ付一定ノ議員候補者ヲ當選セシムヘク投票ヲ得又ハ得シムルニ付直接又ハ間接ニ必要且有利ナル周旋勸誘若クハ誘導其ノ他諸般ノ行爲ヲ爲スコトヲ汎稱スルモノナルコトハ御院判例ノ示ス所ナルヲ以テ適法ナル選擧運動ハ現ニ議員候補者ノ存在ヲ前提條件トセサルヘカラス是レ法第九十六條本文ニ於テ議員候補者選擧事務長選擧委員又ハ選擧事務員ニ非サレハ選擧運動ヲ爲スコトヲ得スト規定セルニヨ

リテモ亦之ヲ推知スルヲ得ヘシ而シテ同條但書ノ演説又ハ推薦狀ニ依ル選擧運動ハ同條本文ニ所謂選擧運動ノ一方法ナルコト明ナルヲ以テ演説又ハ推薦狀ニ依ル適法ノ選擧運動ハ議員候補者ノ存在卽チ立候補屆出後ニ於テノミ存スルモノト解スルヲ相當トス又曩ニ御院ニ於テ推薦狀ノ意義ニ關シ推薦狀トハ特定又ハ不特定ノ選擧人ニ對シ特定人ヲ議員候補者トシテ推薦スル趣旨ヲ記載シタル文書ニシテ特定又ハ不特定ノ選擧人ニ對シ個別的ニ到着セシメ其ノ受ケタル者ニ於テ推薦者ノ何人タルヤヲ知ルコトヲ得ヘキ文書ヲ指稱スルモノト判示セラレ推薦狀ニ依ル適法ノ選擧運動ハ現ニ議員候補者ノ存在ヲ前提條件トスル趣旨ニ解セラレタルニ依リテモ亦之ヲ推知スルコトヲ得ヘシ若シ夫レ法第九十六條但書ノ演説又ハ推薦狀ニ依ル適法ノ選擧運動ハ立候補屆出前自由ニ之ヲ爲シ得ルモノトセハ議員候補者ナキニ之ヲ推薦シ又ハ其ノ趣旨ノ演説ヲ爲シ得ルカ如キ不都合ヲ生スルニ至ルヘク之ヲ要約スレハ法第九十六條ハ其ノ本文ヲ以テ選擧運動ヲ爲シ得ヘキ適格者卽チ運動ノ主體ヲ制限シ其ノ但書ヲ以テ演説又ハ推薦狀ニ依ル選擧運動ニ限リ其ノ主體ノ除外例ヲ設ケ廣ク第三者ヲシテ之カ運動ヲ爲スコトヲ許シタルモノニ外ナラス換言スレハ選擧運動ノ主體ハ原則トシテ立候補屆出後ニ於テノミ存在スヘキ議員候補者、選擧事務長、選擧委員、選擧事務員ナルヲ以テ屆出以前ニ在リテハ選擧運動ノ適法ナル主體ナク從テ合法的選擧運動モ亦存在シ得サルモノト論斷セサルヘカラス然ラハ除外例タル第三者ノ演説又ハ推薦狀ニ依ル選擧運動ニ付テノミ前者ノ場合ト異リ立候補屆出ノ前後ヲ問ハス無制限ニ之ヲ許スノ謂レナキヲ以テ屆出以前ニ於テハ演説又ハ推薦狀ニ依ル選擧運動ハ之ヲ許ササルノ法意ナリト解スルヲ相當ナリト信ス第二、適法ナル選擧運動ハ選擧事務長ヲ中樞トシテ行ハルヘキモノナレハ立候補屆出前ニ於テハ何人ト雖準備的行爲ヲ除ク外選擧運動ヲ爲スコトヲ得サルモノト解スルヲ相當トス然ルニ立候補屆出前ニ於テ無制限ニ演說又ハ推薦狀ニ依ル選擧運動ヲ許スモノトセハ議員候補者タラントスルモノハ同法第六十七條ノ期日ニ切迫スル迄其ノ屆出ヲ爲サスシテ將來立候補後ニ於ケル自己ノ選擧運動ニ資スル爲メ演說又ハ推薦狀ニ依ル選擧運動ヲ爲シ得ヘキコトトナリ之カ爲法第九十六條本文ノ規定ニ依リ選擧運動ノ主體ヲ制限シタル立法ノ精神ヲ沒却スルニ至ラン第三、裁判所ノ判示シタル如ク假ニ立候補屆出前ニ於テ何人ト雖モ演說又ハ推薦狀ニ依ル選擧運動ヲ爲スコトヲ得ルモノトセハ選擧運動中最モ主要ナル言論文章ニ依ル選擧運動ノ大部分ハ立候補屆出前ニ行ハレ得ルコトトナリ而カモ立候補セントスル者自ラ又ハ之ト意思ヲ通シテ此等ノ選擧運動ヲ爲シタル者アル場合ニ於テ之ニ要シタル費用ハ立候補準備ノ爲ニ要シタル費用ニ非サルヲ以テ立候補屆出後ニ於ケル當該候補者ノ選擧運動ノ費用ニ加算スルノ途ナク選擧運動ノ費用ヲ制限シタル立法ノ趣旨ニ反スル結果ヲ生スルヲ以テ立候補屆出前ニ在リテハ演說又ハ推薦狀ニ依ル選擧運動ハ之ヲ許ササルモノト解スルヲ相當ナリト信ス以上ノ理由ナルヲ以テ當裁判所カ本件公訴事實ヲ肯定シタルニ拘ラス犯罪ヲ構成セサルモノトシテ無罪ヲ言渡シタルハ法律ノ解釋ヲ誤リ擬律錯誤ノ違法アル判決ナリト思料候條破毀ノ上更ニ相當ノ判決相成度候ト云フニ在リ、仍テ按スルニ法定ノ選擧運動者ニ非サル者特定人ノ當選ヲ期シテ選擧運動ヲ爲シタルトキハ其ノ行爲カ候補者ノ立候補屆出前ニ爲サレタルニ拘ハラス衆議院議員選擧法第九十六條本文ニ違反シ同法第百二十九條ニ該當スルモノナルコト本

第九十六條

要旨

院判例（昭和三年（れ）第九八一號昭和三年八月七日言渡）ノ存スル所ナレハ「同法第九十六條本文ハ立候補屆出後ニ於ケル法定ノ選擧運動者ニ非サル者ノ選擧運動ノミヲ禁止スルモノニ非スシテ立候補屆出ノ前後ヲ問ハス廣ク法定ノ選擧運動者ニ非サルモノノ選擧運動ヲ禁止スルノ趣旨ナリト云フヘク」且同法第九十六條但書ニ於テ演說又ハ推薦狀ニ依ル選擧運動ハ此ノ限リニ在ラスト規定シタル所以ハ法カ此ノ種ノ方法ニ依ル選擧運動ヲ以テ選擧ノ自由公正ヲ保持シ選擧ノ取締ヲ爲スニ害ナキコトヲ認メタルカ爲ニ外ナラサルカ故ニ「同條本文ヲ受ケタル但書ハ演說又ハ推薦狀ニ依ル選擧運動ニ付本法所定ノ禁止ヲ解キ法定ノ選擧運動者ニ非サルモノニ對シ立候補屆出ノ前後ヲ問ハス廣ク此ノ種ノ方法ニ依ル選擧運動ヲ許容シタルモノト解セサルヘカラス所論當院ノ判例ハ毫モ衆議院議員選擧法第九十六條ハ法定ノ選擧運動者ニアラサル者ノ演說ニ依ル選擧運動若ハ推薦狀ニ依ル選擧運動カ議員候補者ノ立候補屆出以後ニ行ハレタル場合ノミヲ規律セリトスルノ趣旨ヲ包含セス」故ニ之ヲ根據トシテ原判決ヲ論難スルハ其ノ當ヲ得ス且選擧運動ノ費用額選擧委員選擧事務員選擧事務所ノ數ニ關スル制限的規定ノ存スルカ如キ事由モ亦上記論結ヲ飜スニ足ラス原裁判所ノ認定シタル事實ハ論旨冒頭ニ公訴事實トシテ揭記シタル所ト同一ニシテ原審カ之ニ對シ無罪ノ言渡ヲ爲シタルハ相當ニシテ原判決ニ所論ノ如キ違法存スルナク論旨ハ理由ナシ

要旨　法ノ禁スル所ニ非ス

三七　選擧人ニ對シ特定ノ候補者ヲ推薦スル旨ヲ印刷シタル葉書ヲ配布シ其ノ選擧人ノ名義ヲ以テ知人ニ發送方ヲ依頼スル行爲ト推薦狀ニ依ル選擧運動

（昭和五年（れ）第八四二號衆議院議員選擧法違反事件）

（昭和五年九月二十二日大審院第二刑事部言渡）

要旨

仍テ被告事件ニ付審按スルニ衆議院議員選擧法第九十六條ニ所謂選擧運動トハ一定ノ議員選擧ニ付一定ノ議員候補者ヲ當選セシムヘク投票ヲ得若ハ得シムルニ付直接又ハ間接ニ必要且有利ナル周旋勸誘若ハ誘導其ノ他諸般ノ行爲ヲ爲スコトヲ汎稱シ直接ニ投票ヲ得又ハ得シムル目的ヲ以テ周旋勸誘等ヲ爲スノ行爲ニ局限セサルヲ以テ法定ノ選擧運動者ニ非サル者カ選擧人ニ對シ特定ノ議員候補者トシテ推薦センコトヲ依頼スル行爲カ右法條ニ所謂選擧運動ニ該當スルヤ論ヲ俟タス然レトモ推薦狀ニ依ル選擧運動ハ議員候補者選擧事務長選擧委員又ハ選擧事務員ニ非サル者ト雖之ヲ爲シ得ヘキモノナルコトハ前記法條但書ニ明規スル所ナレハ「選擧人ニ對シ特定ノ候補者ヲ推薦スル趣旨ヲ印刷シタル官製葉書ヲ使用シ各自ノ名義ヲ以テ親戚知己ニ發送方ヲ依頼スルカ如キハ法ノ禁スル所ニ非スト解スルヲ妥當トス」蓋シ選擧人ニ對シ特定ノ議員候補者ノ推薦狀ニ署名ヲ求メ且其ノ發送方ヲ依頼スルカ如キ行爲ハ之ヲ利用シテ被依頼者ノ投票ヲ得シムル目的ニ出テサル限リ推薦狀ノ準備行爲ニ外ナラサルヲ以テ推薦狀ニ依ル適法ナル選擧運動ト解スヘケレハナリ而シテ本件ノ公訴事實ニ付審理ノ結果ニ依レハ被告人カ昭和五年二月二十日執行セラルヘキ衆議院議員選擧ニ付兵庫縣第四區ヨリ立候補シタル淸瀨一郎ノ法定ノ選擧運動員ニ非サルニ拘ラス淸瀨一郎選擧事務所ヨリ同人ヲ推薦スル趣旨ヲ印刷シタル官製葉書二百數十枚ヲ受取リ同月二日ヨリ十二日迄ノ間ニ於テ同縣飾磨郡曾左村福島修也外數名ニ對シ該書面ヲ使用シ各自ノ名義ヲ以テ親戚知己ニ對シ發送セラレ度旨依頼交付シタル事實ハ被告人ニ對スル檢事聽取書中ノ之ト同趣旨ノ供述記載ニ依リ之ヲ認メ得ヘキモ被告人カ被依頼者タル右福島修也外數名ノ投票ヲ候補者淸瀨一郎ニ

得シムルノ目的ヲ以テ右依頼ヲ爲シタリトノ事實ヲ確認スヘキ證明ナシ從テ本件公訴事實ハ其ノ犯罪ノ證明ナキニ歸スルヲ以テ刑事訴訟法第三百六十二條ニ則リ無罪ノ言渡シヲ爲スヘキモノトシ主文ノ如ク判決ス

三八　選擧人十數人ヲ招キ運動及投票ヲ懇談的ニ説得スル行爲ト演説ニ依ル選擧運動

（昭和五年(れ)第一四三一號衆議院議員選擧法違反事件
昭和五年十月七日大審院第一刑事部言渡）

行爲ソレ自體ハ演説ニ依ル選擧運動ニ非ス

同第二點原判決ハ其ノ事實理由第二中「被告人卯之松ハ同年（昭和五年）二月十七日頃議員候補多木粂次郎ノ法定ノ選擧運動者ニ非サルニ拘ハラス原審被告人澁谷敬太郎、井上延藏及井上源三郎ト共謀ノ上同月十七日夜伊川谷村井上源三郎方ニ於テ居村ノ有力者ニシテ且ツ選擧人ナル前野多一郎外十數名ヲ招致シ被告人卯之松カ右前野多一郎等ニ對シ「今度ハ吾々四名相談ノ上多木候補者ヲ推薦スルコトトナリタル處該候補者ハ吾々ノ推薦スル衆議院議員候補者トシテ適當ト信スルニ付何分ノ盡力ヲ願度旨ヲ申述ヘ右前野多一郎等ニ多木候補者ニ投票方ヲ慫慂シ以テ選擧運動ヲ爲シタリ」ト判示シ右所爲ニ對シテ衆議院議員選擧法第九十六條第百二十九條ヲ適用處斷シタリ然レトモ右ノ如キ十數名ヲ一堂ニ集メテ判示ノ如キ演説ヲ爲スハ所謂戸別訪問ニ該當セサルハ勿論個々面接ニモアラス一ノ演説ニヨル選擧運動ト謂フノ外ナキモノナリトス而シテ演説ニヨル選擧運動ハ非法定運動者ニモ許サルル處ナルヲ以テ上告人ノ右ノ所爲ハ衆議院議員選擧法ノ何レノ罰則ニモ該當スル處ナキモノナリトス然ルニ原判決カ前示ノ如ク

要旨

金錢供與ヲ受ケタル罰條以外ニ無資格運動ニ問擬シタルハ失當ナリ

要旨

上告人ハ法定ノ選擧運動者ニアラサルニ拘ラス選擧運動ヲ爲シタルモノナリトシテ前示法條ヲ適用シテ有罪ノ言渡ヲ爲シタルハ違法ニシテ破毀ヲ免レサルモノト信スト言フニ在レトモ原判決カ所論判示事實ノ證據ニ援キタル被告人卯之松ノ原審公判ニ於ケル供述ニ依レハ該被告人ハ相被告人鹿藏ノ依頼ニ基キ昭和五年二月十七日夜井上源三郎方ヘ「選擧人中ノ有力者タル前野多一郎外十數名ヲ招キ同人等ニ對シ多木候補者ニ當選ヲ得シムル目的ヲ以テ其ノ運動且投票方ヲ懇談的ニ説得スルト同時ニ該候補者ニ對スル推薦狀配布ニ付贊成ヲ求メタルコトヲ看取シ得ヘキカ故ニ所論判示事實モ結局此ノ趣旨ヲ判示セシモノニ外ナラスト解スルヲ得ヘク從テ被告人ノ右行爲タル夫レ自體演説ニ依ル選擧運動ニ非サルヤ多言ヲ要セスシテ明ナリ所論ハ叙上ト異ル見地ヨリシテ原判決ノ違法ヲ云爲スルモノニシテ採容スルニ由ナシ

三九　選擧運動ヲ依頼セラレ金錢供與ヲ受ケタルニ過キサル行爲ト選擧運動

（昭和五年(れ)第一八七一號衆議院議員選擧法違反事件
昭和六年三月十六日大審院第二刑事部言渡）

原判決判示第二ノ(一)ニハ「所論ノ如ク被告人智照ハ同月十八日被告人吉江多吉方ニ於テ同被告人ヨリ投票ノ取纒方ヲ依頼セラレ運動報酬竝ニ投票買收トシテ金八十圓ノ供與ヲ受ケ以テ選擧運動ヲ爲シト判示シ法律適用ノ部ニ於テモ金錢ノ供與ヲ受ケタル罰條以外ニ無資格運動ノ法條ニ問擬シタルハ失當タルヲ免レス蓋シ右判示事實ニ依レハ判示ノ如キ金錢ノ供與ヲ受ケタルニ過キサレハ此ノ行爲ヲ稱シテ選擧運動ヲ爲シタリト解スヘキモノニ非サレハナリ」從テ此ノ點ニ於テ論旨ハ理由アリ但シ原判決ニハ右説

明ノ如ク金錢ノ供與ヲ受ケ以テ選擧運動ヲ爲シト判示シアルカ故ニ金錢ノ供與ヲ受ケタル事實ハ一面無資格運動罪ヲ構成スルモノトノ法律上ノ意見ヲ表示シタルニ過キサルモノト解スヘク從テ右意見ノ表示ハ原判決ノ判示金錢ノ供與ヲ受ケタル事實ノ確定ニ影響ヲ及ホササルモノトス

四〇　野次防止團ヲ組織シ演說會場ニ於テ防害ヲ排除セントスル行爲ト選擧運動

選擧運動ニ外ナラス

（昭和六年(れ)第二七八號衆議院議員選擧法違反事件）
（昭和六年四月十六日大審院第二刑事部言渡）

第五點原判決理由第三ノ(一)並ニ同(二)ノ事實ハ選擧法違反ノ犯罪ヲ構成スルモノニ非ス即チ被告吉井利八ニ於テ山本候補者ノ當選ヲ得セシムル目的ヲ以テ選擧人又ハ選擧運動者ニ對シ金錢ヲ供與シタルモノナリヤ否ヤヲ案スルニ金錢ノ供與ヲ受ケタル梅原竹次郎（白川盛司ハ別ニ之ヲ論ス）ハ前述ノ如ク山本候補者ノ當選落選ノ如キ眼中ニ之ナキモノニシテ而カモ本件ニ於ケル金錢ノ授受タルヤ選擧人トシテ爲シタルモノニ非ルコト明ナリ唯同人ハ選擧運動者トシテ本件ノ金錢ヲ受取リタルモノナリヤ否ヤヲ究ムレハ足ル而シテ同人ハ法定ノ選擧運動者ニ非サルコトモ極メテ明ナリ要ハ所謂野次防止團ハ選擧運動ト爲ルヤ否ヤノ點ニ在リ野次防止團ノ意義ハ記錄上詳細ニ之ヲ知ルヲ得サルモ畢竟演說會場ノ整理ニ供フ所ノ不逞漢ノ演說妨害封シヲ主トシ泥醉者乃至暴漢浪藉者ノ取靜メニ備フタメノ人夫配置ニ外ナラス想フニ選擧運動トハ一定ノ議員選擧ニ付一定ノ議員候補者ヲ當選セシムヘク投票ヲ得若ハ得セシムルニ付直接又ハ間接ニ必要且有利ナル諸般ノ行爲ヲ爲スコトヲ謂フモノニシテ單ニ演說ヲ妨害スル野次封シノ人夫ト爲リ又ハ其ノ人夫請負ヲ爲シ或ハ之ヲ注文スル如キ共ニ選擧法ニ規定セル選擧運動ニハ非サル

モノナリ彼ノ選擧ノ爲ノ演說自體カ選擧法第九十六條但書ニ規定セル選擧運動ナルノ故ヲ以テ其ノ演說ヲ妨害スル野次封シノ人夫ノ行爲乃至其ノ人夫請負行爲ヲ以テ選擧運動ト速斷スヘキニ非ス嚴ニ區別スルコトヲ要スルモノトス而カモ選擧ノ爲ノ演說者ニ對シテモ費用ヲ給與シ得ヘキコトハ選擧法第九十七條第一項末段ノ明規スル所ナリ況ンヤ演說會場ヲ整理シ野次封シノ人夫ヲ出シタルモノニ對價ヲ支拂フコトカ其ノ如何ナル點ニ於テ法規違反ト爲ルヘキモノナルヤ實ニ不可解ノコトニ屬ス然リ而シテ人夫雇入ノ方法カ雇傭契約ニ依ルト請負契約ニ依ルトニ依リ犯罪ノ成否ヲ決スルモノト爲スカ如キハ契約ノ實際秩序ヲ破壞スルモノナリ此ノ理論ハ被告人白川盛司、梅原竹次郎ニ付テモ吉井利八ト同一理ナルト共ニ梅原竹次郎ニ對シテハ特ニ然リトス然ルニ原判決ハ此ノ罪ト爲ラサル事實ニ對シ處罰法規ヲ適用シタルハ擬律錯誤ノ違法アルモノニシテ破毀セラルヘキモノト信ス又被告白川盛司ニ對スル事實認定ハ其ノ引用證據トノ間ニ齟齬アリ原判決引用ノ證據ニ依レハ白川盛司ハ吉井利八ト共ニ選擧委員トシテ梅原竹次郎ニ金員ヲ交付シタル一人ナリ當初自ラ請負ヲ爲サントシタルモ興業用多忙ノ爲中止シ請負金授受ノ取次ヲ爲シタルニ過キス然ルニ原判決理由第三ノ(一)ニ於テハ選擧法第百十二條第四號ノ主犯ノ如ク又同(二)ニ於テハ竹次郎ノ從屬犯者ノ如ク認定シ全ク眞相ヲ極ムル能ハサルモノニシテ此ノ點ニ於テモ理由不備ノ違法アリトスト云フニ在レトモ「選擧ニ關シ單純ナル機械的勞務ニ服スルコトハ直ニ選擧運動ト目スヘカラスト雖候補者ニ當選ヲ得シムル目的ヲ以テ演說會ニ於ケル妨害ヲ排除シ演說ノ遂行ヲ完ワセシムルコトハ亦一種ノ選擧運動ニ外ナラサレハ原判決カ被告人竹次郎ハ被告人利八ヨリ山本候補者ノ各演說會場ニ於ケル野次防止團ヲ組織シ以テ演說會ヲ滿足ニ遂行セシムヘキコトヲ依賴セラレタルモノト認定シ同人ヲ選擧運動者ト判示シタルハ相當ナリ」而シテ演說會ニ關スル實費ハ之ヲ受クルモ直ニ犯罪ヲ構成スルモノニ非スト雖原判示ノ如ク選擧運動ノ報酬ヲ包含セシメテ請負金名義ノ下ニ金員ヲ收受シタルニ於テハ衆議院議員選擧法第百十二條第四號ノ犯罪ヲ構成スルコト言ヲ俟タス原判決カ被告人竹次郎ニ叙上行爲アリト認定シ同條ニ問擬シタルハ相當ニシテ何等擬律ノ錯誤アルモノニ非ス又原判決ハ白川盛司ト梅原竹次郎トハ共謀シテ吉井利八ヨリ演說會ニ於ケル野次防止ニ關スル選擧運動ノ依賴ヲ受ケ盛司ニ於テ其ノ實費及報酬トシテ利八ヨリ五百圓ノ交付ヲ受ケ盛司ハ更ニ該金員中四百圓ヲ實費及報酬トシテ竹次郎ニ交付シ竹次郎ハ之ヲ收受シタル事實ヲ認定シタルモノニシテ其ノ間毫モ所論ノ如ク理由ノ齟齬又ハ不備ノ違法アルモノニ非ス論理由ナシ

四一　他派運動員カ自派候補者ノ地盤ニ侵入スルヲ監視スル行爲ト選擧運動

明カニ選擧運動ト目スヘキモノナリ

（昭和六年(れ)第四四一號衆議院議員選擧法違反事件
昭和六年四月三十日大審院第一刑事部言渡）

第七點原判決ハ其ノ事實理由第三ニ於テ「被告人山口與平ハ……………五、選擧事務長ニ非スシテ同年同月六日右中西與三松方ニ於テ細川多之市及被告人山崎宮太郎ヲ前記候補者熊谷五右衞門ノ選擧委員ニ各選任シ」ト認定シタリ然レトモ衆議院議員選擧法ニ所謂選擧委員トハ選擧事務長ニ於テ選任シ其ノ筋ニ屆出ヲ爲シタルモノヲ稱スルモノニシテ假リニ選擧委員ナル名稱ヲ潛稱シタリトスルモ選擧事務長ニ於テ選任屆出ヲ爲シタルモノニ非サル以上ハ同法ニ所謂選擧委員ト謂フコトヲ得サルモノトス從テ同法ニ所謂選擧委員ノ選任ハ選擧事務長ニ非サレハ絕對不可能ノコトニ屬ス故ニ本件ノ場合被告與平カ細川多之市、[illegible]崎宮太郎ヲ選擧委員ニ選任シタリトスルニハ被告人與平ハ選擧事務長ニ非サルヲ以テ如何ナル手段手續ニ依リ右兩名ヲ選擧委員ニ選任シタルモノナリヤノ理由ヲ明示セサルヘカラサルモノナリトス然ルニ原判決ハ毫モ此ノ關係ヲ事實理由ニ明示セス漫然被告人ヲ同法第八十九條ニ問擬シタルハ事實理由不備ノ違法アルモノニシテ破毀スヘキモノト思料スト謂フニアレトモ衆議院議員選擧法第百三十一條ニ於テ同法第八十九條第一項ノ規定ニ違反シ選擧事務長ニ非スシテ擅ニ選擧委員選擧事務員ヲ選任シタル者ヲ處罰スル所以ノモノハ選擧委員選擧事務員ノ數ヲ制限シ其ノ選任ヲ選擧事務長ノ專權ニ屬セシメタル以上選擧事務長以外ノ者ニシテ擅ニ選擧委員選擧事務員ヲ設ケ是等ヲシテ選擧運動ヲ爲サシムルニ於テハ選擧ノ秩序公正ハ甚シク害セラルルニ至ルヘキカ故ニ刑罰ヲ設ケテ之ヲ防止セントシタルノ趣旨ニ外ナラス而シテ選擧委員事務員ノ選任ハ當該當事者間ノ合意ニ依リ成立シ選任ノ屆出ハ選任行爲ノ內容ヲ爲スモノニアラサルカ故ニ選擧事務長ニアラスシテ他人ニ對シ選擧委員選擧事務員タルヘキコトヲ委囑シ其ノ者ニ於テ之ヲ承諾スルニ於テハ其ノ選任ノ屆出ヲ爲スト否トニ拘ラス茲ニ前記法條所定ノ罪ヲ構成スルモノトス從テ本件ニ於テ原判決カ被告人與平ノ行爲ヲ前記法條ヲ以テ問擬スルニハ被告人與平カ選擧事務長ニ非サルニ拘ラス被告人宮太郎及細川多之市ニ對シ選擧委員タルヘキコトヲ委囑シ同人等ニ於テ之ヲ承諾シタル事實ヲ認定スレハ足ルモノト謂フヘク其ノ果シテ選任ノ屆出ヲ爲シタルヤ將又如何ナル手續ニ出テタリヤハ之ヲ問フヲ要セサルモノト謂ハサルヘカラス而シテ原判示事實ハ右ノ趣旨ヲ示シタルモノト解シ得ラルルカ故ニ此點ニ付原判決ニハ何等理由不備ノ點ナク論旨ハ理由ナシ

第十二點原判決ハ其ノ證據說明ノ部ニ「當公廷ニ於ケル被告人高島治右衛門ノ私ハ………熊谷候補者ニ當選ヲ得セシムル目的ヲ以テ爾來引續キ福井縣坂井郡大石村ニ於テ他派運動員ノ侵入ヲ自ラ監視シ居リタルコト及同年同月十日頃金二十圓ヲ森江ノ事務所ニテ同月二十日頃金二十圓ヲ松木ノ事務所ニ於テ各山口與平ヨリ受取リタルコトハ相違ナキ旨ノ供述」ト說示シタリ然ルニ原院公判調書中被告人治右衛門供述ノ部ヲ閲スルニ「答、私ハ引續キ福井縣坂井郡大石村ニ於テ他派運動員ノ侵入ヲ自ラ監視シテ居リマシタコト及同年同月十日頃金二十圓同月二十日頃二十圓合計四十圓ヲ右山口與平ヨリ受取タコトハ仰ノ通リ相違アリマセヌ……問、被告ハ右金ヲ怎ツ云フ性質ノ金トシテ受取タカ、答、選擧演說ノビラ撒キ人夫賃運動ノ旅費及選擧事務ニ使用シタ筆墨紙費トシテ貰ツタノテアリマス」（記錄二九七一丁）ト供述シアリテ原判決ノ如ク選擧運動ノ報酬トシテ受取リタリト云フニアラス況ヤ被告人與平カ治右衛門ニ判示金員ヲ供與シタリトスルモ他派運動員ノ侵入ヲ監視スルノ行爲ハ選擧運動ノ範圍ニ屬スルモノニアラス從テ該行爲ハ選擧運動ノ報酬供與罪ヲ構成スルモノニアラサルニ於テオヤ然ラハ原判決ハ右被告人供述全體ノ趣旨ヲ故ラニ分割シ恰モ右金員ハ選擧運動ノ報酬トシテ授受セラレタルモノノ如ク說示シ之ヲ罪證ニ供シタルハ採證ノ法則ニ違背スルモノト思料スト謂フニ在レトモ公平ナル立場ニ立チ一意選擧界ノ廓淸ヲ期スル精神ノ下ニ選擧ノ自由公平ヲ害スル非違ヲ監視シ之カ防止ニ努ムル運動ハ特定ノ議員

要旨

候補者ノ當選ヲ得シメ又ハ得シメサル目的ニ出テタル行爲ト認ムヘカラサルカ故ニ之ヲ選擧運動ト謂フヘカラスト雖苟モ「特定ノ議員候補者ノ當選ヲ得シメンカ爲他派運動員ノ候補者ノ地盤ニ侵入スルコトヲ監視スルカ如キハ明ニ其ノ議員候補者ノ當選ヲ得シムル爲メ之カ斡旋ニ必要ナル行爲ニ外ナラスシテ明ニ選擧運動ヲ以テ目スヘキモノト謂ハサルヘカラス」果シテ然ラハ原判決カ原審公廷ニ於ケル高島治右衞門ノ供述中同人カ熊谷候補者ニ當選ヲ得シムル目的ヲ以テ福井縣坂井郡大石村ニ於テ他派運動員ノ侵入ヲ自ラ監視シ且他人ヲ勸誘シ監視ヲ爲サシメタリトノ趣旨ノ供述ニ依リ右高島治右衞門カ選擧運動ヲ爲スモノナルコトヲ認定シ仍テ以テ被告人與平カ高島治右衞門ニ供與シタル原判示金員カ同人ノ選擧運動ニ對スル報酬ナリトノ事實ノ認定ニ資シタルハ正當ニシテ原判決ニハ毫モ採證ノ法則ニ反スルノ非違ナク論旨ハ理由ナシ

四二　推薦狀以外ノ文書圖畫ノ頒布人夫ノ人選及其ノ人夫ノ指揮監督ヲ爲ス行爲ト選擧運動

要旨　機械的勞務ノ範圍ヲ逸脱ス

(昭和六年(れ)第七一三號市會議員選擧罰則違反事件
昭和六年七月十六日大審院第一刑事部言渡)

原判決ハ其ノ事實理由第六第七ニ於テ「被告人篠原徳七ハ島名候補者ニ當選ヲ得シムル目的ヲ以テ昭和四年三月十三日被告人新町太作肩書居宅附近ニ於テ當時同候補者ノ爲メ選擧運動ヲ爲シ居タル同被告人ニ對シ其ノ運動報酬及費用トシテ金百圓ヲ供與シ被告人新町太作ハ被告人篠原徳七ヨリ前記日時及場所ニ於テ右趣旨ノ金百圓ノ供與ヲ受ケ同年三月九日頃ヨリ同月十五日頃迄ノ間同選擧區内ニ於テ人夫數十

名ヲ雇入レ同候補者ノ宣傳ビラ及推薦狀等數十枚ヲ同區內選擧人ニ配布セシメ且夫等ノ人夫ノ監督及ビラ撒妨害監視ノ任ニ當リ以テ無資格選擧運動ヲ爲シ」ト判示シ市制第四十條衆議員議員選擧法第百十二條第四號第一號第四號同第九十六條第百二十九條等ヲ適用處斷シタリ

中略

選擧運動ノ意義ハ漠トシテ容易ニ之レヲ定ムヘカラスト雖モ夫ノ所謂ビラ撒ノ如キ行爲ハ無資格運動者ニモ許サレタル行爲ナリト信ス若シ然ラストセンカ選擧運動ニ於テ引札ノ配布張札ノ貼付ノ如キハ限ラレタル法定選擧運動者ニ於テハ到底之レヲ爲スコトヲ得サルヘク又選擧ノ實際ニ於テ此等ノ仕事ハ人夫ヲ雇フテ爲サシメ居ル次第ナルニ若シ之ヲ以テ選擧運動ノ一行爲ナリトセハ此等人夫ハ總テ無資格運動者トシテ處罰セラレサルヘカラサルニ至ルヘク此ノ如キハ決シテ選擧法カ引札張札ニヨル選擧運動ヲ認メタル趣旨ニ合スルモノトハ云フヘカラス果シテ右札貼札引キノ行爲カ無資格運動者ニ許サレタル行爲ナリトセンカ之レカ人夫ノ雇入レ監督等ノ所爲亦同樣ナリト謂ハサルヘカラス然ルニ原判決カ上告人太作ノ右所爲ヲ以テ無資格運動者ニ許サレサル所爲ナリトシテ罰シタルハ違法ナリ推薦狀ニ依ル選擧運動ハ何人ニモ許サレタル行爲ナリ左レハ右推薦狀ノ配布亦無資格運動者カ之レヲ爲スモ罪ヲ構成スヘキニアラサルナリ然ルニ原判決カ前示ノ如ク新町太作カ島名建ノ推薦狀配布ノ監督等ヲ爲シタル所爲ヲモ無資格運動者ニ許サレサル行爲ナリトシテ罰シタルハ違法ナリ

中略

「人夫ヲ使役シ所謂ビラ撒ノ方法ニ依リ選擧運動ノ爲ニスル文書圖畫ヲ頒布スルコトハ改正前ノ大正十五年二月內務省令第五號選擧運動ノ爲ニスル文書圖畫ニ關スル件ニ於テハ敢テ禁セサリシトコロナリト雖右文書圖畫ノ中推薦狀ヲ除ク以外ノモノノ頒布行爲ニシテ單純ナル機械的勞務ニ屬セサルモノハ法定ノ選擧運動者ニシテ初メテ之ヲ爲シ得ヘク右ノ資格ナキ者ハ之ヲ爲シ得サリシモノト謂ハサルヘカラス而シテ自ラ數十名ノ人夫ヲ雇入之ヲ使役シテ右ノ如キ文書ヲ頒布セシメ且之カ監督ヲ爲スカ如キハ當然ニ頒布人夫ノ人選頒布方法ノ指示竝ニ其ノ實行ノ監視等ニ付思慮ヲ回ラシ斯ル文書ノ頒布ヲシテ最效果的ナラシムル行動ヲ含ムモノナルカ故ニ他人ヨリ命セラレタルカ儘ニ一々行動スル右人夫等ノ行動ノ如キトハ異ナリ機械的勞務ノ範圍ヲ逸脫スルモノト謂フヘク卽チ特定ノ議員候補者ノ當選ヲ得シムル目的ヲ以テ之ニ必要且有利ナル行爲ヲ自ラ判定實行スルモノニ外ナラス」從ツテ被告人太作カ人夫數十名ヲ雇入レ東京市市會議員候補者島名建ノ當選ヲ得シムル目的ヲ以テ同候補者ノ宣傳ビラ數千枚ヲ同市小石川選擧區內選擧人ニ配布セシメ且夫等人夫ノ監督ノ任ニ當リタル行爲ヲ同候補者ノ爲ノ選擧運動ナリト認定シタル原判決ハ正當ナリ

人夫ヲ雇入レ推薦狀ヲ頒布セシムル行爲ハ推薦狀ニ依ル選擧運動ニ外ナラサルカ故ニ法定ノ選擧運動者タル資格ヲ有セサルモ之ヲ爲スコトヲ得ヘク而シテ推薦狀ノ頒布ヲ監督スル行爲モ亦推薦狀ニ依ル選擧運動ニ包含セラルヘキ行爲ナリト解スヘキヲ以テ斯ル行爲亦法定ノ選擧運動者タル資格ナクシテ之ニ從事スルコトヲ得ヘキハ洵ニ所論ノ如シ而シテ原判決ハ其ノ事實摘示ニ於テ被告人太作ノ無資格選擧運動

第九十六條

ノ事實ヲ擧示スルニ當リ被告人太作カ法定ノ選擧運動者タル資格ナキニ拘ラス人夫數十名ヲ雇入レ議員候補者島名廸ノ宣傳ビラ及推薦狀等數千枚ヲ東京市小石川選擧區内選擧人ニ配布セシメ且夫等人夫監督及ビラ撒防害監視ノ任ニ當リタリト說明スルヲ以テ恰モ原判決ハ右推薦狀ノ配布及其ノ監督ヲモ無資格選擧運動行爲ナリト認定シタルカ如キ觀ナキニ非スト雖仔細ニ原判決文ヲ檢スルトキハ原判決カ罪トナルヘキ事實トシテ擧示スルトコロハ被告人太作カ法定ノ選擧運動者タル資格ナキニ拘ラス人夫ヲ雇入レ右議員候補者ノ宣傳ビラヲ選擧人ニ配布セシメ且其ノ人夫ノ監督ヲ爲シ尙ビラ撒妨害監視ノ任ニ當リタリト謂フニ在リテ推薦狀ヲ擧示シタルハ被告人太作カ人夫ヲシテ宣傳ビラ及推薦狀ヲ一括シテ配布セシメタル關係上兩者ノ配布及其ノ監督ヲ可分的ニ觀察シ得サルカ爲ニ外ナラスト解スヘク右ハ原判決事實摘示及證據說明ノ部ニ於テ何レモビラ撒妨害監視ノ事實ヲ擧ケナカラ推薦狀配布妨害監視ニ及ハサル點竝ニ證據說明ノ部ニ於テ被告人太作ニ對スル强制處分訊問調書ニ於ケル判示金百圓ハビラ撒人夫賃ト自分ノ御禮トシテ貰ヒタルモノナル旨ノ供述記載ヲ擧クル點等ヨリスルモ之ヲ窺フコトヲ得ヘシ從ツテ原判決ハ被告人太作ノ推薦狀ノ配布及其ノ監督ヲ以テ同被告人ノ犯罪行爲ト認定シタルモノニアラスト解スヘキモノトス而シテ右ノ如キ議員候補者ノ宣傳ビラノ配布及其ノ監督カ法定ノ選擧運動者ニ非サレハ爲シ得サル選擧運動ニ屬スルコト前段ニ說明セル如クナルヲ以テ原判決カ被告人太作ノ右資格ナクシテ右ノ行爲ニ及ヒタル事實ヲ認定シ之ヲ市制第四十條第三十九條ノ三衆議院議員選擧法第百二十九條第九十六條ニ問擬シタルハ正當ナリ

實費ノ辨償以外ノ報酬ヲ受クルヲ得ス

第九十七條

一　演說又ハ推薦狀ニ依ル選擧運動ヲ爲ス者ノ報酬ノ收受

（昭和五年(れ)第一九五七號衆議院議員選擧法違反事件
昭和六年二月九日大審院第二刑事部言渡）

同第二點原判決ハ擬律錯誤ノ違法アリ原判決ハ其ノ事實理由第一ノ(二)ニ於テ「(二)被告人上野貫一ニ對シ同月十二、三日頃同市北二條西三丁目一番地政友會北海道支部內ニ於テ同被告人カ右政友倶樂部ノ爲村田候補者ノ推薦狀決議文電文ノ起草及其ノ發送ノ指揮ヲナス等前記候補者ノ推薦選擧運動ニ從事セルコトノ報酬トシテ金五十圓ヲ供與シ」ト判示シ被告人小鹽清一ヲ衆議院議員選擧法第百十二條第三號ニ問擬處斷シタリ然レトモ獨立選擧運動者カ推薦狀ニヨル運動ヲ爲スニハ先ツ以テ推薦狀ノ作製ヲ必要トス可シ而シテ其ノ推薦狀作製ニ當リ文案等ノ起草ハ獨立選擧運動者自ラ爲ササル可カラサル性質ノモノニアラス推薦狀文案ノ作成ヲ他人ニ依賴シ若クハ印刷ヲ依賴スルカ如キ一種ノ準備行爲ハ第九十六條第二項ニ包含セラルルモノナリト解スルヲ妥當トス獨立選擧運動者カ單ニ一時的ニ他人ノ勞力ヲ使用スルコトハ常識ヨリ視ルモ何等差支無キ行爲ナリ果シテ然リトセハ被告人小鹽清一カ獨立選擧運動者トシテ與ヘラレタル推薦狀ニヨル選擧運動ヲ爲スカ爲上野貫一ニ推薦文案ノ起草ヲ依賴シ同人ノ文筆的勞務ニ對スル對價トシテ多額ニ失セサル金五十圓ヲ供與シタリトスルモ些カモ罰條ニ牴觸セサルモノナルニ不拘原判決ハ前記法條ニ違反セルモノナリト認定シ被告人小鹽清一ヲ處斷シタルハ畢竟擬律錯誤ノ違法アルモノニ付破毀ヲ免レサルモノト信ス昭和三年（れ）第一〇二八號同年七月十四日第三刑事部同趣旨判決（大審院刑事判例集第七卷五二七頁參照）ト云フニ在レトモ衆議院議員選擧法第九十七條第百十二條ノ規定ニ依レハ「演説又ハ推薦狀ニ依リ選擧運動ヲ爲ス者ト雖選擧事務員ニ非サル限リ實費ノ辨償ヲ受ケルハ格別報酬ヲ受クルヲ得サルモノニシテ之ヲ授受スルニ於テハ同法第百十二條第三號第四號ノ犯罪ヲ構成スルモノトス」原判決判示ニ依レハ昭和五年二月二十日施行ノ衆議院議員選擧ニ際シ原審相被告人上野貫一ハ議員候補者村田不二三ノ法定ノ選擧運動者ニ非サルニ拘ラス被告人右貫一ニ對シ同月十二、三日頃札幌市北二條西三丁目一番地政友會北海道支部內ニ於テ同人カ判示政友倶樂部ノ爲村田候補者ノ推薦狀決議文電文ノ起草及其ノ發送ノ指揮ヲ爲ス等前記候補者ノ推薦運動ニ從事セルコトノ報酬トシテ金五十圓ヲ供與シタルモノナレハ衆議院議員選擧法第百十二條第三號ニ該當スルコト勿論ニシテ原判決ノ擬律ニハ錯誤アルコトナシ論旨ハ原判示ノ一部ニノミ依據スルモノニシテ結局原判示ニ副ハサルモノナレハ採ルニ足ラサルモノトス論旨理由ナシ

要旨

選擧事務員ハ法ノ公認セサル所ナリ

二　町村會議員ノ選擧ト選擧事務員

（昭和五年（れ）第一一七七號町會議員選擧罰則違反事件
昭和五年十二月一日大審院第二刑事部言渡）

法律ニ照スニ各被告人ノ判示金員供與ノ所爲ハ孰レモ町村制第三十七條衆議院議員選擧法第百十二條第一號ニ被告人健藏ノ判示金員ノ供與ヲ受ケタル行爲ハ町村制第三十七條衆議院議員選擧法第百十二條第四號第一號ニ該當ス此ノ點ニ付被告人健藏ハ當公廷ニ於テ自分ハ選擧事務員トシテ運動ニ從事シ相當時

間勞務ニ服シタルモノナレハ謝禮ヲ受クルモ差支ナシト思惟シ收受シタル旨辯解シ同被告人カ選擧事務員ナル名稱ノ下ニ運動ニ從事シタルコトハ記錄上明白ナレトモ「町村會議員ノ選擧ニ付テハ町村制第三十六條ノ二ニ依リ衆議院議員選擧法第九十一條第九十八條第九十九條第二項第百條第百四十二條ヲ準用スルニ止リ同第九十六條第九十七條第九十八條第一項等選擧事務員ニ關スル規定ヲ準用セサルカ故ニ町村會議員ノ選擧ニ付テハ選擧事務員ナルモノハ法ノ公認セサルモノト解スヘク從テ被告人假令選擧事務員ナル名稱ノ下ニ選擧運動ニ從事シタリトスルモ單純ナル選擧運動者ニ外ナラスト謂フヘク苟モ選擧運動ニ對スル報酬ヲ收受シタル以上町村制第三十七條衆議院議員選擧法第百十二條第四號第一號ノ犯罪ヲ構成スルモノトス」故ニ縱シ同被告人カ衆議院議員選擧ノ場合ニ於ケルト同樣選擧事務員ハ報酬ヲ受クルヲ得ルモノト思惟シタリトスルモ這ハ法ノ誤解ニ過キスシテ之カ爲ニ其ノ責ヲ免ルヘカラス右辯解ハ其ノ理由ナシ

第九十八條

一 戸別訪問罪ノ成立 成立ノ時期（昭和三年(れ)第九五六號衆議院議員選擧罰則違反事件 昭和三年八月三日大審院第一刑事部言渡）

要旨 衆議院議員選擧法第九十八條第一項違反罪ハ「投票ヲ得若ハ得シメ又ハ得シメサル目的ヲ以テ選擧人ノ邸宅ニ立入リ面會ヲ求ムル行爲ヲ爲スニ因リ直ニ既遂ト爲ルモノニシテ被訪問者ニ對シ現實ニ其ノ來意ヲ通シ若ハ被訪問者ニ於テ諾否ヲ表スヲ俟テ始メテ既遂ト爲ルモノニ非ス」

二 通勤先ノ事務所若ハ事務室ノ如キニ訪問スル場合ト本條ノ適用 居宅ニ準ス（昭和三年(れ)第一一三〇號衆議院議員選擧法違反事件 昭和三年十月二十二日大審院第五刑事部言渡）

要旨 衆議院議員選擧法第九十八條ニ所謂戸別訪問ハ投票ヲ得若ハ得シメ又ハ得シメサルノ目的ヲ以テ選擧人ヲ其ノ居宅ニ訪問スル場合ノ外叙上ノ目的ヲ以テ選擧人ヲ其ノ事務所若ハ事務室ニ訪問スル場合ヲモ包含スルモノトス「蓋シ事務所又ハ事務室ハ特定人カ其ノ擔當セル公若ハ私ノ事務ヲ處理スル爲メニ設置セラレ其ノ目的ニ於テ常時出入スル場所ニシテ社會通念上各人ノ居宅ニ準スルヲ相當ト爲スヘキモノナレハナリ」原判決ハ被告人カ衆議院議員候補者清瀬一郎ニ投票ヲ得シムル目的ヲ以テ選擧人古市宣三ヲ其ノ勤務先ナル福島紡績會社飾磨工場事務室ニ訪問シ清瀬ノ爲ニ何分宜敷依頼スル旨ヲ述ヘタル事實ヲ認メ之ヲ同法第九十八條第一項第百二十九條ニ問擬シタルハ叙上ノ理由ニ依リ正當ナリ論旨ハ理由ナシ

不特定多數者訪問ハ條件ニ非ス

要旨

被訪問者ニ其ノ來意ヲ告クルコトハ既遂ノ條件ニ非ス

要旨

三 本條ニ所謂戸別訪問ノ條件（昭和三年(れ)第一七五一號北海道會議員選擧罰則違反事件 昭和三年十二月二十一日大審院第一刑事部言渡）

衆議院議員選擧法第九十八條ニ「所謂戸別訪問ニハ不特定多數者訪問ハ其ノ條件ニアラサルノミナラス」原判決ノ認定シタル事實ニ依レハ被告良吉ハ昭和三年八月十日施行ノ北海道會議員選擧ニ際シ議員候補者トナリ被告又吉ハ其ノ選擧委員タリシトコロ被告良吉ハ投票ヲ得ル目的ヲ以テ被告又吉ハ右良吉ニ投票ヲ得シムル目的ヲ以テ連續シテ同年七月二十一、二十二日ノ兩日ニ亘リ網走郡網走町大字藻琴村濤沸村選擧有權者向井濤吉外五名ノ住所ヲ訪問シタリト云フニ在リテ右事實ハ其ノ引用ニ係ル證據ニ依リ之ヲ證明スルニ足リ原判決ニハ被告人カ數名ノ選擧有權者ニ對シ連續シテ戸別訪問ヲ爲シタル事實理由並ニ證據説明ニ缺クル所ナシ

四 戸別訪問ノ既遂（昭和三年(れ)第一六一二號縣會議員選擧罰則違反事件 昭和三年十二月二十七日大審院第二刑事部言渡）

被告人ハ立候補ヲ決意スルヤ其ノ屆出ヲ爲ササルニ先チ立候補後ニ於テ自己ニ投票ヲ得ル目的ヲ以テ判示ノ選擧人等ヲ戸別訪問セルモノニシテ府縣制第三十九條第四十條ニ依リ準用セラルル衆議院議員選擧法第九十八條第一項ノ犯罪ハ「投票ヲ得ル目的ヲ以テ選擧人ノ邸宅ニ立入リ面會ヲ求ムル行爲ヲ爲スニ因リ直ニ既遂トナリ被訪問者ニ對シ來意ヲ告クルコトハ其ノ構成要件ニ非サルカ故ニ論旨摘示ノ選擧人等ニ對シ論旨ノ如ク立候補屆出ノ上ハ自己ニ投票ヲ乞フ旨依頼スルト否トハ同罪ノ成否ニ影響ヲ及ササルモノトス」

單ナル儀禮トシテ行爲ノ違法性ヲ阻却スルモノニ非ス

五　候補者カ路上ニ於テ數回ニ遭遇シタル數人ノ選擧人ニ對シ「宜シク賴ム」ト挨拶シタル行爲ト本條ノ適用

（昭和四年（れ）第八九八號町會議員選擧罰則違反事件
昭和四年九月二十八日大審院第三刑事部言渡）

第二點路上通リスカリ二人ヨリ「今日ハイヨ〳〵投票日テスネー」等ト挨拶セラレシ時候補者トシテ單ニ「宜シク賴ム」ナル言葉ヲ發シ行キ過キタルハ今日ノ社會狀態ヨリ見ルニ一般的ノ辭儀ニシテ常識上之カ儀禮ト見ル事當然ナリ選擧法並ニ取締規則ノ目的ハ選擧權行使ノ公正ヲ期スルニ在ルコト勿論ニシテ本件事案ノ如キ路上ノ遭遇ニ通リスカリナカラ「宜シク賴ム」ト返答シ行キ過キタリトスルモ何等選擧權行使ノ公正ヲ破ルノ一般的危險性ナシ且之ヲ以テ投票ヲ得ル目的ヲ以テ爲ス選擧運動ナリト解スルハ現今社會ノ人智ノ發達利害觀念ノ强キ選擧界ノ狀勢並ニ社會ノ事情ニ添ハサルモノニシテ違法性ナシト思料スト云ヒ第三點前審判決ハ「道路上ニ於テ判示ノ各選擧人ニ遭遇セル機會ヲ利用シ判示認定ノ如ク選擧運動ヲ爲シタルモノト認メラルルヲ以テ被告人等ノ辯解ハ理由ナシト謂フモ事實遭遇セサル途中ノ高林濱吉ノ如キハ言葉モ交サス卽チ單ナル面接ヲ豫期セサル遭遇ハ連續性ヲ缺クモノニシテ連續ノ意思ナク又ハ連續ノ事實モナシ從テ何レニシテモ被告人ノ行爲ハ衆議院議員選擧法第九十八條第二項ノ連續シテ個々ノ選擧人ニ對シ面接シタリト云フニ該當セス尙通リカカリニ言葉ヲカケ行キ過キタルノミ之等ハ所謂面接ニ非スト云ヒ第四點第二點論述ノ如ク單ニ挨拶トシテ宜敷賴ムト云ヒ過キタル事カ候補者トシテ何人モ投票ヲ欲セサル者ナキハ又常識上考ヘラルヘキ事ナカラ瞬間的ニ反射機能ニ依リ發セラレ

タリトスルモ投票ヲ得ムトスル意思ノ完全ヲ缺キ一片ノ世辭ト稱スルモノニシテ何等違法性ナキモノナリ假ニ投票ヲ得ル目的ヲ以テ爲シタリトスルモ行キ過キニ挨拶トシテ「宜シク頼ム」ト言ヒタリトスルモ選擧權ノ行使ヲ左右スヘシトハ何人モ思ハサル所ニシテ寧ロ選擧權行使ノ公正ヲ希フ者ニシテ現社會ノ狀態ヨリ全ク危險性ナシト言フヲ得ヘシ或ハ立止リ或ハ丁寧ナル言辭ヲ弄セシナライサ知ラスカカル程度ノ言辭ノ交換カ選擧取締罰則ノ適用ヲ受クル範圍ニシテ重大ナル當選議員ノ資格ヲ失フヘキモノナルヤ疑ハサルヲ得ス花川等ヨリ「當日テスネ」「イヨ〳〵投票日テスネ」ト本件被告人カ世辭ヲ云ハレタルニ對シ「宜シク頼ム」ナル言葉ヲ言ヒナカラ行キ過キタル程度ノ事實ハ全ク法ノ適用サルヘキ範圍外ノ行爲ニシテ犯罪ヲ構成セストスヘク前示カ之ヲ有罪ト認定セルハ明カニ失當ナリト云フニ在レトモ「原判決ノ確定シタル事實ハ所論ノ如ク被告人ノ行爲ヲ一般的ノ儀禮ト解シタルモノニ非サルハ判文上明白ナルノミナラス苟モ選擧ニ際シ議員候補者カ自己ニ投票ヲ得ントスル目的意志ノ下ニ判示ノ如ク連續シテ選擧人ニ面接シ選擧運動ヲ爲シタル以上選擧違反ノ罪ヲ構成スヘキハ勿論ナリ然リ而シテ原判決ノ擧示ニ依リテ認定シタル事實中被告人カ判示選擧人ニ對シテ爲シタル「宜シク頼ム」ナル言辭ハ單ニ社交上ニ於ケル一ノ儀禮トハ解シ難ク其ノ行爲ノ違法性ヲ具有スヘキヤ言ヲ俟タス」

六　選擧運動ヲ爲スヘキコトヲ共謀シ他人ヲシテ實行ノ任ニ當ラシメタル者ト本條ノ適用

（昭和四年(れ)第一一四一號村會議員選擧罰則違反事件
昭和四年十月二十五日大審院第一刑事部言渡）

要旨

正犯ヲ以テ論ス

要旨

一罪トシテ刑法第五十五條ノ適用ヲ受ク

「共同正犯ハ犯罪構成要件タル行爲ノ實行ニ加功シタル者ノミヲ謂フニ非ス數人共同シテ犯罪ノ實行ヲ謀リ其ノ中ノ或者カ他ノ者ヲシテ實行ノ任ニ當ラシメ自己ニ代リ犯罪ノ意思ヲ遂行セシメタルトキハ其ノ者亦共同正犯ナリ」原判決ノ認定シタル事實ハ被告ハ村會議員選擧ニ際シ其ノ候補ニ立チ當選ヲ得ル目的ヲ以テ實母たそト選擧人ニ對スル戸別訪問及投票買收ヲ共謀シたそハ被告ヨリ買收費ノ交付ヲ受ケ選擧人數名ヲ訪問シテ投票ヲ依賴シ且其ノ報酬金ヲ供與シタリト謂フニ在ルヲ以テ卽チ被告ハたそト共謀ノ上同人ヲシテ實行ノ任ニ當ラシメ自己ニ代リ犯罪ノ意思ヲ遂行セシメタルモノナレハ原審カ戸別訪問金員供與ノ正犯ヲ以テ被告ヲ問擬シタルハ正當ナリ

七　戸別訪問ト個々面接トヲ混淆シテ行ヒタル場合ノ犯罪關係及法ノ適用

（昭和六年(れ)第一九一號衆議院議員選擧法違反事件
昭和六年五月九日大審院第三刑事部言渡）

第四點原判決ハ被告人佐重ノ第二ノ事實被告人寔ノ第三ノ事實被告人勝太郎ノ第四ノ事實被告人茂助ノ第五ノ事實ヲ連續犯ナリト認定シ刑法第五十五條ヲ適用シタリ然レトモ「衆議院議員選擧法第九十八條ノ戸別訪問又ハ個々面接ノ罪ハ連續シテ數人ノ選擧人宅ヲ訪問シテ投票ヲ依賴シ又ハ連續シテ數人ノ選擧人ニ面接シテ投票ヲ依賴スルニ依リテ成立スルモノナルヲ以テ戸別訪問又ハ個々面接ノ罪ニハ刑法ノ連續犯ヲ構成スルノ餘地アルモノニアラス從テ該行爲ハ包括シテ衆議院議員選擧法第九十八條第百二十九條ニ該當スル一罪トスヘク刑法第五十五條ヲ適用スヘキモノニアラサルナリ」然ルニ原判決ハ被告等

要旨

ノ戸別訪問個々面接ハ連續犯ヲ構成スルモノト爲シ右被告人等ニ對シ刑法第五十五條ヲ適用シタルハ法律ヲ不當ニ適用シタル違法アルモノニシテ破毀スヘキモノト信スト云フニ在リ按スルニ衆議院議員選擧法第九十八條第一項ハ同第二項ト異リ連續シテトノ文詞存セスト雖モ戸別ト云フ文字ノ意義竝ニ戸別訪問ニ準スヘキ個々面接等ノ運動方法ニ付キテハ特ニ連續シテトノ文詞ヲ使用シタル法意ニ徴スルトキハ法ニ所謂戸別訪問トハ連續シテ戸別ニ訪問スルノ法意ナルコト疑ヲ容レス故ニ同條項所定ノ目的ヲ以テ連續シテ戸別訪問ヲ爲シタルトキハ刑法第五十五條ノ適用ヲ俟ツ迄モナク同條項違反ノ一箇ノ犯罪成立スルニ過キスト云フヘシ且ツ右選擧法第九十五條ハ同條第一項所定ノ目的ヲ以テ戸別訪問ヲ爲スト之ト同一ノ目的ヲ以テ連續シテ個々ノ選擧人ニ對シ面接シ又ハ電話ニ依リ選擧運動ヲ爲ストヲ項ヲ第一項第二項ニ分チテ規定スト雖同條第二項ハ戸別訪問以外ノ運動方法ニシテ戸別訪問ニ因リテ生スル效果ト類似ノ效果ヲ生スヘキ運動方法ヲ禁止シ以テ戸別訪問ニ關スル同條第一項ノ規定ヲ補充セントスルノ趣旨ニ出タルモノニ外ナラサレハ同條第一項ト同條第二項トノ各違反罪ハ同一罪質ニシテ同一罪ヲ規定スルモノト云ハサルヘカラス「故ニ前記ノ目的ヲ以テ戸別訪問ト個々面接トヲ混淆シテ行ヒタルトキハ其ノ行爲ヲ連續シテ行ハレタルモノト認ムルコト可能ナルノミナラス若シ之ヲ認ムルニ足ルトキハ刑法第五十五條ノ適用ヲ俟タス當然同條第一項第二項ニ該當スル一罪成立スルモノナルコト明ナリ故ニ原判決カ第二乃至第五ノ事實トシテ判示セル被告人佐重、勝太郎ノ各連續セル戸別訪問竝ニ被告人寔茂助ノ各連續スル戸別訪問又ハ個々面接ノ行爲ニ對シ右選擧法第九十八條第一項第二項ノ外ニ各被告人ニ付刑法第五十五條ヲ適用シタルハ違法ナリト雖刑法第五十五條ヲ適用スルモ結局一罪トシテ處斷スルモノナルヲ以テ上記瑕疵ハ判決ニ何等ノ影響ナク未タ以テ原判決ヲ破毀スルニ足ラス論旨ハ理由ナシ

犯罪事實ノ表示ナキ公訴手續ハ無效ナリ

八　戸別訪問ニ付何某方ヲ歴訪シタリヤノ具體的擧示ナキ起訴狀ノ效力

（昭和五年(れ)第九七二號衆議院議員選擧法違反事件
昭和五年七月十日大審院第二刑事部言渡）

各被告辯護士平野康太郎上告趣意書第一點原審ハ其ノ認定事實ノ第二トシテ上告人泥安太郎、尾川徳次柏木愛太郎ノ三名ハ何レモ佐伯候補ノ當選ヲ得シムル目的ヲ以テ同月中旬頃（昭和五年二月ヲ指ス）安太郎ハ肩書居村泥太郎外一名方ヲ徳次ハ肩書居村尾田寛次郎三名方ヲ愛太郎ハ大西政市外五名方ヲ各訪問シ以テ戸別訪問ヲ爲シ同時ニ選擧運動ヲ爲シタリト判定シタリ然ルニ此事實ニ對スル檢事ノ起訴狀ヲ査閲スルニ單ニ被告安太郎、徳次、愛太郎ハ候補者ニ當選ヲ得シムル目的ヲ以テ戸別訪問ヲ爲シトノミアリテ有權者タル何某方ヲ歴訪シタリトノ具體的事實ヲ擧示セス檢事ノ起訴事實ハ單ニ竊盜ヲ爲シタリ詐欺ヲ爲シタリト云フカ如キ抽象的ノ事實ヲ擧クルヲ以テ事足レリトスヘキニアラスシテ須ラク其ノ具體的事實ヲ擧示スルヲ要スルハ勿論ナルカ故ニ單ニ戸別訪問ヲ爲シタリトノミノ起訴事實ヲ以テ前記事實ヲ認定スヘキ起訴アリタリト爲スヲ得ス從テ原審ノ認定シタル該事實ニ就テハ審判ノ請求ヲ受ケサル事實ニ付判決ヲ爲シタル結果トナリ刑事訴訟法第四百十條第十八號ニ違背スルモノト思料ス加之戸別訪問ノ事實ヲ認定スルニ付テハ其ノ訪問セラルルモノカ有權者タルヲ必要トスルコトハ法ノ精神ニ於テ疑

要旨

要旨

ヲ容レサル所ナルニ原審判決ハ此ノ事實ヲ認定セス是レ刑事訴訟法第四百十條第二十號ニ違背スルモノト信スト云フニ在リ

仍テ案スルニ「刑事訴訟法第二百九十一條第一項ニ依レハ公訴ヲ提起スルニハ被告人ヲ指定シ犯罪事實及罪名ヲ示スヘシト規定シアリテ其ノ所謂犯罪事實トハ犯罪ヲ構成スル具體的事實ヲ指スモノナリト解スヘキモノトス蓋シ我刑事訴訟法ハ審判ノ請求ヲ受ケサル事件ニ付判決ヲ爲スコトヲ許サス而シテ審判ノ請求ヲ受ケタリヤ否ヤ即チ公訴物體ノ範圍ナリヤ否ヤハ公訴ニ係ル犯罪事實ニヨリテ定マルモノナレハ其ノ犯罪事實タルヤ犯罪ヲ構成スル具體的事實ナリト謂ハサルヘカラサレハナリ故ニ他ノ犯罪事實ト識別スルコトヲ得サルモノ若クハ犯罪ノ內容ヲ知ルニ由ナキモノハ孰レモ犯罪事實ノ表示トシテハ不適法ニシテ其ノ公訴手續ハ無效ナリト謂ハサルヘカラス」所論公判請求書ヲ査閱スルニ公訴事實トシテ「被告人等ハ昭和五年二月二十日執行ノ衆議院議員選擧ニ付兵庫縣第四區ヨリ立候補シタル佐伯成道ノ選擧委員又ハ事務員ニ非サル處同候補者ノ選擧委員志水潔ヨリ報酬ヲ受クル約束ノ下ニ金錢供與ヲ條件トシテ投票買收ノ依賴ヲ受ケ其ノ請託ヲ容レ被告人中安太郎、德次、愛太郎ハ同候補者ニ當選ヲ得シムル目的ヲ以テ戶別訪問等ヲ爲シ同月十九日頃神崎郡福崎町福崎新ノ右潔方ニ於テ同人ヨリ前記運動報酬トシテ被告人淸次ハ金三十圓被告人安太郎ハ金五十圓被告人德次ハ被告人愛太郎ノ分ト共ニ金九十圓ノ供與ヲ受ケ同月二十二日頃內二十六圓ヲ右愛太郎ニ交付シタルモノナリ」トアリテ「金錢ノ供與ヲ受ケタル點ノ公訴ハ適法ナルモ法定ノ選擧運動者ニ非スシテ選擧運動ヲ爲シタリトノ點ニ付テハ被告人安太郎、德次、愛太郎ハ右候補者ノ法定ノ選擧運動者ニ非サルニ拘ラス同候補者ニ當選ヲ得シムル目的ヲ以テ戸別訪問等ヲ爲シタリト謂フニ歸シ有權者何某方ヲ歷訪シタリヤ其ノ他如何ナル選擧運動ヲ爲シタリヤヲ知ルニ由ナク全ク具體的事實ノ擧示ナキモノナレハ此ノ部分ノ公訴ハ刑事訴訟法第三百六十四條第六號ニ從ヒ之ヲ棄却スヘキモノナルニ事玆ニ出テスシテ原判決ノ判示第二ノ裁判ヲ爲シタルハ違法ナリ」原判決ハ破毀ヲ免レス

九　戸別訪問ノ罪ノ成立

（昭和五年(れ)第二一三二號衆議院議員選擧法違反事件
昭和六年三月五日大審院第二刑事部言渡）

要旨　連續シテ二以上ノ住居ニ就キ訪問セハ足ル

第三點ハ原判決ハ擬律錯誤ノ違法アルモノトス原判決ハ其ノ事實理由第二ニ於テ「被告人廣光ハ右選擧ニ際シ同候補者ノ選擧委員ト爲リ最高幹部トシテ選擧運動ニ從事中同月中旬頃原審相被告人宮澤嘉貞ト共謀シ同候補者ニ投票セシムル目的ヲ以テ同村志苔選擧人高野松太郎、菊池初太郎方ヲ戸々ニ訪問シテ投票ヲ依賴シ」ト判示シ之レヲ衆議院議員選擧法第九十六條ニ問擬シタリ然レトモ同條ニ所謂戸別訪問トハ連續シテ數名又ハ夫レ以上ノ選擧人ヲ訪問シ投票ヲ依賴スルヲ謂フモノニシテ單ニ選擧人二名ヲ訪問スルカ如キハ未タ以テ同條ニ所謂戸別訪問ノ域ニ達セサルモノトス然ルニ原判決ハ被告人廣光ハ僅ニ選擧人松太郎、初太郎ノ二名方ヲ訪ネ投票ヲ依賴シタリトシテ之レヲ戸別訪問ナリト斷シ前記法條ヲ適用シタルハ擬律錯誤ノ違法アルモノニシテ破毀スヘキモノト信スト云フニアレトモ「同條ニ所謂戸別訪問トハ連續シテ二以上ノ住居ニ就キ訪問スルコトヲ指稱スルモノニシテ必スシモ數名若ハ夫レ以上ノ訪問

必スシモ意思ノ疏通ヲ必要トセス

要旨

第九十八條

ヲ必要トスルモノニ非ス」論旨ハ理由ナシ

一〇　投票ヲ得タキ旨ノ明示又ハ默示ノ意思ヲ選擧人ニ通セサル行爲ト個々面接ノ罪ノ成立

（昭和四年（れ）第六一二號村會議員選擧罰則違反事件
昭和五年二月七日大審院第一刑事部言渡）

原判決ノ認定シタル事實ニ依レハ被告人等ハ判示村會議員選擧ニ付被選擧人山口恭一ニ投票ヲ得シムル目的ヲ以テ判示ノ日時場所佐世保海軍工廠ヨリノ歸途ニ在リシ多數職工中山口進外數十名ノ選擧人ニ對シ各別ニ右山口ノ推薦狀ヲ手交シ以テ連續シテ個々ノ選擧人ニ對シ面接シタルモノナリト云フニ在リテ尙右推薦狀ノ內容及其ノ配付ハ被告人ノ考案ニ出テ之カ印刷モ被告人ノ注文ニ係ルモノニシテ又前記山口進等カ選擧人ナルコトヲ被告人ニ於テ了知シタルコトハ孰モ判文上明ナルヲ以テ論旨ニ「被告人等ハ不特定多數人ニ對シ且選擧人ナルヤ否ヤヲ少モ認識セスシテ漫然推薦狀ヲ撒布手交シタル機械的勞働者ニ過キサルモノ」ノ如ク主張シ以テ原判決ノ違法ヲ云爲スルハ其ノ判旨ニ副ハサルノ不當ノ攻擊ナリト云ハサルヘカラス然リ而シテ「衆議院議員選擧法第九十八條第二項ニ所謂個々ノ面接ニ付テハ必スシモ或者ノ爲ニ投票ヲ得タキ旨ノ明示默示ノ意思ヲ選擧人ニ疏通スルコトヲ必要トスヘキ理由ナキノミナラス」本件ニ於テハ被告人等ハ被選擧人山口恭一ニ對スル推薦狀ヲ個々ノ選擧人ニ交付シタリト云フニ在ルヲ以テ其ノ交付ハ即チ默示的ニ同被選擧人ニ對シ投票ヲ得タキ意思ヲ通シタルモノナリト解スルニ妨ケナキモノトス然ラハ此ノ點ノ所論モ亦失當ナリト云ハサルヘカラス要スルニ原判決カ前記ノ如ク判示

事實ヲ認定シ以テ之ヲ町村制第三十六條ノ二第三十七條ニ依リ準用セラルル前掲衆議院議員選擧法ノ規定ニ違反スル犯罪トシテ處斷シタルハ正當ニシテ論旨ハ孰レモ採容セス

一個ノ行爲ニシテ數罪ニ該當ス

一　同一ノ場所ニ於テ個々ノ選擧人ニ對シ連續シテ面接終ル毎ニ饗應ヲ爲シタル行爲ト犯罪關係及法ノ適用　（昭和五年(れ)第一一〇九號衆議院議員選擧法違反事件
昭和五年九月二十六日大審院第四刑事部言渡）

第三點原判決ハ藤尾良恭ノ行爲中判示第一卽チ市場常藏ト共謀シテ個々面接セリトノ事實ト判示第二卽チ其ノ直後饗應ヲ爲セリトノ事實トノ間ニ手段結果ノ關係アリト判斷セラル然レトモ刑法第五十四條ニ謂フ犯罪ノ手段トハ或犯罪ノ性質上其ノ手段トシテ普通用キラルヘキ行爲ヲ指稱シ又犯罪ノ結果トハ或犯罪ヨリ生スル當然ノ結果ヲ指稱ス個々面接ノ行爲ト饗應ノ行爲トノ間ニハ如斯關係アルモノニアラス通常之ナキノミナラス本件ニ於テモ亦之ナシ個々面接ト云フ行爲ハ市場常藏カ爲シタルモノト判示セラレタリ又饗應ハ「直後」トハ云ヘ時間的ニ其ノ後ニ於テ藤尾良恭單獨ニテ之ヲ爲シタルモノト判示セラレタリ果シテ然ラハ本件兩行爲ノ間ニ性質上手段タル結果タルノ關係ナキヤ明ナリ原判決ハ此ノ點ニ付誤リタル考ヲ抱キタル爲市場常藏ニ對スル饗應罪ニ付テハ無罪ノ判決ヲ爲スヘカリシニ拘ラス之ヲ爲ササリシモノナリ此等ハ總テ法律ノ誤解ニ出タルモノニシテ原判決ハ此ノ理由ヨリスルモ宜シク破毀セラルヘキモノナリト云フニ在リ仍テ案スルニ被告人良恭ハ衆議院議員候補者淸瀨一郎ノ法定ノ選擧運動者ニ非サルニ拘ラス同候補者ヲシテ當選ヲ得シムル目的ヲ以テ同人ノ選擧委員タル被告人ノ市場常藏ト共謀ノ上選擧人九名ヲ自宅ニ招集シ先ツ來宅セル藤尾綱次外二名ニ對シ被告人常藏ニ於テ連續シテ個々ニ

要旨

面接シ尚後藤彌之衛外三名ニ個々面接シタル上以上ノ者ニ對シ前回ノ選擧ニモ應援ヲ受ケタル由ナルカ今度モ良恭ト相談ノ上清瀨ニ共鳴セラレタク云云申入レ次テ來宅シタル高田文藏外一名ニ對シ清瀨ノ爲ニ宜敷御願スル旨申向ケ以テ「連續シテ個々ノ選擧人ニ面接シ各面接終ル每ニ被告人良恭ニ於テ前同一ノ目的ヲ以テ以上ノ選擧人ヲ夫々宴席ニ列セシメテ饗應シ以テ選擧運動ヲ爲シタルモノナルコト原判決ノ全趣旨ニ徵シ之ヲ認ムルニ難カラス即個々ノ選擧人ニ對シ連續シテ面接終ル每ニ饗應ヲ爲シタルモノニシテ其ノ個個面接行爲ト各人ニ對スル饗應行爲トハ同一ノ場所ニ於テ時ヲ同ウシテ交互ニ行ハレタルモノナレハ法律上　シ一個ノ行爲ト觀察スヘク從テ其ノ行爲タルヤ個々面接罪ト饗應罪トニ該當スルト同時ニ無資格選擧運動罪ニモ該當スルモノトス」從テ被告人良恭ニ對シテハ衆議院議員選擧法第九十六條第九十八條第百二十九條第百十二條第一號刑法第五十四條第一項前段ヲ適用處斷スヘキモノトス而シテ被告人常藏ニ對スル公訴ハ同被告人ハ議員候補者清瀨一郎ノ選擧委員ニシテ前同一ノ目的ヲ以テ被告人良恭ト共謀シテ前示個々面接及饗應ヲ爲シタリト云フニ在ルヲ以テ叙上ノ理由ニ依リ是亦衆議院議員選擧法第九十八條第百二十九條第百十二條第一號刑法第五十四條第一項前段ヲ適用スヘキ一罪ノ公訴ナルコト勿論ナリトス故ニ原判決カ該公訴事實中個々面接ノ事實ヲ證據ニ憑リ認定シテ刑ノ言渡ヲ爲シ饗應ノ事實ニ付テハ其ノ證明ナシトシタル以上饗應ノ點ニ付テハ特ニ無罪ノ言渡ヲ爲スノ要ナキモノトス本件略式命令請求書ヲ査スルニ本件ヲ以テ特ニ併合罪又ハ牽連犯罪ナリトシテ起訴シタル趣旨ノ見ルヘキモノナキヲ以テ之ヲ併合罪ノ起訴ナリトシテ常藏ニ對シ饗應ノ點ニ付無罪ノ言渡ヲ爲ササルヘカラス

論旨ハ容認シ難キノミナラス原判決ノ如ク之ヲ牽連犯罪ナリトスル公訴事實ノ趣旨ナリト解スルハ當ラスト雖結局原判決ハ被告人良恭ニ對シテハ刑法第五十四條第一項ニ依リ一罪トシテ處斷シ又ハ被告人常藏ニ對シテモ一罪ノ起訴ナリト認メ個々面接罪ノミニ付處斷シ證明ナシト認メタル饗應ノ點ニ付特ニ無罪ノ言渡ヲ爲ササル旨判示シタルハ結局相當ニシテ破毀ノ理由ト爲スニ足ラス

一個ノ行爲ニシテ數個ノ罪名ニ觸ルルモノ

一二　選擧人數人ヲ招致シテ個々ニ面接シテ投票ヲ依頼シ且同時ニ其ノ數人ニ對シ饗應ヲ爲シタルトキト一所爲罪トノ關係

（昭和五年(れ)第一〇五〇號衆議院議員選擧法違反事件
昭和五年十月十六日大審院第五刑事部言渡）

第三點原判決ハ個々ニ選擧人ニ面接シタリトノ事實ト饗應シタリトノ事實ヲ認定シ乍ラ右ノ事實ハ各〻手段結果ノ關係ニアルモノトシテ之ニ付刑法第五十四條ヲ適用シタリ然レトモ個々ノ面接行爲ト饗應行爲トハ各自獨立ノ行爲ニシテ一行爲カ他行爲ノ手段若シクハ結果トナリタルモノニ非ス從ツテ右ノ行爲ニ牽連犯トシテ刑法第五十四條ヲ適用シタルハ不法ニシテ原判決ノ此ノ點ニ關スル判斷ハ失當ニシテ到底破毀ヲ免カレサルモノト信スト謂フニ在リ

仍テ按スルニ原判決カ證據ニ依リテ認定シタル事實ハ被告人兩名ハ昭和五年二月二十日施行ノ衆議院議員選擧ニ際シ宮崎縣選擧區ヨリ立候補シタル水久保甚作ノ選擧委員トシテ同縣西諸縣郡飯野村ノ同候補者選擧事務所ニ於テ選擧事務ニ從事中共謀ノ上右候補者ニ投票ヲ得シムル目的ヲ以テ同月十一日頃ヨリ同月十五日頃迄ノ間ニ小使ヲ雇使シテ選擧人黑田彌吉、楢木万助、川畑林次郎、坂上佐次郎、小田隈次郎、佐藤喜之亟、假屋崎右衛門、福元猪之助、指宿茂次郎ヲ右選擧事務所ニ招致シ其ノ都度右選擧人ニ對シ永久保候補ニ投票アリタキ旨依頼シタル上尚同事務所ニ於テ永久保候補ニ當選ヲ得シムル目的ヲ以テ選擧人楢木万助ニハ同十一日頃同東鶴園清助、川畑林次郎ニハ同月十二日頃同小田原次郎、佐藤喜之亟、假屋崎右衛門、東鶴園清助ニハ同月十三日頃同指宿茂次郎ニハ同月十五日頃代金五十錢位ノ食事ヲ夫々饗應シタルモノニシテ右饗應ノ行爲ハ犯意繼續ノ下ニ爲サレタリト謂フニ在リテ「即チ被告人兩名ハ共謀ノ上前候補者ニ投票ヲ得シムル目的ヲ以テ豫メ計畫シテ選擧人ヲ選擧事務所ニ招致シタル上個々ニ面接シテ右候補者ニ投票方ヲ依頼シ同時ニ同所ニ於テ右選擧人ノ一部ニ對シ又同所ニ於テ他ノ選擧人ニ對シ繼續セル犯意ノ下ニ夫々前記ノ饗應ヲ爲シタルモノナルヲ以テ斯ル事情ノ下ニ於テハ少クトモ被告人等カ面接シ同時ニ饗應シタル選擧人ニ對スル關係ニ於テハ其ノ面接行爲ハ饗應行爲中ニ於テモ尚繼續セルモノト認ムルヲ相當トス一箇ノ行爲カ二面ノ作用ヲ爲セルモノト謂フヘキカ故ニ本件被告人等ノ行爲ハ一面個々ノ選擧人ニ面接シタル點ニ於テ衆議院議員選擧法第百二十九條第九十八條第二項ニ該當スルト同時ニ他面選擧人ニ饗應シ爲シタル點ニ於テ同法第百十二條第一號刑法第五十五條ニ該當シ一個ノ行爲ニシテ數個ノ罪名ニ觸ルルモノトシテ刑法第五十四條第一項前段ニ依リ處斷セラルヘキモノト謂フヘク論旨所說ノ如ク二者ノ獨立セル犯罪トシテ取扱フヘキモノニアラス」然ルニ原判決ハ前示事實ヲ認定シナカラ個々ノ選擧人ニ面接シタル行爲ト選擧人饗應ヲ爲シタル行爲トノ間ニ手段結果ノ關係アリト認メ刑法第五十四條第一項後段ヲ適用シタルモノニシテ右ハ擬律錯誤ノ違法アリト謂フヘシト雖右ノ

選擧運動ヲ以テ目スヘキニ非ラス

違法ハ判決ニ影響ヲ及ホササルコト明白ナルカ故ニ右ノ違法ハ上告ノ理由ト爲ラス論旨ハ理由ナシ

第九十九條

一　選擧事務ニ關係アル吏員カ議員候補者タラントシ其ノ在職中議員候補者タルノ届出ヲ爲シ選擧事務長選擧委員選擧事務員ノ選任、届出又ハ選擧事務所ノ設置、異動若ハ之カ届出ヲ爲スカ如キ行爲ト本條ニ所謂選擧運動

（昭和三年(れ)第一一三九號縣會議員選擧罰則違反事件）
（昭和三年九月二十八日第四刑事部言渡）

二審判決認定事實　被告ハ大正十三年以來福島縣伊達郡小坂村ノ名譽助役ヲ奉職シ選擧事務ニ關係アル吏員ニシテ昭和二年九月十六日午後二時頃右名譽助役ノ辭職願ヲ提出シタルモノナル處未タ其在職中同月二十五日施行セラルヘキ福島縣會議員選擧ノ際伊達郡選出議員トシテ同月十二日其ノ立候補ノ届出ヲ爲シ次テ同月十四日自ラ選擧事務長トナリテ其ノ届出ヲ爲シ同日當然小坂村ニ選擧運動ノ效果ノ發生ヲ見ルコトヲ得ヘキ關係區域ナル同村東方十八丁ヲ距ル同郡藤田町高橋トモ方ニ選擧事務所ヲ設置シ翌十五日該事務所ヲ同町早田盛方ニ移轉シ尚十四、十五ノ兩日中小坂村ノ選擧人佐藤松次郎其ノ他近村ノ選擧人谷口忠七、岡田喜平治等ヲ選擧委員ニ選擧人佐久間芳治、早田盛、菅野安吉、菅野九平等ヲ選擧事務員ニ夫夫選任ノ上其ノ届出ヲ爲シ以テ選擧運動ヲ開始シ且右松次郎ヲシテ同月十六日午前中其ノ關係區域内小坂村奥村忠一方其ノ他七ヶ所ニポスターヲ貼付セシメ又同日正午頃右芳治ヲシテ小坂村役場ニ於テ政見發表ノ演説會場借入ノ交渉ヲ爲サシメ因テ其ノ關係區域内ニ於テ選擧運動ヲ爲シタルモノナリ

破毀理由　按スルニ府縣制第三十九條ニ依レハ府縣會議員ノ選擧ニ付テハ衆議院議員選擧法第十章ノ規定ヲ準用スル旨規定シ同第四十條ニ於テハ府縣會議員ノ選擧ニ付テハ衆議院議員選擧ニ關スル罰則ヲ準用スル旨規定スル所ナリ右準用ニ係ル衆議院議員選擧法第九十九條ニ所謂選擧運動トハ一定ノ議員選擧ニ付一定ノ議員候補者ノ當選ヲ得又ハ得シムルニ付直接又ハ間接ニ必要且有利ナル周旋勸誘若ハ誘導其ノ他諸般ノ行爲ヲ爲スコトヲ汎稱スルモノナリト雖一定ノ議員選擧ニ付議員候補者タルノ屆出ヲ爲シ選擧事務長選擧委員選擧事務員ノ選任若ハ之カ屆出又ハ選擧事務所ノ設置其ノ異動若ハ之カ屆出ヲ爲ス行爲ノ如キハ選擧運動ヲ以テ論スヘキ限リニアラスト解スルヲ正當ト認ム何トナレハ一定ノ議員選擧ニ付當選ヲ得ルカ爲メニハ先ツ必ス議員候補者タルノ屆出ヲ爲スコトヲ要シ其ノ屆出ヲ爲シタル後初メテ當選ヲ得ルニ付必要且有利ナル一切ノ行爲ヲ爲スコトヲ得ヘキモノナルコトハ府縣制第十三條ノ二及前掲府縣制ノ法條ニ依リ準用セラルル衆議院議員選擧法第九十六條、第百二十九條、第百三十五條ノ各規定ヲ對照シテ之ヲ推知スルニ難カラス又選擧事務長ハ一定ノ議員選擧ニ付選擧運動ノ中樞ヲ爲シ選擧ニ關シテ主要ナル地位ニ在ルコト論ナク選擧委員及選擧事務員ハ選擧事務長ニ隷屬シテ選擧運動ニ從事シ選擧事務所ハ選擧運動ニ關スル一切ノ事務ヲ行フ所ナレハ則チ選擧事務長ノ選任ヲ首トシ選擧委員及選擧事務員ノ選任若ハ選擧事務所ノ設置ノ如キ其ノ宜シキヲ得ルト否トハ直チニ議員候補者ノ當選ニ重大ナル影響ヲ及ホスコト疑ヲ容レスト雖選擧事務長選擧委員及選擧事務員ハ何レモ其ノ選任アリタル後ニ於テ適法ニ議員候補者ノ當選ヲ得又ハ得シムルニ付必要且有利ナル諸般ノ行動ヲ爲スコトヲ得ヘク選擧事務所ノ設置アリタル後其ノ場所ニ於テ選擧運動ニ關スル一切ノ事務ヲ行フコトヲ得ヘキモノナルコト及其ノ選任又ハ設置及之カ異動ニ付テハ必ス之カ屆出ヲ要スルモノナルコトハ前示府縣制ノ法條ニ依リ準用セラルル衆議院議員選擧法第八十八條第八十九條第九十六條第百二十九條及第百三十二條ノ規定ノ對照上自ラ明カナレハ「如上議員候補者タルノ屆出選擧事務長選擧委員選擧事務員ノ選任選擧事務所ノ設置又ハ其ノ異動及之カ屆出ヲ爲ス行爲ハ何レモ選擧運動ヲ開始スヘキ基本タル行爲ニ過キスシテ選擧運動ヲ以テ目スヘキニ非スト爲スヲ法意ニ適シタル正當ノ解釋ト爲セハナリ」原判決ノ判示スル事實ニ依レハ其ノ前段ハ論旨ニ摘出スルカ如クニシテ被告ノ該判示行爲ハ何レモ選擧運動ト爲スヘキニアラス法律上罪トナラサルモノトス然ルニ原判決カ叙上行爲ヲ以テ府縣制第四十條ニ依リ準用セラルル衆議院議員選擧法第九十九條第二項ニ違反スルモノト判示シタルハ不法タルヲ免レスト雖モ原判決ハ判示爾餘ノ行爲ト共ニ右法條違反ノ一罪ヲ成スモノト判示シタルコト判文上明カナレハ右違法ハ一罪ヲ構成スル一部分ニ付テノミ存スルニ外ナラスシテ原判決ハ擬律錯誤ノ違法ヲ以テ破毀スヘキモノニ非ス然レトモ原判決中前示罪トナラサル事實ヲ除キ爾餘ノ事實ニ付職權ヲ以テ記錄ヲ調査シテ案スルニ原判決ノ被告ニ科シタル刑ハ甚シク重キニ過クル不當アリト思料スヘキ顯著ナル事由存スルモノト認ムルニ依リ刑事訴訟法第四百四十三條ニ基キ事實ノ審理ヲ爲スヲ相當トス

二　本條第二項ニ所謂官吏吏員ト町村助役

（昭和四年（れ）第一三六〇號村會議員選擧罰則違反事件）
（昭和四年十二月十九日大審院第五刑事部言渡）

要旨

本來其ノ事務ニ從事シ得ル權根ヲ有スルモノ

要旨

「町村制第七十九條ニ依レハ助役ハ町村長ノ事務ヲ補助シ町村長故障アルトキ之ヲ代理スル權限ヲ有スルモノニシテ右ノ權限ハ町村長ト助役トノ間ニ事務ノ分掌ヲ定メタルト否トニ依リテ消長ヲ來タスモノニアラス而シテ町村制第三十六條ノ二ニ依リ準用セラルル衆議院議員選擧法第九十九條第二項ニ所謂町村會議員ノ選擧事務ニ關係アル官吏吏員トハ必スシモ現實ニ其ノ事務ニ從事スルモノニ限ルコトナク本來其ノ事務ニ從事シ得ル權限ヲ有シ必要ニ應シテ其ノ事務ニ從事シ得ル官吏吏員ヲモ指稱スルモノナルヲ以テ既ニ町村長カ町村會議員選擧ニ付各般ノ選擧事務ニ從事スルモノナル以上法律上其ノ事務ヲ補助シ町村長故障アル場合之ヲ代理スル權限ヲ有スル町村助役ハ同選擧事務ニ關係アル吏員ナリト謂フヘク町村長ト町村助役トノ間ニ於テ選擧事務ヲ町村長ノ分掌事務ト定メタルコトハ右判斷ニ影響ヲ及ホサス」原審ニ於テ被告人カ判示都路村助役トシテ勤務中同村村會議員候補者ト爲リ選擧運動ヲ爲シタル事實ヲ認メ町村制第三十七條衆議院議員選擧法第百三十一條第九十九條第二項ヲ以テ問擬シタルハ相當ナリ

限定的地域ノ意ニ非スシテ運動ノ效果ノ及フ區域

三　法第九十九條第二項ノ關係區域內ニ於ケル選擧運動

（昭和五年（れ）第一五九二號衆議院議員選擧法違反事件）
（昭和五年十月二十七日大審院第二刑事部言渡）

原判決ハ其ノ理由第一末尾ニ於テ八戸市長トシテ其ノ關係區域內ニ於ケル選擧運動ヲ爲シタリト說示スルモ原審ニ於テ被告ノ供述セル如ク奥南新報社樓上ノ選擧事務所ハ八戸市ヲ除ク近村郡部ノ選擧事務ヲ

要旨

擔當セルモノニシテ八戸市ノ選擧事務ヲ擔當セルモノハ特ニ同市湊町神田候補者自宅ニ設置セル選擧事務所ナリ從テ假リニ原判決理由第一ノ事實ヲ選擧運動ナリトスルモ被告ハ市長トシテ其ノ關係區域內ニ於ケル選擧運動ヲ爲シタリト説示スル原判決ハ事實ノ重大ナル誤認アルヲ疑フニ足ルヘキ顯著ナル事由アリ且ツ之ニ同法第九十九條第二項第百三十一條ヲ適用シタルハ擬律ノ錯誤アルモノト云ハサルヘカラスト云フニ在リ」按スルニ衆議院議員選擧法第九十九條第二項ニ所謂其ノ關係區域內ニ於ケル選擧運動トハ選擧運動ノ行ハルル地域ヲ限定スルノ意ニ非スシテ其ノ選擧運動ノ效果カ當該區域內ニ其ノ發生ヲ見ルヘキ總テノ選擧運動ヲ汎稱スルモノト解スヘキモノトス蓋シ同條項ニハ關係區域內ニ於ケルトアリテ關係區域內ニ於テト規定シアラサルノミナラス其ノ區域ニ於テ爲ス選擧運動ト雖苟モ其ノ運動ニシテ當該關係區域內ノ當選ヲ得若ハ得シメ又ハ得シメサル等選擧ニ影響ヲ及ホス一切ノ運動行爲ハ當該區域內ニ於テ爲ス選擧運動ト選擧ノ公正ヲ害スル虞アル點ニ於テ逕庭ナケレハナリ」原判示第一ノ事實ハ判示ノ如ク被告喜衞カ判示中川原貞機ノ依頼ノ趣旨ニ基キ判示奧南新報社樓上ニ於テ金五百圓ヲ右新報社樓上ニ於ケル選擧事務所ノ費用トシテ大渡福次郎ニ金五百圓ヲ三戸選擧事務所ノ費用トシテ大信田一城ニ夫々交付シテ同事務所ニ備付ケ以テ神田候補者ノ爲メ選擧運動費ヲ準備シタリト云フニ在リテ該選擧運動ノ效果カ判示選擧ニ關シ當時八戸市長トシテ靑森縣第一區ニ屬スル同市ノ投票開票ノ管理者タル被告喜衞ノ關係區域內タル同市ニ發生スルモノト認定シタル趣旨ナルコト原判文上推知スルニ難カラサルヲ以テ縱令所論ノ如ク奧南新報社樓上ノ選擧事務所カ八戸市ヲ除ク近村郡部ノ選擧事務ヲ擔當セルモノ

トスルモ之カ爲メ原判決ノ如ク八戸市長トシテ其ノ關係區域内ニ於ケル選擧運動ヲ爲シシト判示スルノ妨ト爲ラス從テ原判決カ右被告喜衞ノ所爲ヲ衆議院議員選擧法第九十九條第二項第百三十一條ニ問擬シタルハ相當ナリ而シテ原判示第一ノ事實ハ其ノ擧示スル各證據ニ依リ優ニ之ヲ認メ得ヘク記錄ニ徴スルモ其ノ誤認ナルコトヲ疑フニ足ル事由ナク所論ハ畢竟法律ヲ誤解シ之ヲ前提トシテ原判決事實ノ誤認及擬律ノ錯誤アリト攻擊スルモノニシテ其ノ理由ナシ

想像的競合罪

四　法定ノ資格ナクシテ選擧事務ニ關係アル官公吏カ關係區域内ニ於テ金錢供與ニ依ル選擧運動ヲ爲シタルトキノ處斷法條（昭和五年(れ)第一七四一號衆議院議員選擧法違反事件 昭和五年十二月二十三日大審院第一刑事部言渡）

次ニ衆議院議員選擧法第九十六條及第九十九條第二項ニ所謂選擧運動トハ議員候補者ノ爲ニ當選ヲ斡旋スル一切ノ行爲ヲ云フモノニシテ同條ハ其ノ選擧運動タル行爲ノ適法ナル場合タルト違法ナル場合タルトヲ問フコトナシ右衆議院議員選擧法第九十六條及第百二十九條ノ罪ハ苟モ議員候補者選擧事務長選擧委員又ハ選擧事務員等法定ノ資格ヲ有セサルコトヲ以テ其ノ構成要素トシ又同第九十九條第二項第百三十一條ノ罪ハ選擧事務ニ關係アル官吏又ハ吏員カ其ノ關係區域内ニ於ケル選擧運動ヲ爲スコトヲ其ノ構成要素トシ何レモ利益ノ供與等ニ依リ選擧界ヲ腐敗セシムルコトヲ構成要素ト爲ササルニ反シ同第百十二條ノ罪ニ金錢其ノ他財産上ノ利益ノ供與又ハ其ノ申込若ハ約束ヲ爲スカ如キ法定ノ方法ニ依ル特定ノ選擧運動ヲ爲スヲ以テ其ノ構成要素ト爲シ行爲者カ選擧運動ヲ爲スノ法定資格ナキコト又ハ選擧事務ニ

要旨

關係アル官吏又ハ吏員タルコトヲ構成要素ト爲サス從テ右第九十六條ニ於ケル「法定資格ナク選擧事務ニ關係アル官吏又ハ吏員カ其ノ關係區域内ニ於ケル金錢供與ニ依ル選擧運動ヲ爲シタルトキハ右第百十二條第一號ト第九十六條第百二十九條及第九十九條第二項第百三十一條ノ三罪カ所謂想像的競合罪ヲ構成シ刑法第五十四條第一項ニ則リ處斷スヘキモノナルヲ以テ右法定資格ヲ有セス且選擧事務ニ關係アル場合官吏又ハ吏員ニモ非サル者カ選擧事務ニ關係アル官吏又ハ吏員ノ關係區域内ニ於ケル金錢供與ニ依ル選擧運動ニ加功シタルトキハ刑法第六十五條第一項ニ依リ共ノ身分ナキ加功者ト雖仍共犯トセラルル關係上右ト同一ノ想像的競合罪ヲ構成スルハ勿論ナリトス」原判決ノ認定シタル所ニ依レハ被告人傳八及重太郎ハ昭和五年二月二十日施行ノ衆議院議員總選擧ニ付秋田縣第一區選出議員候補者鈴木安高ノ法定ノ選擧運動者ニ非ス且ツ被告人傳八ハ其ノ當時同區ニ屬スル同縣北秋田郡扇田町長ノ職ニ在リ右總選擧ノ事務ニ關係アル吏員ナル爲同町内ニ於ケル選擧運動ヲ爲スコトヲ得サル者ナリシ所被告人兩名ハ同月十二、三日頃等シク右候補者ノ法定ノ選擧運動者ニ非サル第一審相被告人麓節ト扇田町木村旅館ニ會シ且傳八自身ハ勿論重太郎及節モ右ノ如ク傳八カ扇川町内ニ於ケル選擧運動ヲ爲スコトヲ得サル者ナルヲ知リナカラ茲ニ傳八、重太郎、節ノ三名ハ右候補者ニ當選ヲ得シムル爲扇田町ノ選擧人ノ投票ヲ買收センコトヲ共謀シ之カ實行ハ節ニ於テ更ニ傳八ト圖リ果スコトト定メ即時重太郎ヨリ其ノ買收代金及買收運動ノ報酬トシテ他ニ供與スル爲現金二百圓ヲ節ニ交付シ斯クテ買收ノ實行方ヲ擔任シタル節ハ傳八ト圖リタル上同月十九日扇田町麓長方ニ於テ同町ノ選擧人タル第一審相被告人麗伊之助、高橋忠治、佐

有給無給ヲ問ハス職務權限ニ軒輊ナシ

々木乙治、能登利藏、乳井哲藏及同被告人ニ非サル小池貞吉、麓祐造ニ對シ右候補者ニ投票セラレ度キ旨及同候補者ノ爲同町ノ選擧人ノ投票ヲ買收セラレ度キ旨各別ニ依頼シ其ノ都度其ノ投票及運動スルコトノ報酬竝ニ更ニ他ニ供與スヘキ投票買收代金トシテ右二百圓中ヨリ伊之助、忠治ニハ各三十圓乙治、利藏、貞吉ニハ各六圓哲藏ニハ五十圓祐藏ニハ四圓五十錢ヲ供與シ以テ被告人等ハ右伊之助外數名ニ對シ夫々金錢ノ供與ヲ爲スト共ニ一面法定ノ選擧運動者ニ非スシテ右傳八カ町長トシテ選擧事務ニ關係アル區域內ニ於ケル選擧運動ヲ何レモ犯意繼續シテ爲シタリト云フニ在ルヲ以テ原判決カ被告人重太郎ノ右行爲ニ對シ所論ノ如ク一個ノ行爲ニシテ如上三個ノ罪名ニ觸ルルモノト爲シ以テ刑法第五十四條第一項及第十條ヲ適用處斷シタルハ正當ニシテ論旨理由ナシ

五　事務ヲ分掌セサル名譽職ノ町助役ト選擧事務ニ關係アル吏員

（昭和六年(れ)第二七三號衆議院議員選擧法違反事件
昭和六年四月二十日大審院第一刑事部言渡）

辯護人竹中勝也竹島榮一上告趣意書第一點原判決ハ事實認定ノ理由トシテ「被告人ハ東京府第六區選擧區內ナル同府南葛飾郡金町助役ヲ奉職シ居ル者ニシテ昭和五年三月二十日施行ノ衆議院議員總選擧ニ付選擧事務ニ關係アル吏員ナルトコロ該選擧區ヨリ立候補シタル佐藤正ニ當選ヲ得シムル目的ヲ以テ「中略選擧運動ヲ爲シタルモノニシテ右ノ判示所爲ハ衆議院議員選擧法第百三十一條同第九十九條第二項ニ該當スルモノナリ」ト判示スト雖元來被告人カ東京府南葛飾郡金町助役ヲ奉職セルハ單ナル名譽助役ニ

第九十九條

シテ全ク空位ヲ有スルニ過キス加之被告人カ名譽助役就任以來今日ニ至ル迄嘗ニ昭和四年三月十七日ヨリ六月十二日迄町長代理ヲナシタルノ事實ノ外ハ日常全ク役場ニ出勤セルコトスラナク何等助役トシテ町村事務ヲ掌ルモノニ非サルコトハ被告人カ初審以來終始一貫供述セル所ニシテ此ノ事實タルヤ記錄上一見明確ニ斷定シ得ル所ニシテ更ニ被告人ハ昭和五年二月二十日施行セラレタル衆議院總選擧ノ當時町長代理及助役トシテ特ニ何等ノ事務分掌ヲモ受ケ居ラサリシ事實モ亦明白ナリ惟フニ衆議院議員選擧法第九十九條第二項ハ選擧事務ニ關係アル官吏及吏員トアリ助役カ本條ニ云フ選擧事務ニ關係アル吏員タルヤ否ヤハ更ニ之ヲ町村制ト比較考覈セサルヘカラサル事ニ屬ス之ヲ町村制ニ見ルニ町村制第六十一條ハ町村長及助役ハ名譽職トス同第二項ハ町村ハ町村條例ヲ以テ町村長又ハ助役ヲ有給ト爲スコトヲ得ト規定シ有給町村長及有給助役ト名譽職タル町村長助役トハ町村制上明カニ區別ノ有スルノミナラス同第七十八條ニ依ルトキハ町村長ハ其ノ事務ノ一部ヲ助役ニ分掌セシムルヲ得ト規定シ又同第七十九條第二項ハ助役ハ町村長故障アルトキハ之ヲ代理スト規定セル法ノ精神ニ鑑ミルトキハ名譽職タル助役ハ町村長ノ事務ノ一部ノ分掌ヲ委任セラレタル場合又ハ町村長故障ニヨリ之ヲ代理スルノ外ハ全ク何等ノ職務關係ヲ有セサル者ニシテ只單ニ助役ヲ奉職スルノ事實ヲ以テハ未タ直ニ選擧事務ニ關係アル吏員ト論斷スルヲ得サルノミナラス寧ロ同法ノ精神ニ付キ綜合考覈スル時ハ選擧事務ニ關係アル吏員トハ當該選擧ニ直接ソノ事務ニ付一定ノ職務關係ヲ有スル吏員タルノ意ヲ忖度スヘク本件被告人ノ如キ何等職務上ノ關係ヲ有セサリシ者ヲモ廣ク擴張シ之ヲ包含スヘキモノニ非ス顧フニ法文ヲ解釋スルニ當リテハ法文ノ

意義ヲ抹殺セス又ハ變更セサル範圍內ニ於テハ宜シク合理的解釋若ハ系統的方法ニヨリ其ノ當否ヲ稽査シ解釋ノ正鵠ヲ期セサルヘカラス而シテ本件事案ハ叙上論述セルカ如ク被告人カ選擧當時ニ於テ何等選擧事務ニ關係アラサリシモノナルコト極メテ明白ナルニモ拘ラス原審判決ハ之等ノ事實ニ付論及スルコトナク直チニ前記事由ニヨリ判示スルカ如キハ只ニ審理ニ於テ缺クル所アリシノミナラス不法ニ法律精神ヲ擴張シソノ解釋ヲ誤リタルモノニシテ畢竟原判決ハ破毀ヲ免レスト云フニ在レトモ「衆議院議員選擧法第二十條ノ規定ニ依レハ町村長ハ投票ニ關スル事務ヲ擔任スル者ニシテ同法第九十九條第二項ニ所謂選擧事務ニ關係スル吏員ナルコト明白ナリ而シテ有給助役ト名譽職ノ助役トハ唯有給ナルト否トノ點ニ於テ相違スルノミニシテ其ノ職務權限ニ軒輊アルモノニ非サルヲ以テ選擧事務終了前ニ於テハ所論町村制第七十八條第七十九條ノ規定ニ依リ何時如何ナル事情ニ因リ町村長ノ選擧事務ノ一部ヲ分掌シ又ハ選擧事務ニ付町村長ヲ代理スルニ至ルヤ圖リ難キモノトスサレハ助役モ亦有給ナルト否トヲ問ハス選擧事務ニ關係アル吏員ナリト解スルコト相當ナルカ故ニ被告人源藏ハ名譽職ノ町助役ナリトスルモ選擧事務ニ關係アル吏員ナルヲ以テ前掲衆議院議員選擧法第九十九條第二項ノ規定ニ依リ原判示ノ如ク其ノ關係區域內ニ於ケル選擧運動ヲ爲スコトヲ得サルモノトス」從テ論旨理由ナシ

六　名譽助役ト共謀シテ助役ノ關係區域內ニ於テ爲ス選擧運動

（昭和六年(れ)第七二八號町會議員選擧罰則違反事件）
（昭和六年七月十日大審院第四刑事部言渡）

要旨

刑法第六十一條ニ依リ同一犯罪ヲ構成ス

各被告人辯護人橋本武人上告趣意書第一點原審判決ハ其ノ理由第一ニ於テ「被告人德一郎ハ秋田縣由利郡矢島町ノ名譽助役ナル處昭和五年七月四日施行セラレタル同町町會議員ノ補缺選擧ニ際シ被告人德一郎、源次郎、勝藏及原審相被告人佐藤長次郎ハ同月二日頃被告人德一郎ノ肩書居宅ニ於テ同候補者藤田彥四郎ヲシテ當選ヲ得シムル目的ヲ以テ選擧有權者ノ買收運動ヲ爲サンコトヲ共謀シ該謀議ニ基キ云々」ト判示シテ右四名カ本件選擧買收運動ニ付共犯關係ニ在リシモノナルコトヲ認定シナカラ擬律ノ點ニ於テ「法律ニ照スニ判示第一中被告人德一郎カ名譽助役ナルニ拘ラス其ノ町內ニ於テ選擧運動ヲ爲シタル點ハ町村制第三十六條ノ二第三十七條衆議院議員選擧法第九十九條第二項第百三十一條刑法第五十五條ニ……………被告人德一郎ノ右名譽助役ニシテ選擧運動ヲ爲シタル所爲ト金錢供與ノ行爲ノ所爲ハ一個ノ行爲ニシテ數個ノ罪名ニ觸ルルヲ以テ云々」ト判示シ衆議院議員選擧法第九十九條第二項同第百三十一條ヲ適用スヘキ者ハ單ニ德一郎一人ナリトナセリ蓋右衆議院議員選擧法ノ規定ハ選擧事務ニ關係アル官吏及公吏ヲシテ其ノ關係區域內ニ於テ選擧運動ヲ爲スコトヲ禁シ以テ選擧ノ公正ヲ期セントスルモノナレハ右條項ニ該當スル犯罪ニハ一定ノ身分ヲ有スルコトカ其ノ構成要素ナルコト論ヲ俟タサル處ナリ而シテ德一郎カ右ノ身分ヲ有シ且右ノ犯罪ヲ犯シタルコト誠ニ判示ノ如シ然ルニ原審判決ハ前述ノ如ク被告人源次郎、勝藏等カ右德一郎ト共謀シテ本件犯罪ヲ敢行セリト認定シナカラ右ノ如ク德一郎一人ニノミ前記法條ヲ適用シ身分アル德一郎ノ犯罪行爲ニ加功シタル源次郎、勝藏等ヲ右法各法條ノ適用ヨリ除外シタルハ擬律ノ點ニ於テ明ニ刑法第六十五條第一項ヲ看過シタル不法アルト同時ニ本件共犯關係ニ付認定不明確ニシテ斯ノ如キ不明確ナル認定下ニ審理判斷スルハ引イテ刑ノ量定ニ影響ヲ及ホスモノナリト謂フヘク原審判決ハ此ノ點ニ於テ破毀ヲ免レサルモノト謂フヘシト云フニ在リ」仍テ案スルニ選擧事務ニ關係アル吏員ノ關係區域內ニ於ケル選擧運動ハ法禁ノ行爲ニシテ斯ル身分ナキ者ト雖モ該行爲ニ加功シタル場合ハ刑法第六十五條第一項ニ依リ同一ノ犯罪ヲ構成スルモノナレハ原判示中判示助役被告人德一郎ノ爲シタル選擧運動ニ共謀加功シタル被告人源次郎及同勝藏ノ此ノ點ノ行爲ニ付テハ須ク刑法第六十五條第一項町村制第三十六條ノ二第三十七條衆議院議員選擧法第九十九條第二項第百三十一條ヲ適用處斷スヘキモノナルニ原判決カ此處ニ出テサリシハ違法タルヲ免レス」而シテ此ノ違法ハ判決ニ影響ヲ及ホスモノナレハ原判決中被告人源次郎、同勝藏ニ關スル部分ハ破毀スヘキモノナリ論旨ハ其ノ理由アリ

所謂選擧運動ニ非ラス

第百條

要旨

單ニ當選ヲ得セシメサル目的ヲ以テ作成シタル宣傳ビラト本條ノ文書

（昭和五年（れ）第一一八四號衆議院議員選擧法違反事件）
（昭和五年九月二十三日大審院第四刑事部言渡）

第三點ビラノ頒布ハ選擧運動ノタメニ爲シタルモノテハナイノテ衆議院議員選擧法第百條ノ適用ハ不當テアルト云フニ在リテ原判決ハ被告兩名カ共謀ノ上衆議院議員候補者田中貢ヲシテ當選ヲ得シメサル目的ヲ以テ判示宣傳ビラヲ作成シ同候補者ノ政見發表演説會場上ニ於テ之ヲ聽衆ニ頒布シ以テ不正ノ方法ニ依リ選擧ノ自由ヲ妨害シタル事實ヲ認メ右宣傳ビラハ衆議院議員選擧法第百條所揭ノ文書ニ該當スルモノトナシ之カ頒布ノ點ヲ捉ヘテ內務省令選擧運動ノ爲ニスル文書圖畫ニ關スル件違反ノ行爲ナリト認メ衆議院議員選擧法第百三十二條第二項ヲ適用處斷シタルコト判文上明瞭ナルトコロナリ「然レトモ衆議院議員選擧法第百條ハ選擧運動ノ爲頒布シ又ハ揭示スル文書圖畫ニ關スル規定ニシテ選擧運動トハ一定ノ議員選擧ニ付一定ノ議員候補者ヲ當選セシムルヘク投票ヲ得若ハ得シムルニ付直接又ハ間接ニ必要且有利ナル諸般ノ行爲ヲ爲スコトヲ汎稱スルモ單ニ議員候補者ノ當選ヲ得シメサル目的ノミヲ以テ選擧ニ關シ不正ノ方法ニ依リ選擧ノ自由ヲ妨害スルカ如キ行爲ハ之ヲ以テ選擧運動ナリト稱スルヲ得ス」果シテ然ラハ被告兩名カ判示目的ノ爲作成頒布シタル宣傳ビラハ衆議院議員選擧法第百條所揭ノ文書ニ該當セサルコト固ヨリ論ヲ俟タサルトコロナルニ拘ラス原判決カ被告兩名ノ判示行爲ニ付前示法令ヲ適用

處斷シタルハ違法ナリ而シテ此ノ違法ハ判決ニ影響ヲ及ホスヘキモノナレハ原判決ハ破毀ヲ免レス論旨ハ其ノ理由アリ

第百一條

一　選擧事務長ノ文書ニ依ル事後ノ承諾ト本條ノ適用

（昭和二年（れ）第一六八三號縣會議員選擧罰則違反事件
昭和三年三月五日大審院第五刑事部言渡）

府縣制第三十九條ニ依リ府縣會議員ノ選擧ニ付準用セラルル衆議院議員選擧法第百一條第一項ハ立候補準備ノ爲メニ要スル費用ヲ除クノ外選擧運動ノ費用ハ選擧事務長ニ非サレハ之ヲ支出スルコトヲ得ス但議員候補者選擧委員又ハ選擧事務員ハ選擧事務長ノ文書ニ依ル承諾ヲ得テ之ヲ支出スルコトヲ妨ケスト定メ選擧運動費用ノ支出ハ之ヲ選擧事務長ノ責任トシ他人カ濫ニ之ヲ支出スルコトヲ許ササルノミナラス同法第百五條第百六條ハ選擧事務長ハ法定ノ帳簿ヲ備ヘ其ノ承諾ヲ與ヘ若クハ自ラ支出シタル選擧運動ノ費用ヲ一々之ニ記載シ選擧ノ期日ヨリ十四日以内ニ其ノ費用ヲ精算シテ所轄官廳ニ屆出ツヘキモノトシ尙同法第百二條ハ選擧運動ノ費用ニ付其ノ額ヲ制限スルカ故ニ前示第百一條但書ニ依リ選擧事務長ノ文書ニ依ル承諾ヲ得テ選擧運動ノ費用ヲ支出スルニハ必スヤ其ノ支出前ニ承諾ヲ得ルコトヲ要スルモノト解スヘク「從テ一旦文書ニ依ル承諾ナクシテ之ヲ支出シタル者ハ事後ニ選擧事務長ノ承諾ヲ得ルモ尙同條項ニ違反シテ選擧運動ノ費用ヲ支出シタル罪責ヲ免レサルモノトス」

事後ノ承諾ハ犯罪ヲ阻却セス

二　選擧事務員ノ選擧運動費ノ立替支拂ト事務長ノ文書ニ依ル承諾

要旨

（昭和二年（れ）第一八六四號縣會議員選擧罰則違反事件）
（昭和三年三月六日大審院第一刑事部言渡）

選擧事務長ノ承諾ヲ要ス

要旨

衆議院議員選擧法第百一條第一項但書ハ選擧事務員ハ選擧事務長ノ文書ニ依ル承諾ヲ得テ選擧運動ノ費用ヲ支出スルコトヲ得ト規定セルヲ以テ選擧事務長カ個個ノ支出ヲ爲スニ際シ縱令選擧事務員ヲシテ其ノ支出ニ要スル單純ナル勞務ヲ供セシムルコトアリトスルモ其ノ支出タルヤ選擧事務長ノ直接支出ト認メ得ヘキカ故ニ選擧事務員カ上示ノ如キ單純ナル勞務ヲ供スルニ過キサル場合ニハ選擧事務長ノ文書ニ依ル承諾ヲ要セサルヤ論ナシト雖「苟モ選擧運動ノ費用ノ支出ニシテ選擧事務員ノ支出ト認メ得ヘキ限ハ選擧事務員カ選擧事務長ヨリ概括的ニ選擧運動ニ關スル費途ヲ定メ其ノ費用ヲ支拂フ爲ニ豫メ交付ヲ受ケタル金圓ノ支出タルト選擧事務員カ選擧運動費ノ立替支拂ヲ爲スコトヲ問ハス等シク選擧事務長ノ文書ニ依ル承諾ヲ要スト云ハサルヘカラス」原審ノ判示スル所ハ被告人ハ福岡縣縣會議員選擧ニ際シ立候補シタル中村保太郎ノ選擧事務員ナリシ處犯意ヲ繼續シ數囘ニ選擧運動ノ費用タル立看板用寒冷紗代選擧事務所備付用帳簿代及推薦狀配付人夫賃等合計十八圓十錢ヲ選擧事務長タル中村保太郎ノ文書ニ依ル承諾ナクシテ立替支出シタルモノナリト云フニ在リテ之ニ依レハ被告人ハ選擧運動ノ費用ヲ選擧事務長ノ文書ニ依ル承諾ナクシテ立替支出シタル者ナルニ依リ原審カ之ニ對シ府縣制第三十九條第四十條衆議院議員選擧法第百一條第一項第百三十四條ヲ適用處斷シタルハ正當ニシテ且記錄ヲ按スルニ原判決ノ事實誤認ヲ疑フニ足ル顯著ナル事由存セス

三　選擧委員カ將來要スヘキ選擧運動費用ノ概算額ヲ選擧運動員ニ交付スル場合ト選擧事務長ノ書面ニ依ル承諾

（昭和五年（れ）第六〇六號衆議院議員選擧法違反事件）
（昭和五年六月三日大審院第一刑事部言渡）

書面ニ依ル承諾ヲ要ス

要旨

衆議院議員選擧法第百一條ニ依レハ立候補準備ノ爲ニ要スル費用ヲ除クノ外選擧運動ノ費用ハ選擧事務長ニ非サレハ之ヲ支出スルコトヲ得サルヲ原則トシ選擧委員及選擧事務員ハ勿論議員候補者ト雖選擧事務長ノ書面ニ依ル承諾ヲ得ルニ非サレハ選擧運動ノ費用ヲ支出スルヲ得サル旨規定シタル立法ノ精神ヨリ考察スレハ「選擧委員カ選擧運動ノ費用トシテ一定ノ金員ヲ支出スルニ當リテハ（一）現實ニ要シタル費用ノ支拂ヲ爲ス場合ナルト（二）將來要スヘキ選擧運動費ニ充ツル爲概算額ヲ選擧運動員ニ交付スル場合ナルトヲ問ハス何レモ選擧事務長ノ文書ニ依ル承諾ヲ得ルコトヲ要スル趣旨ナリト解セサルヘカラス」從テ（二）ノ場合ト雖選擧委員カ選擧事務長ノ書面ニ依ル承諾ナクシテ金員ヲ選擧運動員ニ交付シタルトキハ其ノ運動員カ未タ之ヲ以テ現實ニ要シタル費用ノ支拂ヲ爲ササルモ同條第一項ニ違反シ同法第百三十四條ノ犯罪ヲ構成スルモノト謂ハサルヘカラス蓋シ（二）ノ場合ニ於テ概算渡ノ當時ニ選擧事務長ノ承諾ヲ得ルコトヲ要セス現實ノ支拂ニ際シ承諾ヲ得レハ足ルトセンカ取締頗ル困難ニシテ費用濫用ノ虞アリ法カ選擧運動ノ費用ヲ制限シ資力ニ依ル選擧競爭ヲ避ケ以テ選擧ノ公正ヲ期スルト同時ニ投票買收其ノ他財産ニ關スル選擧犯罪ヲ防止セントスル趣旨ヲ紊ルモノト謂フヘク前記法條ハ斯ル弊害ヲ除去スル爲設ケラレタルモノト解セサルヲ得サレハナリ

適法ノ選擧運動ニ要スル當然ノ費用ヲ指稱ス

四　買收費ノ如キ違法ナル選擧運動ノ費用ト第百一條ノ選擧運動費用

（昭和五年(れ)第一四九四號衆議院議員選擧法違反事件
昭和五年十一月二十八日大審院第四刑事部言渡）

辯護人則元卯太郎上告趣意書原判決ハ其ノ犯罪事實ニ付「被告人ハ…法定ノ選擧運動者ニアラサルニモ拘ラス………(一)被告人自ラ同夜其ノ肩書住居ニ於テ前記收男等ト共ニ三木六三郎ニ對シ右候補者ノ爲メ同村田ノ平方面ニ於ケル投票蒐集方ヲ依賴シテ其ノ承諾ヲ得タルニ依リ同月十八日頃右住居ニ於テ被告人ヨリ六三郎ニ對シ投票買收金竝ニ其ノ運動ノ報酬トシテ金四十五圓ヲ供與シ………(四)被告人ハ前記馬場博人ト共ニ同月十八日被告人ノ前記住居ニ於テ法定ノ選擧運動者ニアラサル本田保及福田万龜ノ兩名ニ對シ右同村溜水方面ニ於ケル投票ノ蒐集方依賴ヲ爲シ其ノ承諾ヲ得タルヲ以テ卽座ニ之カ運動ノ報酬及買收金トシテ金四十八圓ヲ供與シト判定シ又法律ノ適用ニ付「法律ニ照スニ被告人ノ判示所爲中無資格選擧運動ノ點ハ衆議院議員選擧法第九十六條第二十九條刑法第六十條ニ判示(一)及(四)ノ選擧運動者ニ金錢ノ供與ヲ爲シタル點………ハ右選擧法第百十二條第一號刑法第五十五條第六十條ニ各該當スル所右(一)乃至(四)ノ無資格選擧運動ノ點ト選擧人又ハ選擧運動者ニ金錢ヲ供與シ若クハ其ノ申込ヲ爲シタル點ハ夫々一個ノ行爲ニシテ二個ノ罪名ニ觸ルルニ依リ刑法第五十四條第一項前段第十條ニ依リ重キ選擧運動者ニ金錢ヲ供與シタル罪ノ刑ニ從ヒ其ノ所定刑中禁錮刑ヲ選擇シ該刑期範圍内ニ於テ主文ニ刑ヲ量定處斷シ刑法第二十一條ニ依リ主文刑期ノ如ク未決勾留日數ヲ本刑ニ算入スヘキモノト

ス」ト判示セリ而シテ被告人ハ右判定ノ如ク選擧運動者ニアラスシテ投票買收金並ニ其ノ運動報酬金ヲ供與シタルモノニシテ其ノ投票買收金並ニ運動報酬金ハ衆議院議員選擧法ニ所謂選擧費用ニ外ナラスシテ又被告ハ選擧事務長ニアラサルコト明白ナレハ右判示事實ニ付擬律スルニハ衆議院議員選擧法第百一條及第百三十四條ヲ適用スヘキニ拘ハラス之ヲ爲サヽリシハ判決ニ依リ定マリタル被告事件ノ事實ニ付法律ヲ適用セサル不法アルモノト信スト云フニ在リ按スルニ衆議院議員選擧法第百五條第百六條ニ依レハ選擧事務長ハ帳簿ヲ備ヘ之ニ選擧運動ノ費用ヲ記載シ又其ノ費用ヲ精算シ法定ノ期間内ニ警察官署ヲ經テ之ヲ地方長官ニ屆出ツルヲ要シ之ニ違反スルトキハ同法第百三十五條ノ制裁ヲ受ケサルヘカラス然レハ若選擧運動ノ費用中所論ノ如ク投票買收費並運動報酬等不適法ナル選擧運動ノ費用ヲ包含スト解センカ法カ叙上ノ制裁ヲ設ケテ選擧事務長ニ同法第百五條第百六條等ノ義務ヲ要求スルハ實ニ難ヲ强ツルモノト謂フヘク若又所論ノ如クセンカ法カ各候補者ニ均等ノ運動ヲ許容スル趣旨ノ下ニ同法第百二條ノ定ムル費用額ノ算定方法ハ何ヲ基準トシタルヤ之ヲ解スルニ苦マサルヲ得ス「然リ然ラハ以上各法條ノ所謂選擧運動ノ費用トハ同法カ設ケタル運動方法ノ制限内ニ於ケル適法ノ選擧運動ニ付當然要スルトコロノ費用ヲ指稱スト解スルヲ妥當トス而シテ同法第百一條ノ選擧運動ノ費用モ亦之ト異ナルヘキ理由アルコトナク右判決ノ認定事實ハ論旨所揭ノ如クニシテ被告人ハ法定ノ選擧運動者ニアラスシテ判示六三郎、保、万龜ニ對シ投票買收費並ニ運動ノ報酬金ヲ供與シタリト云フニ在リテ右金員ハ適法ナル運動費用ト爲スヘキニ非サレハ之ヲ以テ同法第百一條カ禁止スル選擧運動ノ費用ノ支出ナリト謂フヘカラス」

要旨

然レハ右判決カ同法第百三十四條ヲ適用セサリシハ相當ニシテ論旨ハ其ノ理由ナシ

消極的方法ニ依ル詐僞モ含ム要旨

第百十一條

本條ニ所謂詐僞ノ方法（昭和三年(れ)第八六八號衆議院議員選擧罰則違反事件昭和三年七月四日大審院第三刑事部言渡）

「衆議院議員選擧法第百十一條ニ所謂詐僞ノ方法トハ積極的ノ策略ヲ弄スル場合卽チ詐術ヲ用ユル場合ヲ包含スヘキハ勿論ナリト雖或ハ選擧資格ニ付當該吏員ノ取調ヲ受クルニ當リ口頭ヲ以テ虛僞ノ申告ヲ爲スカ如キ特別ナル詐術ヲ用ヒサル場合ニ於テモ苟モ自己ノ申告ニ因リテ選擧人名簿ニ登錄セラルルコトノ認識アリテ虛僞ノ申告ヲ爲シタル以上ハ等シク詐僞ノ方法ヲ行ヒタルモノニ該當スルモノト云ハサルヘカラス」原判決ノ認定シタル事實ハ其ノ判示スルカ如ク被告人ハ福岡市内ニハ大正十五年十二月中旬兵庫縣下ヨリ轉任シ來リタル者ナルニ拘ハラス判示ノ如ク福岡市吏員木下龜太郎ヨリ特ニ選擧人名簿作成ノ爲メ必要ナリト告ケラレ福岡市來往年月日ノ調査ヲ受クルニ當リ故意ニ大正十五年三月十五日以降同市ニ來住セル旨虛僞ノ申告ヲ爲シ因テ同市選擧人名簿ニ登錄セラレタルモノナリト云フニ在レハ其ノ行爲ハ同法第百十一條ニ詐欺方法ヲ以テ選擧人名簿ニ登錄セラレタルモノトアルニ該當シ同罰條ヲ適用シテ處斷スヘキモノナルコト疑ヲ容レス論旨理由ナシ

特定人ノ立候補確定前ト雖選擧ノ公正ヲ害ス

第百十二條

一　選擧運動ノ請託ヲ受ケタル者カ情ヲ知リテ饗應ヲ受ケタル場合ト選擧運動者

（昭和四年(れ)第一五六九號市會議員選擧罰則違反事件
昭和五年二月二十五日大審院第四刑事部言渡）

第二點原判決ハ其ノ理由中「昭和四年四月二十五日神戸市ニ於テ擧行セラレタル市會議員選擧ニ當リ被告人大六ハ同市第八選擧區ヨリ立候補ヲ爲シタルカ該選擧ニ付第一、被告人大六、倉次郎、芳一、三二ハ共謀ノ上大六ノ當選ヲ得ル目的ヲ以テ昭和四年二月二十四日夜神戸市製綱町町關職工等ノ組織スル有志懇談會ノ發會式ニ名ヲ藉リテ辻本喜一郎外二十餘名ノ職工ヲ神戸市西灘五毛二十九番地ノ被告人芳一方西隣空家ニ集合シ同人等ヲシテ大六ヲ其ノ會長ニ推擧セシメタル後被告人倉次郎ニ於テ右喜一郎等ニ對シ今後市會議員等ノ選擧ニ際シテハ適當ナル人物ヲ此會ヨリ推選シテ其ノ當選ヲ期シ度旨申向ケ以テ暗ニ四月二十五日ニ行ハルヘキ前記市會議員選擧ニ付被告人大六ノ爲メ選擧運動ヲ依頼シ同席上ニ於テ一人前金一圓ニ相當スル酒食ヲ右喜一郎等ニ饗應シ第二、被告人大六、倉次郎、芳一、三二、熊次郎ハ共謀ノ上前同樣ノ目的ヲ以テ同年三月十日夜被告人清三郎、富吉等ヲ被告人芳一ノ肩書居宅ニ招待シ大六ノ爲メ選擧運動ヲ依頼シタル上右清三郎、富吉等ニ對シ一人前金一圓二十錢ニ相當スル酒食ノ饗應ヲナシ第三、被告人清三郎、富吉ハ前記ノ如ク大六ノ爲メ選擧運動ヲ依頼セラレ酒食ノ饗應ヲ受ケタルモノナリ」ト判示シ被告人清三郎、富吉ニ對シテハ各市制第四十條衆議院議員選擧法第百十二條第四號被告人大六、倉次郎、芳一、三二、熊次郎ニ對シテハ各市制第四十條衆議院議員選擧法第百十二條第一號ヲ各適用處斷シタリ然レトモ右衆議院議員選擧法第百十二條第一號又ハ第四號ニ依リ處斷セラルルニハ其ノ饗應ヲ受ケタル者等ハ選擧人又ハ選擧運動者タル者ナルコトヲ要ス而シテ本件第一事實ニ於ケル饗應ヲ受ケタル者ト認メラレタル辻本喜一郎外二十餘名ノ職工並ニ第二第三事實ニ於ケル清三郎、富吉カ選擧人ナルヤ否ヤニ付キテハ原判決ニ於テ何等審究スル所ナカリシモノ（實際ニ於テ當時同人等ハ神戸市會議員ノ選擧人ニアラサリシモノナリ）ニシテ又同人等ハ選擧運動者ナリヤ否ヤニ付キ案スルニ原判決ノ證據說明ノ示ス處ニヨレハ右第一事實ニ於ケル辻本喜一郎外二十餘名ノ者ハ西灘村ニ於ケル有志懇談會ノ發會式ナリト信シテ出張シタル際矢原倉次部ヨリ同會員ハ市會區會又ハ衛生組合等ノ議員ノ選擧アル際ハ右有志懇談會ヨリ適當ノ人物ヲ推薦後援シタシトノ挨拶ヲ聞キタルニ過キス又第二第三事實ニ於ケル清三郎、富吉ハ向井熊次郎ニ誘ハレテ折口芳一方ニ至リタル際芳一及大六ヨリ宜シク賴ムトノ挨拶ヲ受ケタルニ過キサルモノニシテ斯ル挨拶ヲ聞キタリトテ直ニ選擧運動者タル資格ヲ獲得スヘキモノニアラス若シ斯ル挨拶ヲ受ケタル爲直ニ選擧運動者タル資格ヲ得ルモノナリトセハ衆議院議員選擧法第百十五條一號又ハ三號ニ於ケル暴行威力拐引又ハ威逼ノ目的タル人トナルヘク又右ノ如キ挨拶ヲ爲シタル者ハ若シ選擧事務長ニアラサル場合ニハ衆議院議員選擧法第八十九條第一項第百三十一條ノ犯罪トナリ若シ選擧事務長ナリトセハ同第八十九條第四項ノ義務ヲ生シ同第百三十二條ノ罰ヲ受クルコトアルヘク（本件ノ如ク選擧期日告示前ニ於テハ其ノ屆出ヲ爲サントスルモ不能ニシテ如何トモ之カ處置ヲ爲ス能ハサルヘシ）又其ノ相手方多數ナル場合ニ於テ同第九十三條第百三十條末項ノ制裁ヲ受クル場合ヲモ生スヘシト雖斯ノ如キハ決シテ衆議院議員選擧法ノ精神ニアラサルヘシ若シ夫レ同法第百十二條ノ規定中選擧運動者ノ意義ヲ同法中ノ他ノ選擧運動者ノ夫レト異ナル意味ニ解釋セントスルカ如キハ文理ノ解釋上許スヘカラサル處ナリ果シテ然ラハ右第一事實ニ於ケル辻本喜一郎外二十數名及第二、第三事實ニ於ケル淸三郎、富吉等ハ當時選擧運動者ニモアラサルヲ以テ上告人大六等カ假ニ判示ノ如キ饗應ヲ爲シタル事實アリトスルモ該行爲ハ右判決判示法條ニ該當セス以上要スルニ右判決カ上告人等ニ對シ衆議院議員選擧法第百十二條第一號又ハ第四號ヲ適用シテ有罪ノ言渡ヲ爲シタルハ罪トナラサル所爲ニ對シテ刑ヲ科シタルカ若クハ理由不備ノ違法アルモノニシテ此ノ點ニ於テ破毀ヲ免レサルモノト信スト云フニアレトモ「選擧運動ニ從事センコトノ請託アリタル以上其ノ請託ヲ受クル者ハ之ヲ請託者ノ方面ヨリ觀察スレハ選擧運動者ニ外ナラサルカ故ニ原判決カ判示第一、第二ニ於ケル被告人大六等ノ饗應行爲ヲ市制第四十條衆議院議員選擧法第百十二條第一號ニ問擬シタルハ正當ナリト云フヘク又受託者ノ方面ヨリ觀察スルモ叙上請託ヲ受ケタル者カ請託ニ因ル饗應ナルコトノ情ヲ知リテ之ヲ受クルカ如キハ即其ノ請託ニ對シ承諾ヲ爲シタルモノト解スヘキカ故ニ之ヲ選擧運動者ト云フヲ妨ケス」然レハ原判決カ被告人淸三郎、富吉ノ判示第三ノ行爲ニ對シ市制第四十條衆議院議員選擧法第百十二條第四號ヲ適用シタルハ正當ニシテ原判決ニハ所論ノ如キ不法アルコトナシ論旨理由ナシ

各被告辯護人花本禰次郎上告趣意書第一點原判決ハ理由ニ於テ「昭和四年四月二十五日神戸市ニ於テ擧

行セラレタル市會議員選擧ニ當リ被告人大六ハ同市第八選擧區ヨリ立候補ヲ爲シタルカ該選擧ニ付第一、被告人大六、倉次郎、芳一、三二ハ共謀ノ上大六ノ當選ヲ得ル目的ヲ以テ昭和四年二月二十四日夜云々被告人倉次郎ニ於テ右喜一郎ニ對シ今後市會議員等ノ選擧ニ際シテハ適當ナル人物ヲ此ノ會ヨリ推薦シテ其ノ當選ヲ期シ度旨申向ケ云々一人前金一圓ニ相當スル酒食ヲ右喜一郎等ニ饗應シ第二、被告人大六、倉次郎、芳一、三二、熊次郎ハ共謀ノ上前同様ノ目的ヲ以テ同年三月十日夜云々大六ノ爲メ選擧運動ヲ依頼シタル上右淸三郎、富吉等ニ對シ一人前金一圓二十錢ニ相當スル酒食ノ饗應ヲ爲シ云々」ト認定シ市制第四十條衆議院議員選擧法第百十二條第一號第四號ヲ適用處斷シタリ然レトモ同條第一號及第四號ニ「當選ヲ得若ハ得シメ又ハ得シメサル目的ヲ以テ云々」ト規定セル法意ハ選擧アルコトカ確定セル事實ニシテ又特定ノ候補者ノ爲メ同條所定ノ行爲ヲ爲シタル場合ニ之ヲ處罰スルモノトス故ニ選擧アルコトノ確定セサル場合竝ニ候補者ノ特定セサル場合若クハ立候補ノ意思未タ決定セサル場合ニ於テハ假令同條所定ノ行爲アリトスルモ處罰スヘキモノニアラスト信ス原判決ハ市會議員選擧ノ日時及饗應ノ日時ヲ説明スルニ止リ被告人大六カ候補者ト爲リタル日時若シクハ其ノ意思ヲ決定シタル日時ヲ説明セサルカ故ニ果シテ判示饗應カ特定候補者ノ爲メ當選ヲ得ル目的ヲ以テ爲サレタルヤ否之ヲ知ルニ由ナシ加之判示神戸市第八選擧區ハ兵庫縣西灘六郷西ノ三町村ヲ合シテ神戸市ニ編入セラレタル結果新ニ一選擧區ヲ爲セルモノニシテ卽チ昭和四年三月二十七日附ヲ以テ内務省ヨリ許可セラレ同年四月一日神戸市ニ編入セラレタルモノニシテ市會議員選擧區竝定數條例ハ同年三月二十九日告示セラレタルモノトス選擧區アリテ始メテ選擧アリ議員候補者アリト雖選擧區ナキトコロニ選擧ナク議員候補者アリ得ヘカラサル筋合ナリトス神戸市ニアラサル他ノ土地ニ於テ神戸市會議員選擧ナルモノ存スル理由ナク之カ候補者ナキハ素ヨリ論ナシ判示昭和四年二月二十四日及三月十日ハ判示場所ハ神戸市ニアラス又第八選擧區ニモアラス被告人大六ハ候補者ニモアラス候補者ナル決意ヲ爲シタルモノニアラス又爲シ能ハサル筋合ナリト云ハサルヘカラス前記法條ノ適用ヲ受クヘキ限リニアラス判文ハ「今後市會議員等ノ選擧ニ際シテハ適當ナル人物ヲ此會ヨリ推薦シテ其ノ當選ヲ期シ度旨申向ケ」ト說明スレトモ假ニ斯ノ如キ事實アリトスルモ選擧ノ自由公正ヲ害スルコトナク又候補者ヲ特定シタルモノニアラサレハ毫モ犯罪ト爲ルコトナシ原判決ハ罪ト爲ラサル事實ニ對シ刑ヲ科シタル不法アルモノニシテ又理由ニ不備アルモノト信スト云フニアレトモ「將來議員選擧アルヘキコトヲ豫期シ特定人ニ當選ヲ得シムル目的ヲ以テ演說又ハ推薦狀ニ依ルコトナク選擧運動ヲ爲スノ行爲ハ其ノ特定人ノ立候補確定前ト雖亦タ選擧ノ公正ヲ害スルモノニシテ法ニ觸ルルコト勿論ナレハ原判決カ判示第一乃至第三ニ於ケル各被告人ノ行爲ニ對シ判示法條ヲ適用處斷シタルハ正當ナリト云フヘシ」論旨ハ判示西灘ノ地區ハ犯時未タ神戸市ニ編入セラレス從テ市會議員選擧カ同所ニ施行セラルルヤ否ハ未確定ナリシカ故ニ判示各被告人ノ行爲ハ何レモ罪トナラサル旨主張スルトコロアルモ判示第一乃至第三ノ事實ハ其ノ第一ノ判示中ニ被告人倉次郎ニ於テ右喜一郎等ニ對シ今後市會議員等ノ選擧ニ際シテハ適當ナル人物ヲ此會ヨリ推薦シテ其ノ當選ヲ期シ度旨……

……トアリ又原判決カ同事實ニ對スル證據説明トシテ被告人矢原倉次郎ノ豫審第二回訊問調書中岡本大六ハ一月中旬頃自分ニ對シ今回ノ市會議員選擧ニ西灘ヨリ立候補ヲ爲シ度就テハ何處カノ團體ノ後援ヲ得ル方法ハアルマイカト申シタル故……………トノ供述記載ヲ援用セルニ據リ之ヲ見レハ何レモ所論西灘カ將來判示市會議員ノ選擧施行地タル神戸市ニ編入セラルルコトヲ豫期シ此ノ豫期ノ下ニ爲サレタル犯行ニシテ判示亦玆ニ存スルコトヲ看取シ得ヘキカ故ニ論旨ハ其ノ理由ナシ

将來行ハルヘキ選擧ニ付テモ犯罪ヲ構成ス

二　本條犯行ノ時期ト其ノ犯罪ノ成立

（昭和五年(れ)第九二四號衆議院議員選擧法違反事件
昭和五年七月十一日大審院第一刑事部言渡）

原判決ハ其ノ事實理由第一ニ於テ「被告人ハ昭和四年十二月下旬肩書住居ニ於テ近ク衆議院カ解散ヲ命セラレ總選擧ノ行ハルヘキコトヲ豫想シ居リタル原審相被告人倉林茂ヨリ該總選擧ニ際シ埼玉縣第二區ニ於テ立候補スヘキ横川重次ノ當選ヲ得シムル目的ノ下ニ同人ノ爲メ選擧人ノ投票ヲ獲得スヘキ運動ヲ爲サンコトヲ依頼セラレ其ノ報酬トシテ一票毎ニ金三圓ヲ供與スヘキ旨ノ申込ヲ受ケテ之ヲ承諾シ」ト認定シ被告人ヲ衆議院議員選擧法第百十二條第四號第一號ニ問擬シタリ然レトモ同罪ハ當選ヲ得若クハ得シメ又ハ得シメサル目的ヲ以テ選擧人又ハ選擧運動者ニ對シ金錢物品其ノ他ノ財産上ノ利益ヲ供與スヘキコトノ申込ヲ受ケ之ヲ承諾スルニ因リテ成立スルモノナルヲ以テ同罪タルニハ當選ヲ得シメントスル候補者及選擧ノ確定シ居ルコトヲ必要トス然ルニ前叙認定ノ事實ニ依レハ近ク衆議院カ解散ヲ命セラレ總選擧ノ行ハルヘキコトヲ豫想シ居リタル倉林茂ヨリ該選擧ニ立候補スヘキ横川重次ノ爲メ選擧運動

ヲ依頼セラレ其ノ報酬トシテ一票毎ニ金三圓ヲ供與スヘキ旨ノ申込ヲ受ケテ之ヲ承諾シタリト云フニ在リテ當時未タ衆議院カ解散セラレス果シテ總選擧カ行ハルヘキヤ否ヤ未確定ノ狀態ニ在リ從テ横川重次カ立候補スルモノナリヤ否ヤサヘ全然未定ノ狀態ニ在リシコト明カナルヲ以テ前記法條ニ所謂當選ヲ得シムヘキ選擧ノ施行及候補者ノ存在ナキモノニシテ假令被告人カ倉林茂ノ判示申込ヲ承諾シタリトスルモ前記法條ノ罪ヲ構成スルニ由ナキモノト謂ハサル可カラス然ルニ原判決ハ此ノ點ヲ看過シ被告人ヲ同罪ニ問擬シタルハ擬律錯誤ノ違法アルモノニシテ破毀ヲ免レサルモノト信スト云フニ在リ

仍テ按スルニ衆議院議員選擧法第百十二條ニハ左ノ各號ニ掲クル行爲ヲ爲シタルモノハ二年以下ノ懲役若ハ禁錮又ハ千圓以下ノ罰金ニ處ス一、當選ヲ得若ハ得シメ又ハ得シメサル目的ヲ以テ選擧人又ハ選擧運動者ニ對シ金錢物品其ノ他ノ財産上ノ利益若ハ公私ノ職務ノ供與其ノ供與ノ申込若ハ約束ヲ爲シ又ハ饗應接待其ノ申込若ハ約束ヲ爲シタルトキ四、第一號若ハ前號ノ供與又ハ第一號ノ誘導ニ應シ若ハ之ヲ諾シタルトキト規定シ「叙上ノ行爲ヲ爲シタル時期ニ付何等規定スルトコロナキヲ以テ苟モ將來行ハルヘキ選擧ニ付當選ヲ得若ハ得シメ又ハ得シメサル目的ヲ以テ叙上所定ノ行爲ヲ爲スニ因リ直ニ犯罪成立スヘク從テ議會開會中ナリトスルモ諸般ノ事情ニ照ラシ解散ヲ免カレサル形勢アルニ當リ解散ヲ豫想シ次テ行ハルヘキ總選擧ニ際シ立候補スヘキコト明カナル場合ニハ解散前ト雖豫メ叙上ノ行爲アリタルトキハ犯罪ノ成立スヘキコト疑ヲ容レス」原判決ノ認定シタル事實ハ被告ハ昭和四年十二月下旬肩書住居ニ於テ近ク衆議院カ解散ヲ命セラレ總選擧ノ行ハルヘキコトヲ豫想シ居リタル原審相被告人倉林茂ヨリ該總選擧ニ際シ埼玉縣第二區ニ於テ立候補スヘキ横川重次ノ當選ヲ得シムル目的ノ下ニ同人ノ爲選擧人ノ投票ヲ獲得スヘキ運動ヲ爲サンコトヲ依頼セラレ其ノ報酬トシテ一票每ニ金三圓ヲ供與スヘキ旨ノ申込ヲ受ケテ之ヲ承諾シタリト謂フニ在リ之ニ依レハ倉林茂ハ衆議院ノ解散ヲ豫想シ總選擧ニ際シ立候補スヘキ横川重次ノ當選ヲ得シムル目的ヲ以テ被告ニ對シ投票買收ノ依頼及報酬ノ供與ノ申込ヲ爲シ被告之ニ應シタルモノナレハ被告ノ行爲カ前記法條ノ犯罪ヲ構成スヘキコト論ナク原審カ同法條ニ問擬シタルハ正當ニシテ擬律錯誤ノ違法アルコトナシ

特定ノ選擧ニ付爲サルル以上選擧期日ノ公示又ハ告示ノ前後ヲ問ハス

三　本條ノ犯罪ノ時（昭和五年(れ)第一四三五號衆議院議員選擧法違反事件 昭和五年十月六日大審院第五刑事部言渡）

第一點原判決ハ虚無ノ證據ニ依リ犯罪事實ヲ認定シタル違法アリト信ス抑々衆議院議員選擧法第百十二條ノ規定カ選擧ノ公示又ハ告示後ニ於テ無條件ニ適用セラルルコトニ付テハ論ヲ俟タサルモ右公示又ハ告示前ニ於テハ決シテ無制限ニ適用セラルルモノニアラス蓋同法ニ所謂選擧運動トハ特定シタル選擧ヲ目標トシテソノ選擧ニ於テ特定人ノ當選ヲ得シメンカ爲ニ爲ス一切ノ行爲ヲ指稱スルモノナルカ故ニ同法第百十二條ノ違反行爲タルニハ客觀的ニ或ル特定ノ選擧ニ付行ハレタルモノナルコトヲ要スルト同時ニ主觀的ニハ行爲者ニ於テモ亦特定ノ選擧ニ付特定人ノ當選ヲ斡旋スルコトノ認識ヲ有セサルヘカラス然リ而シテ原判決ハ判示摘示事實ノ第一第二ニ於テ被告人悦次郎ノ行爲ヲ以テ昭和五年二月二十日施行セラレタル衆議院議員總選擧ニ於テ候補者瀧正雄ノ當選ヲ得シムル目的ヲ以テ該選擧期日ノ告示前タル

同年十月頃ニ行ハレタル事實ヲ認定シタルモノナル處之カ證據トシテ摘示サレタルモノニ於テハ右選擧ニ於ケル瀧正雄ノ當選ヲ斡旋スルコトヲ認識シテ之ヲ爲シタルモノナリヤ否ヤニ付キ何等論據トシテ明示セラレタルモノナシ即チ悦次郎ノ供述中引用セラレタルモノヲ見ルニ「前略其ノ五十圓ニ就キテハ昭和四年十一月初メ頃加治茂一方ニテ役員會ノアリシトキ役員ニ自分ヨリ報告シタリ其ノ時出席シタル者ハ自分鵜飼爲三郎……………ニシテソノ人々ハ其ノ五十圓ノ性質カ瀧岩次郎ヨリ出テタルモノニテ總會ノ費用ニ充テ會員ニ御馳走シ寄附名義ヲ以テ會長其ノ他ノ役員トシテ會員ニ恩惠ヲ施シ人心ヲ集メ選擧等ノ場合瀧正雄ニ有利ナル方法ヲ立テル爲メノ金テアルト云フ事ハ承知ノ事ナリ云々」トアリ又「昨年（昭和四年）八月頃石川發鹽組合ノ十五圓ト一緒ニ貰ヒタル金モ同樣ノ趣旨ニテ貰ヒタル金ナリ云々」トアリテ即チ將來選擧等ノ場合ニハ瀧正雄ニ有利ナル方法ヲ立テル爲メト云フニ在リテ當時前掲選擧ヲ豫想シ該選擧ノタメニ之ヲ爲シタリトスル何等ノ根據モアルコトナシ或ハ同人ノ供述中「此ノ次ニ解散カアレハ瀧正雄サン出ルノテ其ノ時ニハ投票シテ貰ヒタクテ岩次郎サンカ其ノ金ヲ渡シ自分モ左樣ニスレハ今度ノ選擧ニハ瀧正雄サンニ有利ニ爲ルト思ヒ其ノ金ヲ受ケ取リ云々……………表面ハ當選ノ御禮テモ暗ニ今度ノ選擧ニ味方ニナリテ貰イタイト頼ミタル譯ナル」旨ノ記載ナキニアラスト雖右ハ既ニ總選擧施行後ニ於ケル取調ヘノ際ノ供述ニシテ被告人等ノ如キ所謂素人ノ不用意ナル言トシテハ既ニ總選擧後ノ當時ニ於テ前後ノ事實ヲ一括シ今度ノ選擧云々ト漠然ト供述シタルモノニテ此ノ一語ヲ以テ被告人等カ本件行爲ノ當時既ニ議會ノ解散ヲ豫期シ其ノ總選擧ニ於ケル瀧正雄ノ當選ヲ期センカ爲メノ目的ヲ有シ

要旨

タルヤ否ハ右證據ニヨリテハ到底推知スルコトヲ得サルモノナリ其ノ他ノ被告人ノ供述ヲ見ルモ何等事實ヲ推定スルニ足ルモノナシ假ニ被告人等ノ一部ニ之ヲ認識シタル者アリトスルモ他ノ認識ナカリシ者ニ對シテハ結局證據ニ依ラスシテ事實ヲ認定シタルモノト云フヘク破毀ヲ免レサルモノト信スト謂フニ在リテ「衆議院議員選擧法第百十二條ノ犯罪ハ特定ノ選擧ニ付爲サルルコトヲ要スルコト所論ノ如シト雖苟モ特定ノ選擧ニ付爲サルル以上其ノ犯罪ノ時カ選擧期日ノ公示又ハ告示ノ前タルト後タルトハ毫モ之ヲ問フコトナキモノトス」今原判決カ證據トシテ引用セル各被告人ニ對スル檢事又ハ司法警察官ノ聽取書中ノ供述記載ニハ一一各被告人カ早晩衆議院議員選擧ノ行ハルヘキヲ豫想シ其ノ際候補者ト爲ルヘキ瀧正雄ノ當選ヲ得シムル爲斡旋スヘキ報酬ト爲ス意味ニ於テ原判示ノ利益又ハ饗應ノ授受ヲ爲シタル趣旨ヲ明示シアリテ右ニ依レハ各被告人カ夫々特定セル衆議院議員選擧ニ際シ議員候補者タルヘキ瀧正雄ノ當選ヲ得シムル目的ヲ以テ利益供與若ハ饗應又ハ其ノ收受ヲ爲シタルコトヲ認ムルニ足ルヲ以テ毫モ所論ノ如キ失當ナク論旨ハ理由ナシ

第一點原判決ハ被告人瀧悦次郎ノ判示行爲ヲ以テ衆議院議員選擧法第九十六條ノ無資格運動ナリトシ同法第百二十九條ニ依リ處斷セラレタルハ擬律錯誤ノ違法アルモノト信ス蓋同法第九十六條ハ「議員候補者選擧事務長選擧委員選擧事務員ニアラサレハ選擧運動ヲ爲スコトヲ得ス云々」ト記載シ選擧運動ハ原則トシテ右以外ノ者ニ於テ爲スコトヲ得サル旨ヲ明ニシタリ而シテ議員候補者タラントスル者ハ自ラ又ハ推薦者ニ於テ之ヲ屆出ツヘク又選擧事務長ノ選任ハ議員候補者又ハ推薦屆出者ニ於テ候補者ノ承諾ヲ

要旨

得テ之ヲ爲スヘク其ノ他選擧委員及選擧事務員等ハ選擧事務長ニ於テ之ヲ選任スヘキコトハ法第八十八條及第八十九條ノ明示スル處ナリ而シテ議員候補者タラントスル者ハ選擧ノ期日ノ公布又ハ告示アリタル日ヨリ選擧期日前七日迄ノ間ニ其ノ旨ヲ選擧長ニ屆出ツヘキモノナルカ故ニ右期日ノ前及後ニ於テハ所謂有資格選擧運動ナルモノ絶對ニ存在セサルカ故ニ若シ選擧ノ期日ノ公布又ハ告示前ニ於テ特定人ノ爲メニ選擧運動ヲ爲シタルカ如キ場合ニ於テ或ハ他ノ罰條ニ牴觸スルカ如キコトアリトスルモソノ選擧運動ヲ爲シタル者カ有資格ナリヤノ問題ヲ生スルノ餘地ナキモノト謂ハサルヘカラス換言スレハ法第九十六條及第百二十九條ノ規定ハ選擧ノ期日ノ公布又ハ告示アリタル後ニ於テ初メテ適用セラルルモノナリト謂ハサルヘカラス從テ原判決カ本件被告人ノ處爲ヲ以テ昭和五年二月二十日施行セラレタル總選擧ノ期日ノ告示前ニ行ハレタル事實ヲ認定シタルニ拘ラス前記法條ヲ適用シ處斷シタルハ擬律錯誤ノ違法アリ破毀ヲ免レサルモノト信スト謂フニ在レトモ「衆議院議員選擧法ハ議員候補者選擧事務長選擧委員選擧事務員ノ資格ヲ定メ演說又ハ推薦狀ニ依ル以外ノ一切ノ選擧運動ハ此ノ資格アル者ニシテ初メテ之ヲ爲シ得ヘキモノト限定シ從ツテ斯ル選擧運動ハ右資格ナキモノヲシテ絶對ニ之ヲ爲サシメサルノ趣旨ヲ定メタルモノト解スヘキカ故ニ假令選擧期日ノ公示又ハ告示前ニ於テ未タ議員候補者ノ屆出ヲ爲スニ由ナク從テ右資格者ノ存在シ得サル時期ト雖右ノ如キ選擧運動ハ之ヲ何人ニモ許スヘキニアラス原判決ニ於テ被告人瀧悅次郎カ選擧期日ノ公示又ハ告示前ニ於テ何等法定ノ選擧運動者タル資格ナキニ拘ラス衆議院議員選擧ノ行ハルヘキヲ豫想シ其ノ際議員候補者タルヘキ瀧正雄ノ當選ヲ得シムル目的ヲ以テ物

品ノ供與又ハ饗應ヲ爲シタル事實ニ對シ衆議院議員選擧法第九十六條第百二十九條ヲ適用シタレハトテ何等擬律錯誤ノ違法ナク論旨ハ理由ナシ」

判決ニ違法ナシ

四　判決ノ證據說明ノ金額カ判決ノ認定金額ヨリ少額ナル場合ニ於ケル判決ノ違法性

（昭和五年(れ)第一五一八號衆議院議員選擧法違反事件）
（昭和五年十一月十五日大審院第三刑事部言渡）

第四點原判決ハ其ノ事實理由中「第二、被告人幸右衞門ハ（中略）（ニ）前記廣瀨候補者ニ當選ヲ得シムル目的ヲ以テ私ノ金ヲ支出シ前記岩谷堂町ニ於テ同候補者ノ爲メ（中略）（ロ）選擧人ナル菊地源七及千田庄治ノ兩名ニ夫夫選擧運動竝ニ投票ヲ依賴シテ其ノ承諾ヲ得其ノ報酬トシテ二月八日夜右源七ニ對シ金一圓五十錢ヲ各供與シ」ト判示シタリ然レトモ其ノ證據說明部分ヲ見ルニ千田庄治ニ對シテ金一圓ヲ供與シタリトノ事實ハ之ヲ認メ得ヘキモノナキニアラスト雖金一圓五十錢ヲ供與シタリトノ事實ヲ證スルモノ之アルコトナシ果シテ然ラハ原判決ハ理由齟齬又ハ理由不備ノ違法アルモノナリト云フニ在リテ原判決ノ認メタル事實ニ依レハ被告人幸右衞門ハ廣瀨候補者ニ當選ヲ得シムル目的ヲ以テ選擧人千田庄治ニ對シ供與シタル金員ハ一圓五十錢ニシテ其ノ證據トシテ之ニ該當スル金員ヲ一圓ト說示セルコト所論ノ如シト雖供與ノ金員ハ金一圓五十錢ナルコトヲ記錄上一貫セル事實ニシテ原審公判調書（二〇七丁）ニ亦一圓五十錢トアルヨリ之ヲ觀レハ原判決カ之ヲ判文ニ摘錄スルニ當リ五十錢ノ三字ヲ遺脫シタルモノト解スルヲ妥當トスルノミナラス原判決カ被告人幸右衞門ニ對シ認メタル事實ハ同被告人カ選擧ニ關シ廣瀨候補者ニ當選ヲ得シムル目的ヲ以テ相被告人新吉ヨリ供與ヲ受ケタル金員ハ百三十五圓ニシテ又被告人幸右衞門カ同上目的ヲ以テ金員ヲ供與シタル有權者ハ七名ニシテ其ノ總金額ハ二十二圓五十錢ナルヲ以テ「假ニ所論證據摘示ヲ法令ノ違法ナリトスルモ畢竟原判決ニ影響ヲ及ホササルコト明白ナルヲ以テ同判決ニハ所論ノ如キ違法アルコトナシ」論旨理由ナシ

要旨　屆出ナキモ事實ニ於テ選擧運動ニ從事スル者

五　本條第一號ノ所謂選擧運動者ノ意義（昭和二年(れ)第一七六四號縣會議員選擧罰則違反事件昭和三年二月十七日大審院第一刑事部言渡）

原判決ヲ査閲スルニ其ノ一ニ於テ所論中祖宇八郎ハ判示縣會議員選擧ニ付法定ノ選擧運動者ニ非サルモ被告人ト判示數名ノ選擧權者トノ間ニ介在シテ判示ノ選擧運動ニ從事シタリシ旨ノ判示アリ其ノ二ニ於テ被告人ハ右宇八郎ニ對シ右選擧運動ノ報酬トシテ判示金員ヲ供與シタル事實ヲ判示セルヲ以テ由是觀之右中祖宇八郎ハ法定ノ屆出ヲ爲シタル選擧運動者ニ非サルモ事實上ノ選擧運動者ナルコト判文上自ラ明瞭ナリトス而シテ「衆議院議員選擧法第百十二條第一號ニ所謂選擧運動者トハ必スシモ其ノ屆出アリタルモノニ限ラス其ノ屆出ナキモ事實ニ於テ選擧運動ニ從事スルモノハ等シク之ヲ含ムモノト解スヘキコト同條規定ノ趣旨ニ照シ明ナルヲ以テ」判示第二ノ被告人ノ所爲ハ正ニ同條第一號ニ該當スル違反行爲ナルコト言ヲ俟タス然ラハ原判決ニハ何等所論ノ違法ナキヲ以テ論示ハ理由ナシ

要旨　包括的ニ觀察シテ一個ノ犯罪ト認ム

六　同時同所ニ於テ數人ノ選擧人ヲ饗應シタル所爲ト本條ノ適用

（昭和三年（れ）第八四五號縣會議員選擧罰則違反事件
昭和三年六月二十五日大審院第五刑事部言渡）

要旨

「議員候補者ヲシテ當選セシムル目的ヲ以テ同時同所ニ於テ數人ノ選擧人ヲ饗應シタルトキハ其ノ所爲ハ投票ヲ得ントスル包括的目的ヲ以テ多數ノ選擧人ニ對シ饗應ナル一個ノ行爲ヲ爲シタルモノニシテ其ノ侵害スル法益ハ選擧ニ關スル自由公正ナル公共的單一ノ利益ニシテ選擧人各人ノ選擧ニ關スル個別的利益ニ非サルヲ以テ之ヲ包括的ニ觀察シテ一個ノ犯罪ナリト認ムヘキコトハ當院判例ノ示ス所ナリ（大正十四年四月二十四日判決）此ノ判決ハ舊衆議院議員選擧法第八十七條第一項第二號ニ違背シタル罪ニ關シ爲シタルモノナルモ新法第百十二條第一項ニ違背シ同時同所ニ於テ多數ノ選擧人ヲ饗應シタル場合ニ於テモ之ト同旨ニ解スルヲ相當トス」原判決ニ依レハ被告人五一爲一ノ兩名ハ外二名ト共謀シ縣會議員候補栗村米一ノ爲メ投票ヲ得シムル目的ヲ以テ選擧人約百八十名ニ對シ吳市三城通戶川說教所ニ於テ酒食ノ饗應ヲ爲シ尙同所ニ於テハ滿員ノ爲メ收容スルコトヲ得サリシ選擧人約三十名ヲ同月同町日ノ丸旅館ニ於テ酒食ノ饗應ヲ爲シタルモノナレハ判示ノ犯罪ハ日ヲ同フシテ行ハレ唯其ノ場所ハ二箇所ナルモ孰レモ同町ニ於テ相隔タラサル位置ニ在ルモノナレハ之ヲ包括的ニ觀察シテ同一ナリト解スヘク隨テ被告人五一、爲一兩名ノ判示行爲ハ包括的一罪ヲ構成スルモノトス然レハ原判決ニ於テ被告人五一、爲一兩名ノ前記行爲ニ對シ府縣制第四十條衆議院議員選擧法第百十二條第一號ヲ適用シ一個ノ行爲ニシテ數個ノ罪名ニ觸ルルヲ以テ刑法第五十四條第一項前段ニ則リ情狀重キ被告人久吉ニ對スル饗應罪ノ刑ニ

違法ノ運動者ニ在リテハ實費ノ場合ト雖處罰スル意ナリ

要旨

從ヒ處斷シタルハ所論ノ如ク擬律上其ノ當ヲ得サルモ刑法第五十四條第一項ニ依ル一罪ナリトシテ處斷スルモ又包括的一罪ナリトシテ擬律スルモ均シク一罪ナリト爲ス點ニ於テ同一ニ歸シ原判決ニ影響ヲ及ホスコトナキヲ以テ所論擬律ノ失當ハ同判決ヲ破毀スルノ理由ト爲スニ足ラス論旨ハ理由ナシ

七　法定ノ選擧運動者又ハ演說推薦狀ニ依ル選擧運動者ニ非サル選擧運動者ニ對シ相當ノ日當ヲ供與スヘキ事ヲ約束シ又ハ之カ供與ノ申込ヲ承諾シタル行爲ト本條ノ適用

（昭和三年（れ）第一〇三五號縣會議員選擧罰則違反事件
昭和三年九月三日大審院第二刑事部言渡）

原判決ニ所謂相當ノ日當トハ金錢ヲ指スモノナルコト判旨ノ趣旨ニ徵シ明瞭ナリ而シテ府縣制第四十條ニヨリ府縣會議員ノ選擧ニ付準用セラルル衆議院議員選擧法第百十二條ニ依レハ當選ヲ得若クハ得シムル目的ヲ以テ選擧人ニ對シ金錢供與ノ約束ヲ爲シ若クハ其ノ供與ノ申込ヲ承諾シタルトキハ處罰セラルヘク又同樣ノ目的ヲ以テ法定ノ選擧運動者又ハ演說若クハ推薦狀ニ依ル選擧運動者ニ非サル選擧運動者ニ對シ金錢供與ノ約束ヲ爲シ又ハ其ノ供與ノ申込ヲ承諾シタルトキハ縱令其ノ金錢ハ實費トシテ供與セヲルル場合ト雖同條ニヨリ處罰セラルヘキモノトス「蓋シ選擧法ハ選擧ノ公正ヲ期スル爲メ選擧事務長選擧委員及選擧事務員ノ數ヲ限定シ而シテ是等ノ法定運動者竝ニ議員候補者ニアラサレハ演說又ハ推薦狀ニ依ル外選擧運動ヲ爲スコトヲ得サル旨竝ニ之ニ違反スルトキハ處罰スヘキ旨規定セルト其ノ第百十二條ニ於テ當選ヲ得若クハ得シムル目的ヲ以テ選擧運動者ニ對シ金錢供與ノ約束ヲ爲シ若クハ其ノ供與

ノ申込ヲ承諾シタルトキハ處罰スヘキ旨規定シ其ノ第九十七條ニ於テ法定ノ選擧運動者竝ニ演説又ハ推薦狀ニヨル選擧運動ヲ爲ス者ハ其ノ運動ヲ爲スニ付實費ノ辨償ヲ受クルコトヲ得ヘキ旨規定セル外他ニ之ヲ許容シタル規定ナキ點ヨリ之ヲ觀レハ第九十九條ニ該當セサル違法ノ選擧運動者ニ對シテハ實費ニ關スル場合ト雖第百十二條ニ依リ處罰スル法意ナリト解スルヲ相當トスレハナリ」而シテ原判決ニヨレハ第一被告人兩名竝ニ原審相被告人新子文次郎ハ法定ノ選擧運動者ニアラサルニ拘ハラス議員候補者林定太郎ニ當選竝ニ投票ヲ得シムル目的ヲ以テ（一）被告人源右衞門ハ連續シテ居村選擧人ナル被告人源吉新子文次郎ニ對シ定太郎ノ爲選擧運動竝ニ投票方ヲ依賴シ報酬トシテ相當ノ日當ヲ供與スヘキ旨約束シ（二）被告人源吉ハ連續シテ居村選擧人四名ニ各面接シテ同議員候補者ノタメ投票方ヲ依賴シ（三）文次郎ハ居村選擧人三名ヲ戶別ニ訪問シ同議員候補者ノ爲右投票方ヲ依賴シ第二被告人源吉ハ同月二十日頃被告人源右衞門方ニ於テ同被告人ノ前記日當供與ノ申込ヲ承諾シタルモノナルヲ以テ其ノ運動ノ趣旨タルヤ演説又ハ推薦狀ニ依ルモノニ非サルコト自ラ明白ナレハ法律上實費ノ問題ヲ生スル餘地ナク縱令事實上實費ナリトスルモ處罰ヲ免レサルモノナルコト前記說明ノ如クナルカ故ニ原判決ノ如ク其ノ額ヲ示サス單ニ相當ノ日當ト判示シタレハトテ理由不備ノ不法アルコトナシ論旨理由ナシ

罪ノ成否ニ消長ナシ

八　酒肴ノ豐非又ハ價格ノ多寡ト本條ノ成否

（昭和四年（れ）第九一八號村會議員選擧罰則違反事件）
（昭和四年十一月十六日大審院第三刑事部言渡）

苟モ特定ノ選擧ニ關シ議員候補者タラムトスル決意ヲ有スル者カ其ノ當選ヲ得ルノ目的ヲ以テ選擧人ヲ

要旨

一定ノ場所ニ招待シ之ニ酒食ヲ提供シテ其ノ歡心ヲ求ムルノ行爲アルニ於テハ衆議院議員選擧法第百十二條第一號ニ所謂饗應接待ヲ爲シタルモノニ該當シ選擧罰則違反ノ罪ヲ構成スヘク「其ノ選擧人ニ提供シタル酒肴ノ豐菲又ハ價格ノ多寡ニ依リテ同罪ノ成否ニ消長ヲ來スヘキモノニ非サルナリ」然ラハ原判決カ所論ノ如ク被告人ニ對スル犯罪ノ事實ヲ判示シ其ノ選擧人ニ提供シタル酒肴ノ價格殊ニ一人前幾何ニ相當スルモノナリヤヲ明示セサリシトスルモ判決ニ示スヘキ事實理由ニ不備アルモノト云フヲ得ス

屆出前ト雖選擧運動アリ得ヘシ

九 立候補屆出以前ニ於ケル買收行爲ト本條第一號ノ罪

（昭和四年(れ)第七七八號町會議員選擧罰則違反事件
昭和四年十一月二十日大審院第三刑事部言渡）

要旨

町村制第三十七條ニ依リ町會議員ノ選擧ニ準用セラルル衆議院議員選擧法第百十二條第一號ニ犯罪ノ客體トシ規定セラレタル選擧運動者トハ同法ニ於テ選擧運動ヲ爲スコトヲ公認セラレタル議員候補者選擧事務長選擧委員又ハ選擧事務員ノミニ限ルノ義ニ非ラスシテ事實上投票ノ勸誘周旋ヲ爲ス等選擧運動ニ從事スルモノヲ汎稱スルモノト解スヘク而シテ「苟モ一定ノ議員選擧ニ關シ一定ノ議員候補者ヲシテ其ノ當選ヲ得シムル目的ヲ以テ選擧運動ニ從事スルモノナル以上其ノ運動ヲ爲スノ時期カ立候補ノ屆出前ニ屬スルトキト雖之ヲ目シテ選擧運動ト云フニ妨ナク從テ其ノ之ニ從事スル者ハ選擧運動者ナリト云ハサルヘカラス」原判決ノ確定シタル事實ニ依レハ被告人ハ昭和四年三月五日施行セラレタル福岡縣山門郡瀬高町町會議員ノ選擧ニ際シ立候補ノ決意ヲ有スルモノナルトコロ未タ其ノ屆出ヲ爲ササルニ先チ同

年二月中旬頃選擧人タル樺島登一樺島豊吉ノ兩名ヨリ立候補ノ勸誘ヲ受ケ同月二十日更ニ被告人ニ於テ立候補スルニ於テハ自分等ノ分二票ノ外他ニ十二票ハ確實ニ之ヲ取得シ得ヘキニ付一票ニ付一圓ノ割合ヲ以テ出金サレタキ旨ノ交渉ヲ受ケテ之ヲ承諾シ自己ノ當選ヲ得ル目的ノ下ニ即時右兩名ニ對シ他ノ十二票分ノ買收金十二圓ヲ託スルト同時ニ兩名分ノ投票及買收運動ニ對スル報酬トシテ金八圓ヲ供與スル意味ノ下ニ一括シテ金二十圓ヲ右兩名ニ交付シタルモノナリト云フニ在リテ其ノ被告人ノ行爲カ衆議院議員選擧法第百十二條第一號ニ該當シ選擧罰則違反ノ罪ヲ構成スヘキヤ辯ヲ俟タサルナリ

現實ニ行爲シ得ルヤ否ヤハ敢テ問ハス

要　旨

一〇　選擧權ヲ現實行使シ得サル者ニ爲シタル金錢供與ト本條第一號ノ犯罪ノ成立

（昭和四年（れ）第一五三一號村會議員選擧罰則違反事件）
（昭和五年一月二十四日大審院第一刑事部言渡）

町村制第三十七條ノ規定ニ依リ町村會議員ノ選擧ニ準用セラルル衆議院議員選擧法第百十二條第一號ノ罰則ハ「當選ヲ得ル目的ヲ以テ選擧人ニ對シ金錢物品其ノ他ノ財産上ノ利益ヲ供與シタル場合ニ適用セラレ其ノ供與ヲ受ケタル選擧人カ其ノ有スル選擧權ノ現實行使シ得ルヤ否ヤハ敢テ問ハサルモノナリト解スヘキヲ以テ」縱シヤ本件ニ於テ所論ノ如ク伊藤兵治カ被告人ヨリ金錢ノ供與ヲ受ケタル當時無筆ニシテ投票用紙ニ自ラ議員候補者ノ氏名ヲ記載シ得サルモノナリトセムモ被告人ニシテ判示村會議員選擧ニ付其ノ議員タラント欲シ當選ヲ得ル目的ヲ以テ選擧人タル伊藤兵治ニ對シ自己ニ投票セラレタキ旨ヲ依賴シ金錢ヲ供與シタルモノナルコト原判示ノ如クナル以上前記罰則ノ適用ヲ免レ得サルモノトス故ニ

買收費ノ寄託ト買收行爲ノ成立

之ヲ肯定シタル原判決ハ正當ニシテ論旨ハ理由ナシ

一　投票買收費トシテ運動者ニ金錢ヲ供與シタル事實ノ認定ト法第百十二條第一項ノ適用

（昭和五年(れ)第一二六四號衆議院議員選擧法違反事件）
（昭和五年十月三日大審院第四刑事部言渡）

右事實ノ部第二　金一百圓ハ買收費トシテ榊谷元次郎ニ供與シタリト認定セラレタリ果シテ然ラハ買收費ハ讀ンテ字ノ如ク何處マテモ買收費ナリ榊谷元次郎ハ決シテ被供與者ニアラスシテ中田玉平、中島源藏、坂田好治等ト共ニ被買收者ニ對スル供與者ナラサルヘカラス故ニ買收費ヲ榊谷元次郎ニ交付シタル理由ヲ以テ中田玉平、中島源藏、坂田好治ヲ罰スヘク判決ヲ言渡サルルニハ須ラク其ノ買收行爲ノ行ハレタルコト判文上ニ明示セサルヘカラス原判文ニハ唯買收費トシテ金一百圓ヲ榊谷元次郎ニ交付シタリトアルノミニシテ投票買收行爲發生ノ存在ヲ見ルニ足ラス左スレハ此等四名ノ者ハ買收行爲ニ着手スヘク内部ニ於テ申合ヲ爲シタルニ止マリ未タ買收行爲ニ着手セサルモノナリ良シヤ事實ニ於テ買收行爲ヲ爲シタルモノトスルモ然ラハ其ノ買收行爲ヲ羅列展示セラレテ始メテ買收セラレタル者ト共ニ買收シ爲シ買收セラレタルノ罪成立スルモノタリ切言スレハ買收スヘク榊谷元次郎、中田玉平、中島源藏、坂田好治ノ四人カ謀議シタレトモ買收ノ機會ナク未着手ノ場合ニ在リテハ可罰ノ境域ニ達セサルコト勿論ナリ又實際ニ在リテハ買收ノ實行ニ着手シタリトスルモ其ノ事實ヲ判文上ニ表現セサル限リハ買收ナル金錢ノ供與ヲ内容トスル犯罪行爲ノ成立ヲ認識スルニ足ラス要スルニ原判決ハ此ノ點ニ於テ判決ニ理由ヲ付セサル違法ヲ包含セリト云フニ在リ「仍テ按スルニ投票ヲ買收スルノ目的ヲ以テ之カ費額ヲ選擧運動者ニ寄託スルニ止マルトキハ未タ利益供與罪ヲ構成セサルコト所論ノ如シト雖原判示第二事實ノ趣旨ハ之ト異ナリ被告人玉平、源藏、好治ハ判示ノ目的ヲ以テ投票買收費ノ名目ノ下ニ金百圓ヲ運動者元次郎ニ供與シタリト云フニ歸スルヲ以テ原判決カ叙上ノ認定ニ基キ被告人玉平、源藏、好治ヲ各衆議院議員選擧法第百十二條第一號ニ問擬シタルハ正當ニシテ爾後ニ於ケル元次郎ノ買收行爲ノ有無ハ自ラ別個ノ問題ニ屬スルヲ以テ其ノ點ヲ確定セサルモ前示判斷ヲ下スニ妨ナシ」論旨ハ理由ナシ

二　犯意繼續シテ利益收受ノ行爲ト利益供與ノ行爲トヲ反覆敢行セル場合ト刑法第五十五條ノ適用

（昭和五年(れ)第一六六〇號衆議院議員選擧法違反事件
昭和五年十二月十一日大審院第五刑事部言渡）

要旨

收受供與ハ一々之ヲ處罰シ多數ノ行爲ヲ包括シテ一罪ト爲ス趣旨ニ非ス

第一點原審判決ハ法律錯誤ノ違法アルモノトス(一)被告人ハ「議員候補者川瀨新一ノ法定選擧運動員ニ非スシテ同候補者ニ投票ヲ得セシムル目的ヲ以テ犯意ヲ繼續シテ原審相被告人近藤義啓ヨリ其ノ運動報酬及投票買收費トシテ金二百圓ノ供與ヲ受ケタル上原審相被告人田中日不二ニ其ノ運動報酬及買收費トシテ金百五十圓ヲ供與シ選擧運動ヲ爲シ」云云トシテ事實ヲ認定シ刑法第五十五條ノ連續犯ヲ適用セリ而シテ連續犯ハ獨立シテ罪トナルコトヲ得ル行爲カ反覆セラルル場合ナラサルヘカラス然レトモ選擧運動トハ一定ノ議員選擧ニ付一定ノ議員候補者ヲ當選セシムル爲投票ヲ得若ハ得セシムルニ付直接又ハ間接ニ必要且有利ナル周旋勸誘若ハ誘導其ノ他諸般ノ行爲ヲ爲スコトヲ汎稱スヘキモノナルコトハ御院判

例ノ示サルルトコロナリ然ラハ法定ノ手續ヲ爲ササルトキハ罪ヲ構成シ得ヘシト雖法律ハ其ノ行爲ノ反覆セラルヘキコトヲ豫想シタルモノト解スヘキヲ以テ被告人カ單一意思ノ發動ニ因リテ叙上ノ期間數回反覆シテ候補者川瀬新一ノ選擧運動ヲ爲シタリトスル其ノ行爲ハ包括シテ單純ナル一罪トシテ處斷セラルヘキモノニシテ之ヲ連續犯トシテ處斷スヘキ罪ニ非スト信ス然ルニ叙上ノ如ク選擧運動行爲ヲ連續犯トシテ刑法第五十五條ヲ適用シタルハ失當タルヲ免レス（二）被告人ノ金錢供與ヲ爲シタル點ハ一面選擧運動ノ資格ナクシテ選擧運動ヲ爲シタル點ニ於テ衆議院議員選擧法第九十六條第百二十九條ニ該當シ右ハ一個ノ行爲ニシテ二個ノ罪名ニ觸ルル場合ナルヲ以テ刑法第五十四條第一項前段第十條ヲ適用セリ而シテ數個ノ罪名トハ刑法第五十五條トノ對照上異種罪名ノ場合ヲ指シ罪質ヲ同ウスル犯罪行爲ニハ本條ヲ適用スヘキモノニ非ス元來單一ノ行爲ニヨリ數個ノ犯罪ヲ犯シ得ヘキモノニ非サルヲ以テ想像的數罪ヲ認ムヘキ餘地ナキモノト解ス隨テ同法第九十六條百二十九條ノ罪ハ形式上法定ノ選擧運動者ニアラサル者ノ運動ヲ禁止スル規定ナルモ實質ニ於テ同法第百十二條第一號ノ罪ト齊シク選擧ノ公平ヲ害スルコトヲ目的トスルモノニシテ彼是其ノ罪質ヲ同ウスルモノナリ況ヤ同法第百十二條ハ法定ノ選擧運動者タルト否トヲ問ハサルニ於テオヤ故ニ法定ノ選擧運動者ニ非サル者カ金錢ヲ供與シタル行爲ハ單一ノ行爲ヲ以テ同時ニ爲シタル同一法益侵害ノ行爲ニ他ナラサレハ單純一罪ニシテ一個ノ行爲ニシテ數個ノ罪名ニ觸ルルモノニ非サルヲ以テ被告人ノ行爲ハ之ヲ包括的ニ觀察シ單純一罪トシテ處斷セラルヘキモノニシテ之ヲ想像的數罪ヲ以テ處斷セラルヘキモノニ非ス勿論法定運動者ニ非サル者カ譬ヘ金錢ヲ供與セ

要旨

スト雖選擧運動ヲ爲シタルトキハ獨立一罪トシテ處斷セラルヘキハ當然ナルモ之カ金錢ヲ給與シタル場合ニ於テモ性質上吸收セラルヘキモノナレハ一罪ヲ以テ處斷スルヲ相當トス第一審ニ於テモ此ノ意ヲ體シ法定ノ選擧運動ニ非スシテ金錢ヲ供與シタル點ニ付テハ想像的數罪ヲ以テ處斷セサリシハ洵ニ其ノ當ヲ得タルモノト謂ハサルヘカラス然ルニ第二審ハ叙上ノ如ク被告人ノ犯罪行爲ニ刑法第五十四條第一項前段第十條ヲ適用シタルハ不當ナリト信スト謂フニ在レトモ「議員候補者ニ當選ヲ得シムル目的ヲ以テ他人カ選擧運動ノ報酬ヲ供與スルニ對シ其ノ情ヲ知リテ之ヲ受クルノ行爲ト同一ノ目的ヲ以テ他人ニ選擧運動ノ報酬ヲ供與スルノ行爲トハ其ノ侵害スル法益ハ等シク選擧ノ自由公正ナル單一ノ利益ナリト雖其ノ行爲ハ全然別個ノ行爲ナルヲ以テ之ヲ包括的ニ觀察シ一個ノ犯罪ナリト爲スコトヲ得ス固ヨリ右利益收受利益供與ハ選擧運動ニ伴フモノニシテ從テ反覆シテ行ハルル事例多シト雖衆議院議員選擧法第百十二條ハ各個ノ收受供與ニ付一一之ヲ處罰スルノ趣旨ニシテ反覆セラルル多數ノ行爲ヲ包括シテ一罪トナス趣旨ニアラサルコト法文上極メテ明瞭ナルヲ以テ犯意ヲ繼續シ斯ル行爲ヲ反覆敢行スルニ於テハ刑法第五十五條ノ適用アルモノト謂ハサルヘカラス又同法第九十六條第百二十九條ノ罪ト同法第百十二條ノ罪トハ別異ノ構成要素ヲ有シ且兩法條間ニハ普通法規、特別法規ノ關係又ハ基本法規、補充法規ノ關係ヲ有セサルヲ以テ選擧運動ヲ爲ス資格ナキ者カ議員候補者ニ當選ヲ得シムル目的ヲ以テ選擧人又ハ選擧運動者ニ金錢ヲ供與スルカ如キ行爲ヲ爲スニ於テハ右兩個ノ罪ノ想像的競合罪ヲ構成スルモノナルコト本院判例ノ示ストコロナリ」原判決ノ確定セル事實ハ被告人ハ昭和五年二月七日原審相被告人近藤義啓

投票報酬ナルカ運動ノ報酬又ハ實費ナルカヲ判示セサルモ違法ニ非ス

カ衆議院議員候補者川瀬新一ニ當選ヲ得シムル目的ヲ以テ被告人方ニ於テ被告人ニ投票取纒方ヲ依頼シ其ノ運動報酬及投票買收費トシテ金二百圓ヲ供與シタルニ對シ其ノ情ヲ知リテ其ノ供與ヲ受ケタル上犯意ヲ繼續右候補者ノ爲メ選擧運動ヲ爲ス資格ナキニ拘ハラス同候補者ニ當選ヲ得シムル目的ヲ以テ同日第一審相被告人田中日不二方ニ於テ同人ニ對シ右候補者ノ爲投票取纒方ヲ依頼シ其ノ運動報酬及買收費トシテ金百五十圓ヲ供與シタリト謂フニ在ルヲ以テ原判決カ右金錢ノ供與ヲ受ケタル點ヲ衆議院議員選擧法第百十二條第四號ニ金錢供與ヲ爲シタル點ヲ同法第百十二條第一號ニ而シテ右金錢供與ヲ爲シタル點ハ一面法定ノ資格ナクシテ選擧運動ヲ爲シタルモノトシテ此ノ點ニ於テ同法第九十六條第百二十九條ニ問擬シ而シテ右金錢供與ト無資格運動トハ一個ノ行爲ニシテ二個ノ罪名ニ觸ルルモノトシテ刑法第五十四條第一項前段第十條ヲ適用シ金錢供與罪ノ刑ニ從ハシメ右各罪ヲ連續犯ノ關係ニ在リトシテ同法第五十五條ヲ適用シ一罪トシテ處斷シタルハ正當ニシテ何等擬律錯誤ノ存スルコトナク論旨ハ何レモ理由ナシ

一三　選擧人兼選擧運動者カ金錢供與ヲ受ケタル場合ト選擧人トシテノ資格アル者カ金錢供與ヲ受ケタル場合ニ於ケル判示ノ方法

（昭和五年(れ)第一六二八號衆議院議員選擧法違反事件）
（昭和五年十二月二十二日大審院第三刑事部言渡）

第二點原判決ハ事實理由不備ノ違法アルモノトス原判決ハ其ノ事實理由ニ於テ「被告人等ハ孰レモ昭和五年十月二十日施行ノ衆議院議員選擧ニ際シ選擧人ナリシトコロ　第一、被告人文次ハ同年四月十九日愛知縣幡豆郡西尾町黑野仙太郎方ニ於テ同人カ愛知縣第四區ヨリ立候補シタル衆議院議員候補者小林錡ノ當選ヲ得セシムル目的ヲ以テ供與シタル金二十圓ヲ其ノ情ヲ知リテ之ヲ受取リ且選擧運動ヲ爲スヘキ法定ノ資格ナキニ拘ラス犯意ヲ繼續シテ右小林錡ノ當選ヲ得シムル目的ヲ以テ同月十九日居町ノ選擧人日高清道方ニ於テ同人ニ對シ金十五圓ヲ同日頃居町ノ選擧人神谷長作及宮地利助方ニ於テ同人等ニ對シ金一圓宛ヲ各供與シ第二、被告人長命ハ同年同月十九日右黒野仙太郎方ニ於テ同人カ右小林錡ノ當選ヲ得シムル目的ヲ以テ供與シタル金十七圓ヲ其ノ情ヲ知リ乍ラ之ヲ收受シ第三、被告人多米次ハ同年同月十九日右黒野仙太郎方ニ於テ同人カ前同樣ノ目的ヲ以テ供與シタル金二十圓ヲ其ノ情ヲ知リテ之ヲ受ケ且選擧運動ヲ爲ス法定ノ資格ナキニ拘ラス同日右小林錡ノ當選ヲ得シムル目的ヲ以テ西尾町神下町寺田屋ニ於テ同町ノ選擧人村井三次郎ニ對シ金三圓ヲ供與シタルモノナリ」ト認定シタリ然レトモ右認定ニ依レハ被告人等ハ單ニ金錢ノ供與ヲ受ケ金錢ノ供與ヲ爲シタリト云フニ止マリ該金員ハ如何ナル趣旨ニ於テ授受セラレタルモノナリヤ換言スレハ該金員ハ投票ノ買收選擧運動ノ報酬トシテ授受セラレタルモノナリヤ將又選擧運動ノ實費トシテ授受セラレタルモノナリヤ知ルニ由ナキモノトス若シ判文金員カ前者ノ意味ニ於テ授受セラレタルモノトセハ選擧法違反罪ヲ構成スヘキモ若シ判文金員カ後者ノ意味ニ於テ授受セラレタルモノトセハ同違反罪ヲ構成セサルコトトナリ從テ判文金員授受ノ趣旨ノ何レナルヤハ本件犯罪ノ成否ニ關スル重要ナル事項ナリトス依テ原判決ニ於テ被告人等ヲ選擧法違反罪トシテ處斷スルニハ判示被告人ノ間ニ授受セラレタル金員ハ如何ナル趣旨ニ於テ授受セラレタルモノナリヤ其ノ趣旨ヲ事實理由ニ明示セサル可カラサルモノナリトス然ルニ原判決ハ何等此ノ事實ヲ明示セス漫然被告人等ヲ選擧違反罪ニ問擬シタルハ事實理由不備ノ違法アルモノニシテ破毀スヘキモノト信スト云フニ在リ、

「按スルニ選擧運動者タル資格アルモノニ對シ運動實費ヲ供與シ該運動者カ右實費ノ供與ヲ受クルハ必

要旨

犯意繼續ノ下ニ行ハレタルトキハ連續犯ト爲ル

シモ違法ナリト云フヘカラス故ニ選擧運動者ノ資格ヲ兼有スル選擧人ニ候補者ノ當選ヲ得シムルノ目的ヲ以テ金員ヲ供與シ又ハ該選擧人カ右供與ヲ受ケタルノ事實ヲ判示シ投票報酬ナルカ運動報酬又ハ實費ナルカヲ判示セサルニ於テハ右兩資格アル選擧人ニ金錢ヲ供與シ又選擧人カ金錢ノ供與ヲ受ケタル犯罪ヲ構成スル所以ノ事實ヲ判示スルニ理由不備ノ違法アルヤ論ナシ然レトモ上示目的ヲ以テ選擧人タルノミノ資格ヲ有スル選擧人ニ金錢ヲ供與シ同選擧人カ該金錢ノ供與ヲ受クルハ凡テ法ノ禁止スル所ナルヲ以テ之ヲ判示スルニ投票報酬ナルカ若ハ選擧運動ノ報酬又ハ實費ナルカヲ判示セサルモ毫モ違法ニ非ス」原判決ノ判示スル所ニ依レハ被告人文次、長命及ヒ多米次ノ三名ハ選擧人トシテ候補者ノ當選ヲ得シムルノ目的ヲ以テ供與セラレタル金員ヲ受ケ且被告人文次及ヒ多米次ノ兩名ハ上記目的ヲ以テ各被告人ニ金員ヲ供與シタリト云フニ在リテ上示被告人ハ凡テ選擧人タルノ資格ヲ有スルニ過キサルモノナルヲ以テ上示犯行ヲ構成スル事實ノ判示トシテ缺クル所ナク論旨ハ理由ナシ

一四　**投票買收費又ハ運動報酬ノ下ニ金錢ノ供與ヲ受ケ之ヲ同趣旨ノ下ニ他人ニ金錢ヲ供與シタル所爲ト連續犯ノ關係**（昭和五年(れ)第二一三一號衆議院議員選擧法違反事件（昭和六年二月九日大審院第二刑事部言渡）

第二點ハ原判決ハ被告人建次カ(一)候補者小幡虎之助ノ當選ヲ得シムル目的ヲ諒知ノ上選擧運動費投票買收費又ハ同人ノ選擧運動ニ對スル報酬等ノ趣旨ノ下ニ古家嘉吉ヨリ(イ)昭和五年二月十二日十四日十六日十七日頃ノ四回ニ各金五百圓宛同月十八日二回ニ金七百五十圓合計金二千七百五十圓ノ供與ヲ受ケ

(ロ)同月十九日金二百五十圓ノ供與ヲ受ケタリトノ事實及ヒ(二)右供與ヲ受ケタル金員中ヨリ(イ)左納才之助ニ對シ昭和五年二月七、八日頃ヨリ十五、六日頃迄ノ間數回ニ同人ノ選擧運動ニ對スル報酬投票買收費等トシテ合計千九百圓ヲ供與シ(ロ)松本春治ニ對シ同月五、六日頃金二十圓同月十日頃金五十圓ヲ何レモ同人ノ選擧運動ニ對スル報酬トシテ夫夫供與シ(ハ)西田彌三松ニ對シ同月八日及十日頃ノ二回ニ金二十圓ヲ何レモ同人ノ選擧運動ニ對スル報酬トシテ供與シ(ニ)竹内節治外數名ニ對シ同月三日頃ヨリ十二日頃迄間數回ニ同人等ノ選擧運動ノ報酬其ノ他ノ趣旨ニ於テ合計金五十圓ヲ供與シタリトノ事實ヲ認定セラレタルカ右(一)ニ依リ被告人建次カ供與ヲ受ケタル金員ハ殆ト總テ右(二)記載ノ如ク左納才之助、松本春治、西田彌三松、竹内節治外數名ノ人人ニ供與ヲ爲シ(尙ホ原審柳田辯護人提出ノ辯護書面參照)タルノミナラス同人ノ主觀的意圖ニ於テモ亦全ク選擧運動費投票買收費又ハ報酬等ノ趣旨ノ下ニ供與ヲ受ケタル金員ヲ其ノ趣旨ニ於テ他ノ人人ニ分配供與シタルコトヲ認定セラレタルコト明ナリ卽チ同人ノ右(一)ト(二)トノ所爲ハ主觀的ニ手段結果ノ關係アルト共ニ客觀的ニモ亦必然的因果關係アルモノナルヲ以テ法律上所謂牽連犯ニ屬スルモノナルコト寔ニ明ナリト謂ハサルヘカラス同樣ニ又被告人才之助ノ(一)梶原建次ヨリ前記金員ノ供與ヲ受ケタル行爲ト(二)其ノ金員ヲ藤木芳太郎外十名松本春治、城谷作太郎、尾花佐一郎ニ供與シタル行爲ハ手段結果ノ關係アリテ牽連犯タルコト論ヲ俟タス然ルニ原判決ハ被告人建次及才之助ノ右各(一)ノ行爲ト(二)ノ行爲トヲ各單ニ連續犯トシテ論セラレタルモ前述ノ如ク本件(一)(二)ノ各行爲ハ牽連犯ノ關係ニ立ツ以上其ノ刑ヲ比較シテ重キモノヲ採ルヘク卽チ二者其ノ一ヲトルヘク之ヲ連續シタルモノトシテ一罪トスル即チ二者何レヲモ採ルノ觀念ハ是認セラルヘキニ非ス果シテ然ラハ原判決ハ法律ノ適用ヲ誤リタル違法ノ理由ニ依リ破毀セラレサルヘカラスト思料スルモノナリト云フニアレトモ「刑法第五十四條ニ所謂犯罪ノ手段トハ或犯罪ノ性質上其ノ手段トシテ普通ニ用キラルヘキ行爲ヲ謂ヒ又犯罪ノ結果トハ或犯罪ヨリ生スル通常ノ結果ヲ指シタルモノニシテ自己カ或衆議院議員候補者ノ爲ニ違法ノ選擧運動ヲ爲スニ當リ其ノ選擧運動費投票買收費又ハ選擧運動ニ對スル報酬等ヲ其ノ趣旨ノ下ニ金錢ノ供與ヲ受ケタル所爲ト其ノ候補者ノ爲ニ更ニ他ノ違法ノ選擧運動ヲ爲ス者ニ對シテ其ノ選擧運動ニ對スル報酬又ハ投票買收費等トシテ金錢ヲ供與シタル所爲トノ間ニハ普通ニ用キラルヘキ手段又ハ通常生スル結果ト謂フ如キ關係アリト觀ルヲ得サルカ故ニ所謂牽連犯ナリトノ論旨ハ當ラス然リ而シテ右ノ如キ趣旨ノ下ニ金錢ノ供與ヲ受ケ又ハ其ノ供與ヲ爲シタルトキハ各衆議院議員選擧法第百十二條ノ犯罪ヲ構成スルモノニシテ夫等ノ行爲カ犯意繼續ニ出テタルトキハ所謂連續犯ト成ルモノトス」然ラハ原判決ハ所論ノ行爲カ犯意繼續ニ出テタルモノト認メ同法條ノ連續一罪トシテ處斷シタルハ正當ニシテ所論ノ如キ法律ノ適用ヲ誤リタル違法アルモノト謂フヘカラス論旨理由ナシ

一五　法定ノ選擧運動者ニ對スル犯罪事實ノ說示ト其ノ共犯者ノ資格

（昭和六年（れ）第八八號市會議員選擧罰則違反事件）
（昭和六年三月二十七日大審院第四刑事部言渡）

要旨

共犯者カ法定ノ選擧運動者ナリヤ否ヤヲ確定スルノ要ナシ

同第三點第二審判決ハ判示第一ニ「被告人ノ爲ニ選擧運動ニ從事シ居リタル志田長吉ト……略……ノ投

票ヲ買收センコトヲ共謀シ云云」ト記載セルモ志田長吉カ選擧人ナルカ又法定ノ選擧運動員ナルカ不明ナリ被告人ヲ志田長吉ト共犯ナリトシテ處罰スルニハ右志田長吉カ選擧人ナルカ又法定ノ選擧運動員ナルヤ否ヤニ依リ法律ノ適用ニ差異ヲ生スルニ至ルヘシ故ニ第二審判決ハ判示第一ニ不確定ナル事實ヲ摘示シテ被告人ヲ處罰シタル違法アルヲ以テ破毀ヲ免カレサルモノトスト云フニ在リ、仍テ按スルニ原判決ノ認定セル事實ノ第一ハ被告人ハ昭和五年十月五日施行ノ釧路市市會議員選擧ノ際立候補シタルモノナル所同年九月二十二、三日頃被告人方ニ於テ其ノ當選ヲ得ル目的ヲ以テ被告人ノ爲ニ選擧運動ニ從事シ居リタル志田長吉ト選擧人ナル星野松太郎外四名ノ投票ヲ買收センコトヲ共謀シ同月二十五、六日頃右買收ノ目的ヲ達成スル爲志田長吉ニ右五名ニ宛テタル金十圓在中ノ封筒五個ヲ交付シ長吉ハ犯意繼續シテ同日頃右五名ノ住居ニ於テ同人等ニ對シ其ノ投票ヲ得ルノ報酬トシテ右封金ヲ交付シ以テ金錢ノ供與ヲ爲シタリト云フニ在リテ原判決ハ被告人カ志田長吉ト投票ノ買收ヲ共謀シ被告人ニ於テ右買收ニ要スル金圓ヲ長吉ニ交付シ長吉ニ於テ右買收ノ實行行爲ヲ擔當實行シタル事實ヲ認メ市制第四十條ニ則リ衆議院議員選擧法第百十二條第一號違反行爲トシテ之ヲ處罰シタルモノナリ然リ而シテ右衆議院議員選擧法第百十二條ノ罪ハ金錢其ノ他財産上ノ利益ノ供與又ハ其ノ申込若ハ約束ヲ爲スカ如キ法定ノ方法ニ依ル特定ノ選擧運動ヲ爲スヲ以テ其ノ構成要素トシ行爲者カ選擧運動ヲ爲スノ法定資格ナキコトヲ構成要素ト爲サス之ニ反シ同法第九十六條第百二十九條ノ罪ハ議員候補者選擧事務長選擧委員又ハ選擧事務員等法定ノ選擧運動ヲ爲スコトヲ以テ其ノ構成要素トシ利益ノ供與等ニ依ツテ選擧界ヲ腐敗セシムルコトヲ構成要素ト爲サス故ニ法定ノ資格ヲ有スル者カ金錢ヲ供與スルカ如キ行爲ヲ爲シタルトキハ單ニ第百十二條ノ犯罪ヲ構成スルニ止マルト雖法定ノ資格ヲ有セサル者カ該行爲ヲ爲シタルトハ第百十二條ト第百二十九條ノ兩罪カ所謂想像的競合罪トシテ成立シ刑法第五十四條第一項ヲ適用セサルヘカラサルコトト爲リ玆ニ右兩者ノ場合ニ於テ所論ノ如ク法律ノ適用上ニ差異ヲ生スルニ至ルヲ以テ若夫レ右判示行爲ニ付共犯者タル志田長吉ノ行爲ヲ處罰センカ爲ニハ所論ノ如ク須ク同人カ法定ノ選擧運動者ナリヤ否ノ事實ヲ確定セサルヘカラサルコト勿論ナリト雖「本件被告人タル杉田八十吉ハ判示ノ如ク議員候補者トシテ法定ノ選擧運動ヲ爲スノ資格アル者ナル以上同人ニ對シテハ其ノ共犯者タル志田長吉カ法定ノ選擧運動者タルト否トヲ問ハス右法定ノ選擧運動ヲ爲ス資格ナキコトヲ以テ其ノ構成要素トスル第九十六條第百二十九條ノ犯罪ハ成立セサルコト明ナルニヨリ同人ニ對スル右判示犯罪事實ヲ説示スルニ當リテハ其ノ共犯者タル志田長吉カ法定ノ選擧運動者ナリヤ否ヤヲ確定スルノ要アルコトナシ若夫レ長吉カ選擧人ナリヤ否ノ如キハ本件犯罪ノ成立及法律ノ適用上何等ノ影響アルコトナシ」然レハ原判決ニハ所論ノ如キ違法アルコトナク論旨ハ其ノ理由ナシ

一六　單一ナル行爲ニ依リ金錢供與カ行ハレタル場合ニ於テ收受者數人ナルトキト法第百十二條ノ適用

（昭和六年(れ)第八九〇號衆議院議員選擧法違反事件）
（昭和六年八月六日大審院第二刑事部言渡）

要旨

受益者ノ數ヲ問ハス供與行爲者ハ單純ノ一罪ヲ構成ス

第三點判原決ハ其ノ事實理由中「（前略）被告人仁右衛門、長平、岩松、喜久治ノ四名ニ於テ小松町ナル被告人重義ノ別宅ニ到リ同人ニ對シ右借財ノコトヲ告ケ愈々選擧モ切迫セルニ付キ此ノ際居村ニ於テ右中橋候補者ノ爲メ極力應援盡力スヘキニ依リ右借財支拂ヒニ資スル爲運動報酬金ヲ供與セラレ度キ旨申入レタルトコロ被告人重義ハ之ヲ承諾シ右候補者ニ當選ヲ得セシムル目的ヲ以テ運動報酬金ヲ支出スヘキコトヲ約シ其ノ翌六日頃右四名ノ代表トシテ來レル被告人長平ニ對シ右別宅ニ於テ前記約束ニ基キ金四百圓ヲ交付シテ右被告人等五名ニ對シ金員供與ヲ爲シ以テ同候補者ノ爲メ選擧運動ヲ爲シ」ト判示シタリ然レトモ(一)右事實理由ニ依リテ明ナルカ如ク上告人重義方ニ到リ金員ヲ貰ヒ受ケ度旨申入レタルハ濱崎仁右衛門、岡田長平、山田岩松及ヒ林喜久治ノ四名ニシテ(二)又其ノ證據理由ノ部ヲ見ルモ右所謂借財ナルモノハ右四名ト中田源太郎ノ五名ニ於テ負擔セルモノニシテ而カモ濱崎等四名ニ於テ其ノ事實ヲ重義ニ說明シテ金員ノ支出ヲ求メタルモノナル事實モ之ヲ知ルヘカラス從ツテ上告人重義ニ於テハ判示日時上告人重義方ニ來レル四名以外ノモノニ付テハ何等ノ認識ヲ有セサルモノト認メサルヘカラス然ルニ原判決ハ其ノ後段ニ於テハ上告人重義ハ「右五名ノ代表者トシテ來レル被告人長平ニ對シ金四百圓ヲ交付シテ右被告人等五名ニ對シ金員供與ヲ爲シ」ト判示シタル理由齟齬若クハ理由不備ノ違法アルモノニシテ此ノ點ニ於テ破毀ヲ免レサルモノト信スト云フニアレトモ「衆議院議員選擧法第百十二條ニ於テ選擧ニ關シテ利益ノ授受約諾等ヲ處罰スル所以ハ之ニ因リテ選擧ノ公正純潔ヲ確保セントスルニ在リテ個人的利益ヲ法益トスルモノニ非ス從テ單一ナル行爲ニ依リテ金錢ノ供與カ行ハレタル場合ニ於テハ其ノ供與ノ利益ヲ受クル者カ單數ナルト複數ナルトヲ問ハス其ノ供與行爲ハ單純ノ一罪ヲ構成スルモノ

要旨

連續犯ノ關係ヲ認メ特ニ公訴ノ提起ヲ要セストシタルハ正當ナリ

要旨

實費トシテ現ニ受取リタル額ヲ確定スル要ナシ

要旨

ニシテ受供與者ノ數ニ應シテ供與罪ノ成立ヲ認ムヘキニ非サルヲ以テ所論ノ如ク受供與者ノ數ニ付認識ノ齟齬アリタリトスルモ何等被告人ノ罪責ニ影響アルモノニ非ス」故ニ原判決ニ所論ノ如キ瑕疵アリトスルモ上告ノ理由ト爲スニ足ラス論旨理由ナシ

一七　連續犯ト不可分的公訴ノ範圍（昭和六年(れ)第八一四號衆議院議員選擧法違反事件 昭和六年八月二十七日大審院第一刑事部言渡）

記錄ヲ調査スルニ被告人水野米作カ被告人楠與三吉ニ金錢ヲ供與シタル事實ニ付檢事ヨリ特ニ公訴提起ノ手續ヲ爲シタル事實ナキコト洵ニ所論ノ如シ然レトモ連續犯ノ一部ニ付既ニ公訴ノ提起アルトキハ他ノ部分モ不可分的ニ公訴ノ範圍ニ屬シ之ニ付更ニ公訴ヲ提起スヘキモノニ非サルヲ以テ裁判所ハ他ノ部分ニ付テモ當然ニ公訴アリタルモノトシテ審判スルコトヲ得ルモノトス「而シテ原判決ハ被告人米作ノ金錢供與敎唆ノ行爲ト金錢供與ノ行爲トハ犯意繼續ニ係ルモノナル旨判示スルヲ以テ原判決ハ被告人米作ノ所論金錢供與ノ事實ハ金錢供與敎唆ノ事實ト連續犯ノ關係ニアルカ故ニ特ニ公訴ノ提起ヲ要セストノ見解ヲ採リ本件ノ審判ヲ爲スニ至リタルコト明カナリ而シテ原判決ノ如ク右兩事實ヲ連續犯ノ關係ニ在リト認定スル以上原判決ハ相當ニシテ所論ノ如キ違法アリト稱スヘキモノニ非ス」

一八　投票報酬ト運動報酬トヲ包括シテ收受シタル場合ト其ノ判示（昭和六年(れ)第八二〇號衆議院議員選擧法違反事件 昭和六年九月九日大審院第三刑事部言渡）

「選擧運動者カ議員候補者ノ爲ニ投票ヲ得シムル目的ヲ以テ他ノ選擧運動者ヨリ投票報酬ト運動實費ト

ヲ分別スルコトナク包括シテ金錢ヲ收受シタル場合ニ於テ裁判所ハ其ノ罪ヲ斷スルニ當リ實費トシテ現ニ受取リタル額ヲ確定セサルモ不法ニ非ス」原判決ヲ閲スルニ被告人カ藤藤十郎及松永八郎ヨリ收受シタル金員ハ投票報酬竝運動實費ヲ包括シテ供與サレタル趣旨ヲ判示シアルカ故ニ原判決ニハ理由齟齬ノ違法アルコトナシ

相手方ニ收受罪ノ成立ヲ必要トセス
要旨

一九　金錢供與罪ノ成立要件　（昭和六年（れ）第八二八號衆議院議員選擧法違反事件
昭和六年九月九日大審院第三刑事部言渡）

本件ハ被告人等カ議員候補者横山雄偉ノ爲メ投票ヲ得ル目的ヲ以テ投票買收費竝運動報酬トシテ金員ヲ供與シタル被告事件ナレハ「其ノ罪ノ成立ニハ供與ノ相手方ニ於テモ亦收受罪ノ成立スルヲ必要トセサルナリ蓋供與罪ハ成立スルモ之ヲ受ケタル者ニ於テ犯罪ノ成立ヲ阻却スヘキ事由ヲ有スル場合アレハナリ」故ニ佐伯龜吉ニ對シ收受罪ハ成立セサルモ供與者タル被告人等ニ對シ供與罪ノ成立スルコト敢テ怪ムニ足ラス從テ本件被告人等ノ供與罪ヲ斷スルニ當リテハ之ニ必要ナル證據ノ取調又ハ引用アレハ足リ必スシモ收受者ニ關スル部分マテ波及スルノ要ナキヤ言ヲ俟タス若シ夫レ原判決ニ重大ナル事實ノ誤認アリトノ所論ニ至リテハ其ノ理由ナキコト上來說明シタル所ニ依リ了解スヘシ

所謂罪責問題ニ關スル事實ヲ指スモ

二〇　當然罪ト爲ルヘキ事實ヲ否定スル主張ト刑訴第三六〇條第二項　（昭和六年（れ）第一一五七號衆議院議員選擧法違反事件
昭和六年十一月十九日大審院第一刑事部言渡）

ノニシテ罪ト爲ルヘキ事實ヲ包含セス

要旨

上告人扇能清太郎ハ原審ニ於テ判示第一ノ（ホ）ノ事實ニ付判示金百四十圓ハ小林政一ヨリ恐喝セラレタル爲交付シタルモノナル旨供述シタルコトハ原審公判調書ノ記載（記錄第七一五八丁以下）ニ依リテ明カナル處ナリ卽チ同人ハ原審ニ於テ本件選擧違反ノ犯罪不成立ノ原因タル事實上ノ主張ヲ爲セルモノナリトス然ルニ原判決ハ此ノ主張ニ對シ何等ノ判斷ヲ爲スコトナク漫然犯罪ノ成立ヲ認メタルハ違法ニシテ破毀ヲ免レサルモノト信スト謂フニアレトモ「刑事訴訟法ニ於テハ訴訟關係人ノ主張ヲ待タスシテ當然判斷說明ヲ要スル場合ハ之ヲ第三百六十條第一項ニ規定シ右ノ主張アル場合ニ限リ之ニ對シ判斷ヲ爲スコトヲ要スル場合ハ之ヲ同條第二項ニ規定スルカ故ニ第二項所定ノ事項卽チ犯罪ノ成立ヲ阻却スル原由又ハ刑ノ加重減免ノ原由タル事實トハ所謂罪責問題ニ關スル事實ヲ指スモノニシテ罪トナルヘキ事實ヲ包含セサルモノト解スルヲ至當ナリトス而シテ或犯罪ノ積極的構成要件タル事實ハ所謂罪ト爲ルヘキ事實ニ屬スルモノナルカ故ニ其ノ事實ノ否認ハ同條第二項ニ定ムル事實上ノ主張タルヲ得サルモノトス」之ヲ原審第一回公判調書ニ徵スルニ被告人清太郎ノ所論ノ點ニ關スル供述ハ被告人清太郎ニ於テ小林政一ニ金百四十圓ヲ交付シタルハ選擧運動ノ報酬トシテ供與シタルモノニアラス同人カ或ハ酒ノ勢ヲ藉リ或ハ乳兒ヲ伴ヒテ候補者上田孝吉方又ハ選擧本部ニ金圓強請ニ來リ之ニ應セサレハ集リ居タル多數ノ者ノ前ニテ惡口雜言ヲ擅ニスル爲候補者ノ選擧ノ結果ニ影響センコトヲ虞レ其ノ口抑ヘノ爲交付シタルモノニ過キスト謂フニアリテ其ノ趣旨タル畢竟右金圓ノ交付ハ小林政一ノ強請的行爲ヲ止メントスル目的ニ於テ爲サレ同人ノ選擧運動ノ報酬トシテ爲サレタルモノニアラスト謂フニ歸シ目的犯罪タル本件犯罪

ニ於テ其ノ目的ヲ缺ケルコトヲ主張スルニ過キサルカ故ニ右ノ陳述ハ犯罪ノ積極的構成要件タル事實ノ否認ニ屬スルモノニシテ刑事訴訟法第三百六十條第二項ニ所謂法律上犯罪ノ成立ヲ阻却スヘキ原由タル事實上ノ主張ト謂フヲ得ス從ツテ原審カ右ノ點ニ付特ニ判斷ヲ與ヘサレハトテ之ヲ呼ンテ違法ナリト爲スニ足ラス

二一　報酬實費兩者一體ヲ爲ス場合全部報酬ト認メタル判決ノ適否

（昭和六年(れ)第一一五七號衆議院議員選擧法違反事件
昭和六年十一月十九日大審院第一刑事部言渡）

其ノ事實理由ニ於テハ前示ノ如ク右三百圓ハ全部報酬ナリト認定シタルハ事實理由ト證據理由ト互ニ相齟齬スル違法アルモノニシテ此ノ點ニ於テ破毀ヲ免レサルモノトスト謂フニアリテ被告人淸太郎ニ對スル第六回豫審調書ニヨレハ被告人淸太郎カ加村楠次郎ニ交付シタル金三百圓ハ同人ノ選擧運動ノ報酬並ニ實費トシテ供與セラレタルモノナルコト所論ノ如ク右選擧運動ノ報酬ノ供與カ衆議院議員選擧法第百十二條第一號ノ利益供與ニ該ルコト論ナシト雖原判決ニヨレハ加村楠次郎ハ議員候補者上川孝吉ノ選擧委員タリシモノナルカ故ニ選擧運動ノ實費ニ關スル限リ被告人淸太郎ニ於テ加村楠次郎ニ交付シタレハトテ之ヲ右ノ規定ニ所謂利益供與ト爲スヲ得サルモノトス然レトモ原判示事實ニヨレハ右三百圓ノ中ニハ「右ノ報酬ト實費トヲ包含シ兩者ハ一體ヲ成シ其ノ何レノ部分カ報酬ニシテ何レノ部分カ實費ナリヤ之ヲ區別スルニ由ナキ關係ニアルカ故ニ斯ル場合ニ付テハ其ノ全部ニ付不法ノ供與タルノ性質ヲ認メ前

全部ニ付不法ノ供與ト認ム

要旨

記規定ヲ適用スヘキモノト謂ハサルヘカラス」原判決カ所論ノ如ク報酬トシテ金三百圓ヲ供與シタル旨判示シタルハ事實理由トシテハ稍粗漫ノ嫌アリト雖要スルニ右ノ法律解釋ニ基キ其ノ趣旨ニ於テ判示シタルモノト認ムヘキカ故ニ從ツテ其ノ證據說明トノ間ニ齟齬アルコトナク論旨ハ理由ナシ

連續犯ト認メ一罪トシテ處斷シタルハ正當ナリ

要旨

二二　選擧委員届出前ノ金錢供與ト其ノ後ノ金錢供與トカ同一意思ノ發動ニ出テタル場合ト刑法第五十五條ノ適用（昭和六年(れ)第一二七六號市會議員選擧罰則違反事件　昭和六年十二月二十七日大審院第四刑事部言渡）

衆議院議員選擧法第九十六條第百二十九條ノ犯罪ト同法第百十二條ノ犯罪トハ別個ノ犯罪ナルコト勿論ナリト雖「選擧委員届出前ノ選擧運動ト金錢供與トハ一個ノ行爲ニシテ二個ノ罪名ニ觸ルル場合ニ該當スルヲ以テ原審カ刑法第五十四條第一項前段第十條ヲ適用シテ重キ金錢供與ノ刑ニ從フ旨擬律シタルハ正當ナルノミナラス」被告等ハ選擧委員届出前ニ於テ有馬龍吉ノ當選ヲ得又ハ當選ヲ得シムル目的ヲ以テ豫メ有力ナル選擧運動者ヲ選定シ之ニ運動報酬及投票買收費トシテ金員ヲ供與センコトヲ謀議シタル結果届出前ヨリ届出後ニ亙リ該謀議ヲ實行シタルモノナレハ原審カ届出前ノ金錢供與ト届出後ノ金錢供與トヲ同一意思ノ發動ニ出テタルモノトシテ連續犯ト認定シ之ニ刑法第五十五條ヲ適用シ一罪トシテ處斷シタルハ固ヨリ當然ナリ

「直接」ナラサルヘカラス

要旨

二三　本條ノ所謂特殊ノ直接利害關係ノ解釋（昭和三年(れ)第二六四號縣會議員選擧罰則違反事件　昭和三年四月十日大審院第四刑事部言渡）

「府縣會議員候補者カ當選ヲ得ル目的ヲ以テ選擧人ニ對シ主義政見ヲ發表シ又ハ抱負ヲ披瀝スル場合ニ

於テ其ノ事項カ客觀的ニ觀察シ主トシテ國家又ハ府縣一般ノ政策ニ關スルモノナルトキハ縦令延テ市町村等地方的利害ニ影響ヲ及ホスコトアリトスルモ選擧法違反ヲ以テ論スヘキモノニアラス之ニ反シ若シ其ノ事項カ特ニ市町村等直接地方的利害ニ關スルモノナルトキハ假令延テ國家又ハ府縣全般ノ利害ニ多少ノ影響ヲ及ホスコトアリトスルモ府縣制第四十條ニ依リ準用セラルル衆議院議員選擧法第百十二條第二號ニ所謂特殊ノ直接利害關係ヲ利用シテ選擧人ヲ誘導シタルモノニ該當スルモノト謂ハサルヘカラス」本件ニ付原判決ノ判示スル事實ハ被告人ハ昭和二年九月二十二日施行ノ福岡縣縣會議員選擧ニ付……中略……直方町ヨリ立候補シ縣會議員候補者タルノ屆出ヲ了シ選擧運動中同年九月十六日夜同町頓野光明寺同夜同町古町木村新聞店ノ二ヶ所ニ於テ開催シタル演説會ニ於テ當選ヲ得ルノ目的ヲ以テ犯意ヲ繼續シテ直方町ノ選擧人ヲ混ヘタル聽衆ニ對シ同町ノ上水道及下水道敷設事業ニ付當選ノ上ハ國庫若クハ縣費ノ補助ヲ受クル樣盡力スヘキ趣旨ノ演説ヲ爲シ以テ直方町ニ對スル特殊直接ノ利害關係ヲ利用シ同町ノ選擧人ヲ誘導シタルモノナリト云フニ在リテ右直方町ニ敷設スル上水道及下水道ハ國家ニ對シ幾分利害ノ影響ヲ及ホスコトナキニ非ス又一縣全般ノ利害ニ多少ノ關係ヲ及ホスヘキモノナリト雖モ其ノ利害關係ハ主トシテ地方的ニシテ國庫若クハ縣費ノ補助ヲ受ケ其ノ事業ノ完成ヲ圖ルハ特ニ直方町ニ於ケル住民ニ對シ直接ノ利害ヲ及ホスヘキ事項ナルコト疑ヲ容レサル所ナレハ被告人ノ叙上判示事項ヲ利用シテ選擧人ヲ誘導シタル行爲ハ府縣制第四十條ニ依リ準用セラルル衆議院議員選擧法第百十二條第二號ノ罪ヲ構成スルモノトス

選擧期日ノ公布又ハ告示ノ前後ヲ問ハス直ニ成立ス

要旨

二四　本條犯罪ノ成立ト其ノ行爲ノ時期（昭和三年(れ)第五七六號縣會議員選擧罰則違反事件 昭和三年五月二十二日大審院第一刑事部言渡）

「衆議院議員選擧法第百十二條第二號ノ犯罪ハ將來行ハルヘキ選擧ニ付當選ヲ得又ハ得シメサル目的ヲ以テ同號所定ノ行爲ヲ爲スニ因リテ成立シ而シテ選擧期日ノ公布又ハ告示ノ如キハ犯罪ノ構成要件タラサルハ勿論其ノ處罰條件ニモ非サルヲ以テ苟モ右所定ノ行爲アルニ於テハ該罪ハ直ニ成立シ其ノ行爲カ選擧期日ノ公布又ハ告示前ニ行ハレタルト否トヲ問フコトナシ」原判決認定ノ事實ニ依レハ被告人ハ昭和二年九月二十五日施行セラレタル兵庫縣縣會議員選擧ニ際シ日本勞農黨ヲ標榜シテ立候補ヲ爲シタル者ナルトコロ同年八月二十五日兵庫縣小野町料理店鶴龜亭ニ於テ選擧人タル被告人光次久藏及金三郎ニ對シ右選擧ニ付自己カ加古郡ヨリ日本勞農黨ヲ標榜シテ立候補スヘキヲ以テ應援シ呉レ度當選ノ上ハ鎌工組合製造ノ鎌ヲ自己カ主事トシテ關係アル農民組合ヲシテ直接鎌工組合ヨリ買取ラシメ以テ從來鎌工組合ノ製品ヲ一旦問屋ニ賣込ミ更ニ問屋ヨリ之ヲ農民組合ニ賣却シ居タルニ因リ問屋ノ爲獲得セラレ居タル利益ヲ右鎌工組合ヲシテ取得セシムル樣盡力シ遣ハスヘキ旨申向ケ特殊ノ直接利害關係ヲ利用シテ誘導ヲ爲シタリト云フニ在リテ其ノ衆議院議員選擧法第百十二條第二號ノ罪ニ該ルヤ極メテ明白ナリ而シテ選擧期日ノ公布又ハ告示カ犯罪ノ成否ニ影響ナキコト叙上ノ如クナル以上原判決カ該選擧期日ノ公布又ハ告示前ノ行爲ニ付犯罪ノ成立ヲ認メ又該選擧期日ノ公布又ハ告示ニ付何等判示スル所ナカリシトスルモ理由不備又ハ理由齟齬ノ違法アルモノト謂フヘカラス論旨ハ何レモ理由ナシ

正當ナル業務上ノ行爲ニ非ラス

要旨

二五　新聞記者カ特定ノ議員候補者ノ當選ヲ得シムル目的ヲ以テ選舉人ニ特殊ノ直接利害關係アル事項ヲ新聞紙ニ揭載シ之ヲ利用シ該候補者ニ投票セシムヘク選舉人ヲ誘導シタル行爲ト刑法第三十五條ノ適用（昭和三年(れ)第一八七六號縣會議員選舉罰則違反事件　昭和三年六月十六日大審院第三刑事部言渡）

「議員候補者ノ政見ヲ新聞紙ニ揭載シテ讀者ニ紹介スルカ如キ事實ノ報道ヲ爲スニ止マラス特定ノ議員候補者ヲシテ當選ヲ得シムル目的ヲ以テ特殊ノ直接利害關係アル事項ヲ新聞紙ニ揭載シ之ヲ利用シテ該議員候補者ニ投票スヘク選舉人ヲ誘導スルハ新聞記者ノ正當ナル業務上ノ行爲ナリト謂フヲ得サルヲ以テ刑法第三十五條ノ適用ナク從テ同條ヲ援引シテ其ノ罪責ヲ免カルルコトヲ得サルモノトス」

本條ノ特殊ノ直接利害關係ナリト謂フヲ妨ケス

要旨

二六　一地方ニ於ケル緊切ナル利害關係カ延テ一般ノ利害ニ多少ノ影響アル場合ト本條ノ適用（昭和三年(れ)第一五二七號衆議院議員選舉法違反事件　昭和三年十一月一日大審院第二刑事部言渡）

「苟モ選舉人又ハ選舉運動者ニ對シ主トシテ緊切ナル利害關係アル以上ハ延テ一般ノ利害ニ多少ノ影響アリト雖衆議院議員選舉法第百十二條第二號ニ所謂特殊ノ直接利害關係ナリト謂フヲ妨ケサルナリ」原判決ノ認定シタル事實ニ依レハ被告人楠ハ阿部九藏ニ對シ本件鐵道ノ敷設ニ關シテハ從前ヨリ同問題ニ關シ盡力シ居リタル熊谷巖ヲ當選セシメ更ニ其ノ盡力ヲ求ムルニ非サレハ之カ實現ヲ期シ難キ旨ヲ申告ケテ其ノ應援及投票方ヲ誘導シタリト云フニ在ルヲ以テ本件鐵道カ如何ニ被告人等ノ選舉區內ニ於ケル

地方直接ノ利害關係ト認ム

要旨

該鐵道ノ發著地點タル岩手縣福岡町及其ノ附近ナル石切所村爾薩體村斗米村並ニ通過沿線ノ住民ニ緊切ノ利害關係ヲ有シ多年其ノ實現ヲ期望シ居リシヤヲ知ルニ足ルヘク其ノ偶一般交通政策ニ交渉アリトノ理由ヲ以テ國家問題ニシテ右地方ノ利害關係ハ間接ノ結果ニ過キスト云フカ如キハ事實ヲ無視スルコト甚シキ論議ナルヲ以テ原判決カ之ヲ排斥シテ特殊ノ直接利害關係ナリトシテ處斷シタルハ相當ニシテ論旨ハ理由ナシ

假リニ本件誘導ヲ受ケタリト稱セラルル被告人等ニ於テ本件鐵道ニ付利害ヲ感シ居リタリトスルモ更ニ熊谷巖ヲ當選セシメ其ノ盡力ヲ求ムルニ非サレハ之カ實現ヲ期シ難キ旨申告ケ以テ具體的ニ其ノ方法ヲ指示シテ決意ヲ促シ又之ヲ承認シタル以上ハ利害關係ヲ利用シテ誘導シ又其ノ誘導ニ應シタリト云フヲ妨ケサルヲ以テ論旨ハ理由ナシ

二七　別格官幣社ヲ創設スルコトニ努力スヘキ旨ノ演說ト本條ノ適用

（昭和三年(れ)第一六三五號縣會議員選擧罰則違反事件
昭和三年十二月二十四日大審院第五刑事部言渡）

「單ニ別格官幣社ヲ創設スヘキヤ否ヤノ事項ト異リ特定ノ地方ニ別格官幣社ヲ創設スヘキヤ否ヤノ問題ハ其ノ地方ニ直接ノ利害關係アル事項ナルヤ勿論トス」原判決ノ認定ニ依レハ被告人ハ宮城縣縣會議員選擧ニ際シ同縣牡鹿郡ヨリ立候補ノ上昭和二年九月十六日夜同郡石巻町内小學校分教場ニ於ケル被告人ノ政見發表演說會ニ於テ聽衆ニ對シ地方發展策トシテ當選ノ曉ニハ同郡蛇田村田道將軍ノ遺跡並ニ同郡

石巻町湊大門崎一皇子宮ヲ各官幣社ニ爲スヘク盡力スヘキ旨演説シ尚同月十八日夜蛇田村内小學校ニ於ケル同演説會ニ於テ聽衆ニ對シ同村田道將軍ノ遺跡ハ別格官幣社タル資格アルヲ以テ當選ノ曉ハ一層努力シ官幣社トナスヘク運動スヘキ旨演説シタリト云フニ在ルカ故ニ被告人ノ所爲ハ原判決説明ノ如ク右町村ニ對スル特殊ノ直接利害關係ヲ利用シテ其ノ町村内ノ選擧人ヲ誘導シタルモノト認メサルヘカラス原判決ハ被告人ノ所爲ヲ以テ寺社ニ對スル利害關係ヲ利用シテ選擧人ヲ誘導シタリト認メタルモノニ非サルコト判文上明白ナリ

相手方ニ豫メ其誘導ニ應スルノ決意アリタルト否トヲ問ハス

二八　利害關係誘導罪ノ成立

（昭和四年（れ）第一〇四七號村會議員選擧罰則違反事件
昭和四年十月三十一日大審院第二刑事部言渡）

被告人ハ昭和四年四月五日施行セラレタル富山縣下新川郡境村村會議員選擧ニ際シ候補者トナリタルヨリ其ノ當選ヲ得ル目的ヲ以テ選擧人タル水島外松カ從來自己ノ世話ニ依リ新潟縣青海軌道商會ノ石灰石ヲ運搬スル業務ニ從事シ居リタル所昭和四年度ヨリ右石灰石搬出ノ量著シク減少シタル爲從前ノ如ク運搬ニ從事スルコト能ハサル悲境ニ陷リタルニ乘シ同年四月二日居村水島長造ヲ介シ同村ナル右外松方ニ於テ同人ニ對シ本年度モ石灰石ヲ搬出セシムルニ付今回ノ村會議員選擧ニ際シ自己ニ投票セラレタシト依頼シ以テ特殊ノ直接利害關係ヲ利用シテ自己ニ投票セシムル旨ノ誘導ヲ爲シタルモノナリト云フニアレトモ法律ノ所謂誘導行爲トハ（イ）當選ヲ目的トスル者（即主體）ヨリ選擧人又ハ選擧運動者（即客體）ニ對シ主動的ニ（ロ）選擧人又ハ運動者ノ關係アル特殊ノ直接利害關係ヲ擧示利用シテ（ハ）自己ニ對スル投

要旨

票ノ意志決定ヲ促スコト即要言スレハ利ヲ以テ選擧人ノ決意ヲ促シ選擧ノ公正ヲ害スル不正行爲ヲ言フ（同趣旨ノ御院判例（大正六年七月二日言渡參照）從テ（イ）選擧人ヨリ進ンテ候補者ニ對シ（ロ）自己ノ關係アル特殊ノ直接利害關係ヲ擧示シテ候補者ヨリ利益供與ヲ求ムルト共ニ（ハ）兼テ決意確定セル處ニ依テ自己ノ投票ヲ與フル旨ヲ表示シ（ニ）候補者ハ選擧人ノ求メニ依ル利益ノ供與ニ應セシモ自己ニ對スル投票ヲハ要求スル處ナカリシニ選擧人ニ於テ既ニ決意セル處ニ依リ投票ヲ與フル旨ノ申出アリ之ヲ感謝シタリト云フ本件事實ノ如キ右法條所定ノ誘導行爲ニ該當スヘキ要件一モ具備セサルニ拘ラス之ヲ誘導行爲ナリト認定シタル原判決ハ事實ヲ誤認セル違法アルト同時ニ法律ノ適用ヲ誤マリタル違法ノ存スルモノト信スト云フニ在レトモ（東堂赤井兩辯護人ノ論旨第一點ニ付キ説明シタルカ如ク）水島外松ハ水島長造ヲ介シテ被告人ヨリ申込ミタル判示石灰石ノ運搬ヲ爲サシムヘキニ依リ被告人ニ投票シ吳レタキ旨ノ言ニ依リ被告人ニ投票スヘキコトヲ判然ト決意シタリト云フニアルヲ以テ假令豫シメ水島長造ニ於テ水島外松ノ意ノアル處ヲ被告人ニ告ケタル事實アリ被告人カ之ニ乘シ其ノ申込ヲ爲シタリトスルモ水島外松カ被告人ニ投票スルノ決意ハ其ノ申込ニ依リ決定シタルモノナルヲ以テ茲ニ「衆議院議員選擧法第百十二條第二號所定ノ利害關係ノ誘導罪ハ成立スト云フヲ妨ケサルノミナラス本來利害關係ヲ利用シテ誘導ノ申込ヲ爲シタルトキハ相手方ニ於テ之ニ應シタルト否トヲ問ハス其ノ申込ト同時ニ誘導罪ハ成立シ偶相手方ニ於テ之ニ應シタルトキハ其ノ相手方ニ付キ誘導ニ應シタルノ罪ハ成立スルニ過キスシテ其ノ之ニ應セサルトキモ誘導罪ノ成立ニ影響ナク從テ亦相手方ニ於テ豫メ其ノ誘導ニ應スルノ決意

アリタルト否トヲ問フヲ要セサルヲ以テ原審カ本件ニ付衆議院議員選擧法第百十二條第二號所定ノ誘導罪ヲ以テ問擬シタルハ相當ニシテ又事實ノ認定ニ重大ナル誤認アルコトヲ疑フニ足ルヘキ顯著ナル事由アルモノト認メ難キヲ以テ論旨ハ理由ナシ」

演説ノ全趣旨ニ鑑ミ其ノ利害關係ノ直接間接ヲ定ム

要旨

二一九　本條關係誘導罪ノ成立　（昭和四年（れ）第一〇六四號府會議員選擧罰則違反事件 昭和四年十一月十二日大審院第四刑事部言渡）

第一點原判決ハ法律ノ解釋ヲ誤リタル違法アリ原判決ハ「被告人ハ昭和三年六月十日施行ノ東京府會議員選擧ニ際シ同年五月二十一日東京市淺草區ヨリ立候補シ其ノ選擧運動ニ從事中同年六月五日夜同市淺草區淺草公園傳法院ニ於テ開催セラレタルあづま新聞社主川村正夫主催ノ同區内府會議員候補者聯合政見發表演説會ニ於テ候補者タル辯士トシテ登壇シ自己ノ當選ヲ得ル目的ヲ以テ同區内ノ選擧人多數ヲ交ヘタル聽衆數百名ニ對シ「前略東京府ニ於テ自己カ當選シタル後如何ナルコトヲ考ヘ居ルカト言フコトニ付一、二申述フヘシ第一ニ教育問題ニ付自分ハ中學校又ハ女學校ノ增設ニ付努力致シタシト思フ吾々ノ子弟カ小學校ヲ卒業シ世間ノ所謂試驗地獄ノ悲慘事ノナキ樣中學校女學校ヲ第一ニ增設シタシト考フ此ノ增設迄ハ暫ク夜間中學校可ナリ夜間女學校可ナリ先ツ第一ニ於テ之ヲ爲ササルヘカラス本區ニ於テハ女學校ハ七軒町ニ在ルモ中學校ハ今日マテ一ツモナシ此ノ中學校ハ今日マテ何故無カリシカ之ハ淺草ノ如キ歡樂境モアリ當リ障リカ有ランカ其ノ方面ニ花柳界モ多シ斯クノ如キ點ヨリ東京府ノ當事者ハ淺草區ニ中學校ヲ置カサル方針ナリトノ事ナリ幸ニ區劃整理ニヨリ藏前ノアタリニハ餘程空地カ有ルヲ以テ其ノ邊ニ中學校アラハ我々ノ子弟ハ淺草ニ住ンテ危險モナク遠方ニモ行カス時間モ經濟ニシテ淺草區ノ學校ニ行ツコトカ出來ルト思フ淺草區選出ノ府會議員ハ先ツ中學校ヲ拵ヘヨト云フコトヲ絕叫セネハナラヌ云々」ノ旨演說シ因テ淺草區內ノ選擧人ニ對シ特殊直接ノ利益關係ヲ利用シテ誘導ヲ爲シタルモノナリト認定シ被告人ヲ府縣制第四十條衆議院議員選擧法第百十二條第二號ニ問擬處斷シタリ(甲)然レトモ右判示ノ演說タルヤ所謂試驗地獄ト云フ試驗救濟ニ關シ被告ハ客觀的一般教育問題ニ關スル自己ノ抱負ノ經綸ヲ表示シタルニ過キスシテ偶々東京府ニ於ケル中學校及女學校配置不公平ナル點ヲ述ヘタリトスルモ开ハ意見ヲ表明スルニ際シ例示的ニ述ヘタルニ止マルモノニシテ選擧法ニ所謂特殊直接ノ利害關係ヲ利用誘導シタリト謂フヲ得サルナリ抑モ教育問題ハ國家政策ノ問題ニシテ教育問題自體カ延ヒテ地方ノ利害ニ關係ヲ及ホスコトアリトスルモ固ヨリ選擧違反ヲ以テ論スヘキモノニ非ス（大正十三年(れ)一八五三號、大正十四、二、二〇大審院第六刑事部言渡、十四年判例六六頁）且ツ衆議院議員選擧法第百十二條第二號ノ特殊ノ利害關係ナル意味ハ議員トシテ職務上正當ニ爲シ得ヘキ行爲以外ノ行爲ヲ指稱スルモノニシテ議員トシテ職務上正當ニ爲シ得ヘキ行爲ハ之ニ包含セス故ニ同條ニ用水小作債權寄附其ノ他利害ノ關係ヲ利用シテ云々ト規定シ單純ニ利害關係ト規定セス且ツ「用水小作債權寄附」ノ例ヲ擧ケ「其ノ他利害關係ト續ケタル點ヨリ見レハ其ノ所謂利害關係ハ此等例示ニ類似ノ性質ヲ有スル利害關係ヲ有スルモノナルコトハ一點ノ疑ヲ容レス要スルニ同條ノ利害關係ナル意味ハ議員トシテ公ノ正當ナル職務ニ基キ爲ス行爲ニアラスシテ一私人トシテ或ハ職權濫用ニ依リテ爲ス處ノ行爲ヲ意味ス（美

要旨

濃部博士法協雜四、三卷（十四年度下卷）一八一二頁十號七十二頁）故ニ被告ノ演說ノ內容ハ犯罪ヲ構成セスト云フニアレトモ「衆議院議員選擧法第百十二條第二號ニ所謂特殊ノ直接利害關係トハ誘導セラルル者ニ對シ特殊ノ直接利害關係ヲ有スル事項ヲ指稱シ其ノ事項カ議員ノ職務上正當ニ爲シ得ヘキ事ニ屬スルト否トハ毫モ問フトコロニ非ス蓋シ所論議員ノ職務上正當ニ爲シ得ヘキ事項ト雖特定ノ選擧人ニ對シテノミ特殊且直接ノ利害關係ヲ有スル場合ニ於テ之ヲ利用シテ誘導シ自己ノ當選ヲ期セントスルカ如キ行爲ヲ不問ニ付スヘシトセンカ選擧ノ公正ハ到底之ヲ維持スル能ハサレハナリ」然レハ叙上ノ理由及秋山辯護人ノ論旨第二點ニ對シ爲シタル說明ノ趣旨ニ就キ本論旨ノ理由ナキコトヲ了解スヘシ

第二點原審判決ニハ罪トナラサル事實ヲ罪トシタルノ失當アリ被告人ノ爲シタル演說カ假ニ原判決認定ノ如クナリトスルモ之ヲ以テ特殊ノ利害關係ヲ以テ選擧人ヲ誘導シタルモノト爲シ得ヘキヤ否ヤ疑ナキ能ハス選擧ニ際シ候補者カ公開席上ニ於テ自己ノ政見ヲ發表スルコトハ一般ニ行ハルルトコロニシテ何等法律ニ違反スルモノニアラス政見ハ如何ナル場合ニ於テモ直接又ハ間接ノ利害關係ヲ有スルモノニシテ法律ハ當該選擧人ニ特殊ニシテ且直接ナル利害關係ニ限リ之ヲ以テ誘導スヘカラサルコトヲ規定セリ被告人ノ演說シタルトコロハ果シテ當該淺草區內ノ選擧民ニ直接ニシテ且特殊ナルモノト爲シ得ヘキヤ否ヤ原審判決カ被告人ノ犯行トシテ揭クルトコロノ演說中少クトモ「東京府ニ於テ自分カ當選シタル後如何ナルコトヲ考ヘテ居ルカト云フコトニ付一二申述ヘン先ツ第一ニ教育問題ニ付マシテ自己ハ中學校ノ增設又女學校ノ增設ト云フコトニ付テ努力致シタイト存シ云々吾々ノ子弟カ小學校ヲ卒業シテ世間ニ

申シマスル通リ試驗地獄ト云ハレル樣ナル悲慘ナルコトノナイ樣ニ中學校女學校ヲ第一ニ增設シタイト考ヘル此ノ增設ハ暫ク夜間ノ中學テモヨロシイ之ヲ先ツ第一ニヤラナケレハナラヌノテアリマス」トノ部分卽被告人ノ演說ノ主要部分ハ東京府民ニ一般的利害關係ヲ有スル東京府制ニ關スル意見卽政見ニシテ府制上中等學校增設ヲ以テ所謂試驗地獄ヲ救濟スヘシトノ意見ヲ述ヘタルモノニ係リ決シテ當該淺草區選擧人ニ對スル特殊且直接ノ利害關係ニアラス然ルニ原審判決ハ此ノ演說モ亦犯罪事實トシテ判示セリ此ノ點ニ於テ原審判決カ罪トナラサル事實ヲ犯罪ト認定セルコトハ眞ニ明白ナリト思料ス次テ被告人ハ「中等學校ハ本區ニ於テ云々（中略）淺草區ニ中學校ヲ置カヌト云フ方針タソウテ御座イマス」トノ演說ヲ爲セルモ之亦何等利害關係ヲ說示シタルモノニアラス問題トセラルルトコロハ此ノ演說ノ末段ニ於テ前段論スルトコロノ例示トシテ淺草區ニ中學校ノ設立ニ適スル土地ノ存スルコト其ノ方面ニ中學校設立セラルレハ區民ニ有利ナルコト淺草區選出議員ハ中學校ノ增設ニ盡スヘキコトヲ述ヘタル點ニ存ス演說ノ主旨ハ一般政見ノ發表ト認メ得ヘク之カ例トシテ偶々當該選擧區ニ關スルコトニ言及シタル場合ノ如キハ一括シテ之ヲ政見ノ發表ト認ムヘク其ノ例示的論說ヲ分チ割テ之ノミヲ捉ヘテ特殊直接ノ利害關係アリト爲シ得ヘキニアラス假ニ末段ノ部分カ法律ニ違反スルモノナリトスルモ其ノ前段主要ノ部分ヲモ特殊直接ノ利害關係ヲ說キタルモノトシ犯罪事實トシテ判示セル原判決ノ失當ナルコトハ誠ニ明白ニシテ此ノ點ニ於テ原審判決ハ到底破毀ヲ免レ得サルモノナリト思料スト云フニアレトモ「判示演說中所論前段ノ部分ハ後段ノ論結ヲ導クノ前提ニシテ之ヲ分割シテ觀察スヘキニ非サルコトハ其ノ演說ノ全趣

旨ニ徴シ明白ナルカ故ニ前段ノ部分ノミヲ提ヘテ東京府民ニ一般的利害關係ヲ有スル政見發表ニ過キスト爲シ原判決ニ於ケル事實ノ認定ヲ云爲スル論旨ハ當ラス而シテ判示演説ノ主旨ハ所謂試驗地獄ノ悲慘事ヲ除カン爲淺草區内ニ中學校ヲ増設セシコトニ努力スヘシト云フニ歸シ其ノ淺草區内ニ於ケル中學校ノ増設カ同區選擧人ニ特殊ナル直接利害關係ヲ有スルコトハ言ヲ俟タサルトコロナルヲ以テ」論旨ハ其ノ理由ナシ

本條犯罪ノ成立ニ影響ナシ

三〇　利害關係人中ニ選擧人以外ノ存在ト又利益ノ實現ニ候補者カ權能ヲ有スルト否ト又其ノ利益ハ議員ト爲リタル場合ニノミ實現シ得ルモノタルト否ト第百十二條第二項ノ犯罪ノ成立

（昭和五年(れ)七九四號衆議院議員選擧法違反事件
昭和五年七月四日大審院第四刑事部言渡）

（原判決認定事實）　被告人ハ昭和五年二月二十日施行セラレタル衆議院議員選擧ニ際シ京都府第一區ヨリ立候補シタル辯護士松尾規矩ノ事務員ニシテ昭和五年一月下旬同候補者ノ選擧事務員トナリタルトコロ同辯護士方ニ於テ昭和三年八月頃破産シタル株式會社帝國實業貯蓄銀行京都支店取扱ニ係ル預金者約五六千名ノ依賴ヲ受ケ破産管財事務所ニ對スル預金債券屆出等ノ事務ヲ處理シ來リ昭和四年七月頃約一割ニ當ル第一回配當ヲ了シタルカ被告人ニ於テ昭和五年二月頃第二回ノ配當アルヘキコトヲ察知シタルヨリ同月初旬頃前記候補者ヲシテ當選ヲ得シムル目的ヲ以テ「御報告」ト題シ其ノ前段ニ松尾規矩方ニ於テ大イニ盡力シタル結果近日第二回ノ配當アルヘキ狀況ニ至リタルカ其ノ配當ノ時及率ニ付テハ目

下照會中ナル故決定次第報告致ス旨記載シテ配當率ノ幾分ニテモ多カランコトヲ熱望セル預金者ノ心理ヲ捉ヘ其ノ率ノ決定等ニ關シ現ニ盡力シ居リ尙將來ニ於テモ同樣ナルヘキコトヲ暗示シ其ノ後段ニ於テ松尾候補者ニ同情ト後援トヲ與ヘラレタキ旨記載シタル文書約四千枚ヲ印刷シ其ノ頃犯意ヲ繼續シテ之ヲ京都市松原富小路上ル同候補ノ選擧事務所ヨリ選擧人ニシテ前記預金者ナル同市中京區姉小路通東洞院東入箸屋町井上政次郎、大橋庄一外數千名ニ宛テ各郵送シ同人等ニ之ヲ到達セシメ以テ前記破產銀行ニ預金債權ヲ有スル選擧人ノ特殊直接ノ利害關係ヲ利用シテ之ヲ誘導シタルモノナリ

原判決ハ衆議院議員選擧法第百十二條第二號ヲ不當ニ適用シタル違法アリ原判決ハ第一點所掲ノ認定事實ニ對シ衆議院議員選擧法第百十二條第二號ヲ適用スレトモ一、同號ニ所謂利害關係トハ選擧人(其ノ他同條所定ノ主體)ノ爲ニ特種ノ利害關係ナラサルコトハ御院判例ノ示ス所ナリ然ルニ判示報告ノ預金者ハ獨リ選擧人ノミナラス全然選擧權ヲ有セサル婦人アリ又選擧區域外ノ者アリ卽チ選擧人ハ報告事務ノ利害關係者ノ一小部分ニ過キサルカ故ニ之レヲ利害關係其ノモノヨリ見ルトキハ一般的利害關係ヲ示シタルモノニシテ選擧人ニ特殊ノ利害關係ヲ示シタルモノニアラス故ニ判示法條ノ適用ハ違法ナリ　二、同號ノ利害關係ハ發生可能ノモノナラサルヘカラサルコトハ御院判例ノ示ス所ナリ然ルニ(イ)判示報告書カ暗ニ示スト稱セラルル所ノ利益卽チ將來ニ於テモ配當ノ時期及率ニ付テ盡力スヘキコトノ利益ナルモノハ破產主任官ト破產管財人ノ努力ニ待ツヘキ事項ニシテ債權屆出代理人タル辯護士トシテハ實ハ施スニ術ナク加フルニ機會ナク只其ノ進行經過ヲ聽テ喜憂スルニ止リ此間何等盡力ノ餘地ナキモノナルコト

要旨

ハ破産法ノ規定ニ徴シ明白一點ノ疑ヲ容レサル所ナリ故ニ此ノ意味ニ於テ本件上告人ノ所謂暗ニ示スト稱セラレル利益ハ發生不可能ノコトニ屬ス（ロ）假リニ破産法上届出代理人ニ於テ關與盡力ノ餘地アリトスルモ汧ハ報告者松尾規矩カ辯護士トシテ當然行フヘキ義務事項ニ屬シ同人ヲ議員トスルコトニ因リテ特ニ發生スヘキ筋合ノ便宜ニアラス故ニ此ノ報告書ヲ解シテ强テ選擧運動ニ比附引援セムトスルモ因テ以テ發生スヘキ利益ナルモノナク利益ハ選擧ノ結果ニ關係ナク破産法上業ニ既ニ存在シ此ノ既存利益以外更ニ格段ノ利益ヲ發生セシムルコトハ不可能ノコトニ屬ス以上（イ）（ロ）何レノ理由ニ依ルモ判例ニ所謂發生可能ノ利益關係ヲ以テ誘導シタルモノナラサルカ故ニ判示法條ノ適用ハ違法ナリト云フニ在レトモ「一、破産債權者ハ破産財團ヨリ受クヘキ配當率ノ高低ニ付特殊ノ直接利害ヲ有スルコト言ヲ俟タサル所ナレハ縱令所論ノ如ク破産債權者中ニハ選擧人タル者ト否ラサル者トヲ包含スルモノトスルモ議員候補者ヲシテ當選ヲ得シムル目的ヲ以テ其ノ選擧人タル者ニ對シ右利害關係ヲ利用シ之ヲ誘導スルニ於テハ衆議院議員選擧法第百十二條第二號ノ犯罪成立スヘク　二、所論ノ配當ハ破産管財人ニ於テ之ヲ爲スヘキコト勿論ナリト雖破産債權者ハ破産法第二百六十一條及第二百六十四條等ノ規定ニ依リ破産管財人ノ定ムル配當ニ付自己ノ利益ヲ擁護シ得ルコト明白ナレハ破産債權者ニ代リ債權届出等ノ事務ヲ處理スル辯護士ハ事宜ニ從ヒ前掲權利ヲ行使スレハ勿論或ハ事實上諸般ノ盡力ヲ爲シテ配當ニ付破産債權者ノ利益ヲ圖ルニ妨ナシ而シテ其ノ利益ノ具體的ニ實現スルト否ト又之ヲ實現スルニ付議員候補者自ラ其ノ權能ヲ有スルト否トヲ問ハス苟モ選擧人タル破産債權者ヲシテ候補者ノ盡力ニ依リ配當率ニ付自己ニ有利ナル結果ヲ招來スルモノト感セシムルニ因テ其ノ選擧人ノ意思ヲ動カシ得ヘキ暗示ヲ與フルニ於テハ前示法條ニ所謂特殊ノ直接利害關係ヲ利用シテ選擧人ヲ誘導シタルモノニ該當スヘシ又衆議院議員選擧法第百十二條第二號ニ所謂利害關係ノ內容ハ上示ノ如ク議員候補者カ議員トナリタル場合ニ於テノミ特ニ發生實現セシメ得ヘキモノタルト否トニ關セサル法意ナルカ故ニ所論ノ如ク判示利害關係ノ內容ヲ發生セシムルコトハ議員候補者松尾規矩カ辯護士タル資格ニ於テノミ實現シ得ヘキ事項ナリトスルモ之レアルカ爲メニ本件犯罪ノ成立ニ消長ヲ來スヘキモノニ非ス」然レハ原判決カ證據ニ憑リ認定シタル判示事實ヲ衆議院議員選擧法第百十二條第二號ニ問擬シタルハ相當ニシテ論旨ハ其ノ理由ナシ

第三點原判決ハ刑法第三十五條ヲ不當ニ適用セサル違法アリ上告人カ松尾規矩ノ事務員ニシテ松尾規矩カ辯護士ナルコトハ原判決ノ判示スル所ナリ然ラハ判示報告ハ刑法第三十五條ニ所謂業務上正當ノ行爲ニシテ當然違法ヲ阻却ス今若シ辯護士カ法廷內ノ辯論ニ於テ偶々在廷ノ傍聽者ヲ喜ハシムル事項アリ而シテ傍聽者中選擧人ヲ包含シタルトキ尙且之レヲ利害關係ノ誘導ナリトシテ問擬スルノ勇氣アリヤ又若シ上告人ニシテ別個ノ封筒ト文書ヲ以テ辯護士トシテノ報告書ヲ發シ又候補者トシテノ依賴狀ヲ發シタルトキ尙且此ノ間ニ特種利益ノ暗示誘導アリトスルノ勇氣アリヤ若シ斯クノ如クンハ辯護士ニシテ立候補スル者ハ或期間遂ニ事務報告ヲ爲ス能ハサルニ至ルヘク斯ノ如キハ辯護士一般ノ問題ニシテ一上告人ノ私事不幸事トシテ閑却スヘキニアラス蓋シ本件ハ巧妙ナル機會ノ利用アルノミニシテ文書ノ內容トシテノ提供誘導アルニアラス故ニ同一事例ニ對シ曾テ同一檢事局ニ於テ不問ニ付シタル事例アルコトハ原

審判理ニ現レ居ル所ニシテ之レ即チ正解ナリ否寧ロ費用節約ヲ本旨トスル選擧法ノ根本精神上嘉賞スルコソ事宜ニ適シ强テ違反視スヘク比附引援スルハ決シテ公平ノ解釋ニアラス然ルニ原判決カ一面ニ於テ第二點所論ノ如ク選擧法ヲ不當ニ適用シタル違法アルト同時ニ却テ適用スヘキ刑法第三十五條ヲ不當ニ適用セサルハ是亦違法タルヲ免レス前記ノ趣意ニ依リ御院ニ於テ原判決ヲ破毀セラレ事實審理ノ上被告人ニ對シ適正ナル御判決ヲ賜ハランコトヲ伏テ奉懇願候也ト云フニ在レトモ「刑法第三十五條ニ所謂正當ナル業務ニ因ル行爲トハ法令ノ定ムル所、慣習ノ認ムル所又ハ條理ノ命スル所ニ從ヒ正當ナル業務ノ執行ト認メラルヘキ行爲ヲ指稱ス而シテ辯護士カ單ニ其ノ事務報告ヲ爲スハ職務上正當ナル行爲ナレトモ苟モ之ニ依リ特定ノ議員候補者ヲシテ當選ヲ得シムル目的ヲ以テ特殊ノ直接利害關係アル事項ヲ利用シテ該議員候補者ニ投票スヘク選擧人ヲ誘導スルカ如キハ選擧ノ公正ヲ害スルニ至ルヘク之ヲ正當ナル業務行爲ナリト謂フヲ得ス」原判決カ判示事實ニ付刑法第三十五條ヲ適用セサルハ相當ニシテ論旨ハ其ノ理由ナシ

要旨　直接地方的利害關係ノ利用

三一　内閣ノ施政方針タル交通政策トシテ自動車道路ヲ敷設スル事項ト特殊直接ノ利害關係

（昭和五年(れ)第一一八三號衆議院議員選擧違反事件
昭和六年二月二十八日大審院第三刑事部言渡）

廣島地方裁判所檢事正吉森幹技上告趣旨書原審ニ於テハ公訴事實ナル「被告人ハ昭和五年二月二十日施行セラレタル衆議院議員選擧ニ付廣島縣第二區ヨリ立候補シタル山道襄一ノ選擧委員ナル處同年二月十

一日同縣豐田郡戸野村字下戸野尋常高等小學校及同郡乃美村字乃美劇場胡座ニ於テ開催セラレタル右山道襄一候補ノ選擧應援演說會ニ於テ同人ニ當選ヲ得シムル目的ヲ以テ多數選擧人ヲ交ヘタル聽衆ニ對シ現內閣カ成立シ江木鐵相ノ發案ニ依ル現內閣施政方針トシテ自動車道路網ヲ全國ニ敷イテ道路ヲ改修シ自動車ヲ通セハ鐵道以外ニ一般人カ非常ノ利益ヲ贏チ得ルノテ自動車道路ヲ全國ニ敷ク計畫ヲ樹テラレタト言フコトヲ新聞紙上テ見タ其處テ夫レナラハ當然廣島縣トシテ此ノ地方ヘハ其ノ自動車道路網ニ編入セラルヘキカ又ハ編入セラレタイト言フコトテ關係町村長ト協議ノ結果運動ノ爲ニ自分ハ同村長等ト上京シタ處カ政府ノ方針ト意見ト同シフシタ譯カ全國八十四線ノ內ニ縣下賀茂郡竹原町双三郡吉舍町間（延長約四十哩）ノ自動車道路カ編入セラレタ處カ其ノ後又新聞紙上ニ依レハ一時ニ着手スルコトハ絕對ニ出來ナイ其ノ編入中ノ幾部ノモノヲ前ニ工事ヲ進ムルト言フコトノ記載アルコトヲ見タカラ再度町村長連中ト同行シ是非初發ノ工事ニシテ右竹原吉舍間ノ自動車道路網ヲ編人シテ頂キ度旨上京シテ出願シタ結果昭和五年中ニ工事ニ着手スル線カ全國ニ五線アル內ニ編入セラレタ譯テアル然ルニ民政黨カ少數黨テ總テノ方策カ出來ヌ爲過般議會カ解散ニナリシカ此度總選擧ノ結果依然トシテ民政黨カ少數ノ場合ハ當然內閣ヲ抛チ出サナケレハナラナイカラ右竹原吉舍間ノ自動車道路網ノ計畫モ握リ潰シニナルコトハ疑ナイト思フニ就テハ皆樣ハ何卒民政黨ニ御願スル左樣ナ都合テ私ハ從來此地方カラ永ク立テ居ラルル人格高潔識見豐富ノ山道候補ヲ御推薦申上ル云々怎ウカ皆樣ノ清キ尊キ御一票ハ是非共山道候補ニ御投票ヲ御願スルト演述シ以テ特殊ノ直接利害關係ヲ利用シテ誘導シタルモノナリ」トノ案件ニ對シ罪ト

ナラストシ無罪ノ言渡ヲ爲シ其ノ理由トシテ本件被告ノ演說シタリトスル現內閣ノ施政方針トシテ自動車道路網ヲ全國ニ敷キ鐵道以外ニ一般人ノ利益ヲ增進セシメン爲全國ニ八十四線ヲ豫定シ該豫定線中ニ廣島縣加茂郡竹原町双三郡吉舍町（延長約四十哩）ノ自動車道路カ編入セラレアルコトハ公知ノ事實ナリ然ラハ右竹原吉舍間ノ自動車道路ノ實現セラルルニ於テハ延テ當該地方ニ對シ利害ノ影響ヲ及ホスコト勿論ナリト雖該道路ノ實現ヲ期スルハ畢竟現內閣ノ施政方針タル前示交通政策ノ實現ヲ期セントスルニ外ナラサレハ被告カ山道候補ニ投票ヲ得シムル目的ヲ以テ應援演說中ニ該事項ヲ加ヘ右公訴事實記載ノ如ク選擧人ニ對シ投票ヲ勸誘シタリトスルモ該行爲ハ選擧ノ公正ヲ紊ルモノニ非サルヲ以テ衆議院議員選擧法第百十二條第二號ノ罪ヲ構成スヘキモノニ非スト論斷スルヲ正當トスト說明スレトモ同條第二號ニ所謂利害關係ニ就テハ法律上何等制限ナケレハ苟モ選擧人ノ關係アル市町村ノ爲既ニ生シ又ハ將來生シ得ヘキ特種ノ直接利害關係ナル以上選擧ニ關シ之ヲ利用シテ選擧人ヲ誘導シタル者アル時ハ同條ノ違反トシテ處罰シ得ヘク其ノ事項カ假令其ノ當時ニ於ケル內閣ノ施政方針タル交通政策ノ實現ヲ期スルト否トヲ問ハサルモノト謂ハサルヘカラス而シテ前記竹原吉舍間ノ自動車道路網敷設カ既定方針タル國家政策ノ一端ニ屬シ其ノ達成ニヨリテ一般交通上利スル處アルモ之カ爲主トシテ利害關係ヲ感スルハ右特定ノ一地方ナレハ其ノ地方ノ選擧民ニ對シ同道路網速成ノ爲候補者ニ投票ヲ依賴スレハ既ニ國家一般ノ政策ヲ離レテ其ノ候補者ニ屬スル選擧區ニ特種ノ直接利害關係ヲ利用シ選擧民ヲ誘導シタルモノナレハ同法條ニ該當スルコトス洵ニ明白ナリト如之當時被告ハ選擧民ニ對シ總選擧ノ結果依然民政黨少數ノ場合ハ

要旨

同自動車道路網ノ實現ヲ期シ難キ旨告ケ同黨ニ援助ヲ求メ且永ク同黨候補者トシテ立候補セル山道襄一ニ投票方ヲ誘導シタルモノニシテ本件自動車道路網カ如何ニ山道候補ノ選擧區內ニ於ケル竹原吉舍兩町及其ノ自動車通過沿道タル前記戶野村及乃美村ノ住民ニ緊切利害關係ヲ有シ多年其ノ實現ヲ期待シ居リシヤヲ窺フニ足ルヘク其ノ偶々一般交通政策ニ交渉アリトノ理由ヲ以テ國家又ハ府縣ノ同政策問題ニシテ地方ニ於ケル特種直接ノ利害關係ニ該當セスト論斷スルヲ得ス以上ノ理由ナルヲ以テ原裁判所カ本件公訴事實ニ對シ衆議院議員選擧法第百十二條第二號ノ罪ヲ構成スヘキニ非ストシ無罪ノ言渡ヲ爲シタルハ法律ノ解釋ヲ誤リ擬律錯誤ノ違法アル判決ナリト思料候條原判決ヲ破毀シ更ニ相當判決相成度ト言フニ在リ案スルニ「衆議院議員候補者ニ投票ヲ得シムル目的ヲ以テ推薦演說ヲ爲シ其ノ演說中ニ於テ候補者ノ主義政見ヲ發表スル場合ニ其ノ事項カ之ヲ客觀的ニ觀察シテ直接ニ國家ノ政策ニ關スルモノナルトキハ假令間接ニ地方ノ特種利害ニ影響ヲ及ホスコトアリトスルモ衆議院議員選擧法違反ヲ以テ問擬スヘキニ非ス之ニ反シテ其ノ事項カ直接ニ地方的利害ニ關スルモノナルトキハ假令間接ニ國家全般ノ利害ニ影響スルモノナリトスルモ同法第百十二條第二號ニ所謂特殊ノ直接利害關係ヲ利用シテ選擧人又ハ選擧運動者ヲ誘導シタルモノニ該當ス」記錄ヲ查スルニ原審ハ公判請求書記載ノ公訴事實ニ依リ被告人ノ爲シタル推薦演說ノ趣旨ヲ以テ同法第百十二條第二號ニ所謂選擧人ハ選擧運動者ニ對シ其ノ特殊ノ直接利害關係ヲ利用シテ誘導ヲ爲シタルモノト解シ難シトナシ證據ニ依リ事實ヲ確定スルコトナクシテ直ニ無罪ノ言渡ヲ爲シタルモ該演說ノ趣旨ハ必スシモ右ノ規定ニ違反セスト速斷スルヲ得サルヲ以テ原判決ハ理

由不備ノ違法アルモノニシテ此ノ違法ハ判決ニ影響ヲ及ホスコト明カナルヲ以テ結局上告ハ理由アリ

終了後ナルト否トヲ問ハス

三二　選擧終了後ニ選擧運動者タリシ者ニ報酬ヲ供與スル行爲ト第百十二條第三號ノ犯罪ノ構成

（昭和五年(れ)第五五〇號市會議員選擧罰則違反事件
昭和五年五月二十二日大審院第五刑事部言渡）

原判決ハ其ノ事實理由中「第一、被告人敏志ハ被告人吉哉同賢三郎カ中西候補者ノ爲ニ選擧運動ヲ爲シタルコトノ報酬トナス目的ヲ以テ曩ニ右兩名カ鈴木スミ方ニ於テ遊興ヲ爲シタル未拂遊興費ヲ兩名ニ代リテ支拂ヲ爲スコトヲ引受ケ昭和四年四月二十六日右吉哉ニ其ノ一部トシテ金三百圓ヲ交付シ右スミ方ニ於テ之ヲ支拂ハシメ以テ吉哉及賢三郎ニ對シ財産上ノ利益ヲ供與シ第二、被告人吉哉及同賢三郎ハ被告人敏志カ前示ノ趣旨ニテ右遊興費ノ引受ヲ爲スノ情ヲ知リナカラ其ノ引受ヲ爲サシメ以テ財産上利益ノ供與ヲ受ケ」ト判示シ右所爲ニ對シテ市制第四十條衆議院議員選擧法第百十二條第三號（敏志ニ對シ）同第四號（吉哉賢郎ニ對シ）ヲ適用處斷シタリ然レトモ衆議院議員選擧法第百十二條第三號第四號ノ犯罪ノ成立ニハ其ノ被供與者ハ選擧運動者（又ハ選擧人）タルコトヲ要ス而シテ當該選擧終了後ニ於テハ選擧運動者ナルモノ存在スヘキ筈ナキヲ以テ假令選擧終了後ニ於テ其ノ運動者タリシ者ニ對シ同條所定ノ利益ノ供與等ヲ爲シタリトテ同條ノ犯罪ノ成立ヲ見ルヘキ謂ナシ或ハ說ヲ爲スモノアラン若シ右ノ如ク解スルニ於テハ選擧中供與ノ約束アリ而シテ選擧終了ノ後ニ於テ利益ノ授受ヲ爲ス者續出スヘク斯クテハ同條ノ目的ヲ達スルヲ得サルニ至ルヘシト然レトモ論者ノ言ノ如キハ一ノ杞憂ニ過キス何トナレハ衆議院議員選擧法第百十二條ハ嘗ニ利益ノ現實ノ供與ノミヲ罰スルニアラスシテ其ノ申込要求約束アリタルノミヲ以テ之ヲ罰スル旨規定スルヲ以テ選擧運動者トノ間右ノ如キ約束ヲ爲シ而シテ選擧後ニ於テ其ノ運動者タリシ者トノ間ニ現實ノ供與アリトセハ其ノ申込要求又ハ約束ノ點ニ於テ所罰スルヲ得ヘキヲ以テナリ却テ選擧運動中何等右ノ如キ約束ナク選擧終了シ議員ノ當落決定シタル後ニ於テ選擧運動者タリシ者ニ對シテ其ノ勞ヲ犒フカ爲メ饗應其ノ他利益ノ供與ヲ爲シタリトテ何等當該選擧ノ公正ヲ害スルノ虞全ク之アルコトナク之ヲ罰スヘキ何等ノ理由ナキモノナリ加之(一)右衆議院議員選擧法第百十二條ニ該當スヘキ舊衆議院議員選擧法第八十七條ニハ明ニ選擧ノ前後ヲ問ハス右ノ各號ニ該當スル所爲アルモノ云々トアリシヲ改正シテ其ノ「選擧ノ前後ハ問ハス」ナル字句ヲ削除シテ以テ現行法ノ正文トナレル點ニ照ラシ(二)且現行法第百十三條ニハ「議員候補者タルコト若ハ議員候補者タラントスルコトヲ止メタルコト當選ヲ辭シタルコト又ハ其ノ周旋勸誘ヲ爲シタルコトノ報酬ト爲ス目的ヲ以テ議員候補者タリシ者議員候補者タラントスル者又ハ當選人タリシ者ニ對シ第百十二條第一號ニ掲クル行爲ヲ爲シタルトキハ之ヲ處罰スヘキ旨ヲ規定シ斯ク用意周到ニ「議員候補者ト議員候補者タリシ者」當選人ト當選人タリシ者トヲ區別セル現行法中「選擧運動者」トアル文字中ニハ「選擧運動者タリシ者」ヲモ包含ストハ解スヘカラサル點ニ覈フルトキハ衆議院議員選擧法第百十二條第三號(第四號)ハ選擧終了後卽チ運動者カ選擧運動者タル資格ヲ失ヒタル後ニ於ケル所爲ニハ關セサルモノト解セサルヘカラサルモノトス果シテ然ラハ原判決カ本件選擧終了後(本件ノ選擧ハ昭和四年三月十六日)同年四月二十六日(原判決ノ

要旨

判示スル處ニヨレハ）選擧運動者タリシ被告人吉哉及賢三郎ニ對シテ假ニ被告人敏志カ判示利益ヲ供與シタル事實アリ吉哉賢三郎カ之ヲ受ケタル事實アリトスルモ前示法條ニ該當セサルモノナルニ拘ハラス原判決カ上告人等ノ所爲ニ對シ前示法條ヲ適用シテ有罪ノ言渡ヲ爲シタルハ違法ニシテ破毀ヲ免カレサルモノト信スト云フニ在レトモ所論衆議院議員選擧法第百十二條第三號ハ選擧投票函閉鎖ニ至ルマテノ投票又ハ選擧運動ヲ爲シタル選擧人又ハ選擧運動者ニ對シ報酬ヲ與フル行爲ヲ處罰スル規定ナルコト文理上極メテ明白ナリ而シテ投票函閉鎖間際ニ至ルマテノ投票又ハ選擧運動ヲ爲シタル者ニ對スル報酬供與ノ行爲ハ場合ニ依リ投票函閉鎖後ニモ行ハルルコトアリ得ヘキカ故ニ該規定ハ所謂選擧終了後ナルト否トヲ問ハス選擧人タリシ者又ハ選擧運動者タリシ者ニ對シ報酬ヲ供與スル行爲ヲモ處罰スル法意ヲ有スルモノト解スヘク從テ同法第百十三條第二號ノ如キ過去ノ行爲ノミニ對スル報酬ヲ供與スル行爲ヲ處罰スル目的ヲ以テ議員候補者タリシ者議員候補者タラントシタル者又ハ當選人タリシ者ト規定シタルモノト對照シ前揭「第百十二條第三號規定ノ選擧人又ハ選擧運動者中ニハ選擧人タリシ者又ハ選擧運動者タリシ者ヲ包含セスト解スルコトヲ得サルモノトス若シ右第百十二條第三號ノ規定ハ選擧ニ際シ投票ヲ爲シ又ハ選擧運動ヲ爲シタル者ニ對シ選擧終了後ニ報酬ヲ供與スル行爲ニ對シ適用ナキモノト解センカ報酬ノ豫約ハナキモ選擧終了後ニ於ケル報酬ヲ豫期シテ投票又ハ選擧運動ヲ爲ス者ヲ生シ之亦選擧ノ公正ヲ害スルニ至ル虞アルヲ免レサルヲ以テ右第百十二條第三號ニ規定スル選擧人又ハ選擧運動者中ニハ投票ヲ爲シタル者又ハ選擧運動ヲ爲シタル者ヲモ包含スヘク從テ同號ノ此等ノ者ニ對スル報酬ノ供與カ

必要ナル法條ノ適用ニ缺クル所ナケレハ第三號ノ掲記ナキモ違法ニ非ス

選擧終了後ナルト否トヲ問ハス之ヲ處罰スルモノト解釋スルヲ相當トス」然レハ原判決カ本件議員選擧終了後ニ於テ被告人敏志カ被告人吉哉及賢三郎ノ選擧運動行爲ニ對スル報酬トシテ財産上ノ利益ヲ供與シタル行爲及被告人吉哉及賢三郎カ選擧運動ノ報酬トシテ被告人敏志ヨリ右利益ノ供與ヲ受ケタル行爲ヲ右第百十二條第三號ニ問擬處斷シタルハ相當ニシテ論旨理由ナシ

三三　判示事實カ第百十二條第一號及第三號ニ該當スル場合ニ於ケル擬律

（昭和五年(れ)第九五〇號衆議院議員選擧法違反事件
昭和五年七月二十一日大審院第五刑事部言渡）

第二點原判決ニ於テハ被告等ノ所爲ノ中選擧運動ヲ爲スコトノ報酬トシテ金錢ノ供與ヲ受ケタルコトヲモ認定セントスルモノナリ獨リ判決ノ事實認定ノ部分ニ選擇的言辭ヲ以テ之ヲ示スノミナラス證據ノ部分ヲ讀ムモ或ハ「判示ノ金錢ヲ投票及運動ノ報酬トシテ貰ヒ受ケタル旨ノ供述」ヲ證據ニ引用シ又「他ニモ佐伯ノ爲メ投票シテクレル樣運動シテ貰ヒタイト云フ考テ右金錢ヲ呉レタモノト思ヒマス」等ノ語句ヲ證據トシテ引用セリ然ルニ此ノ行爲ヲ處罰スルタメニハ衆議院議員選擧法第百十二條第四號及第三號ヲ引用セサルヘカラス然ルニ原判決ハ右第百十二條第四號第一號ヲ引用處斷スルノミ同條第四號第一號ヲ引用シタルノミニテハ以テ選擧運動依頼ノ爲メニスル金錢ノ供與ヲ受ケタル場合ノ法律適用ヲ爲シタリト謂フヘカラス前ニモ引用シタル如ク有罪ノ判決ヲ爲スニハ事實ノ認定及證據理由ノ外法令ノ適用ヲ示ササルヘカラサルニ拘ラス原判決ハ之カ適用ヲ示ササルモノナルヲ以テ此ノ點ヨリスルモ原判決ハ

違法ノ判決ナルコト明ナリト謂フニ在リテ原判決ハ被告人等ハ昭和五年二月二十日施行ノ衆議院議員選擧ニ際シ選擧權ヲ有スルモ法定ノ選擧運動者ニ非サリシトコロ議員候補者佐伯成道ノ爲投票ヲ爲シ若ハ爲シタルコト又ハ選擧運動ヲ爲スコトノ報酬トシテ選擧委員志水潔等ヨリ夫々金圓ノ供與ヲ受ケタリトノ事實ヲ認定シ右ニ對シ衆議院議員選擧法第百十二條第四號第一號ヲ以テ問擬シタルコト所論ノ如シ然レトモ右被告人ノ行爲ハ何レモ同法第百十二條第四號ニ該當シ其ノ中選擧人トシテ投票ヲ爲スノ報酬トシテ豫メ金圓ノ供與ヲ受ケ又ハ法定ノ資格ナキ選擧運動者トシテ選擧運動ヲ爲スノ報酬トシテ豫メ金圓ノ供與ヲ受ケタル行爲ハ同法條ニ所謂同條第一號ノ供與ヲ受ケタルモノニ該リ選擧人トシテ投票ヲ爲シタル報酬トシテ金圓ノ供與ヲ受ケタル行爲ハ同法條ニ所謂同條第三號ノ供與ヲ受ケタルモノニ該ルコト極メテ明瞭ナルヲ以テ原判決カ右行爲ニ對シ同條第四號ヲ適用處斷シタルハ洵ニ相當ナリ論旨ハ選擧運動ヲ爲スコトノ報酬トシテ金錢ノ供與ヲ受クル行爲ヲ以テ同條第四號ニ所謂同條第三號ノ供與ヲ受ケタルモノニ該當スト論スルモ正當ナラス然レトモ原判決ハ右擬律ニ付前記第百十二條第四號ヲ擧クルニ止ラス之ト共ニ同條第一號ヲモ揭クルコト所論ノ如クナルヲ以テ果シテ如何ナル趣旨ニ於テ特ニ右第一號ヲ揭ケタルヤヲ考フルニ原判示事實ニ依レハ原判決ハ被告人等カ投票又ハ當選斡旋ノ報酬トシテ金圓ノ供與ヲ受ケタル事實ヲ判示スレトモ斯ル供與ヲ爲シタリトノ事實ハ毫モ其ノ認定スルトコロニ非サルノミナラス原判決カ前記第百十二條第四號ニ踵イテ同條第一號ヲ揭記シタルニ見ルトキハ右第一號ハ第四號ノ適用ヲ爲スニ付其ノ內容ヲ明確ナラシムル爲ニ揭記セラレタルモノニ係リ別ニ獨立シテ之ヲ適用ス

要旨

實害ノ發生シタルト否トニ拘ラス絕對ニ禁止スヘキモノタリ

ルノ趣旨ニ非サリシモノト解スルヲ相當トスヘク即チ原判決ハ右第一號ヲ揭クルコトニ依リ前記第四號ノ內容ヲ明確ニシ以テ原判決認定事實ノ中投票又ハ選擧運動ノ報酬トシテ豫メ金圓ノ供與ヲ受ケタル行爲ヲ律シタルモノニシテ何等不當ヲ以テ論スヘキニアラス「唯原判決ハ右ノ事實ノ外尙投票ヲ爲シタルコトノ報酬トシテ金圓ノ供與ヲ受ケタル行爲ヲモ認定スルカ故ニ原判決ニシテ既ニ前者ノ行爲ニ付テ右第一號ヲ揭ケタル以上ハ同樣ノ趣旨ニ則リ後者ノ行爲ニ付テモ宜シク同樣第三號ヲ擧ケ以テ事後報酬ノ收受ニ對スル同條第四號ノ適用ヲ明確ニスヘキコト當然ノ筋合ナリト謂フヘキニ拘ラス原判決ハ右第三號ニ付何等擧示スルトコロナキヲ以テ右ハ明ニ前後均衡ヲ得サル譏ヲ免ルル能ハスト雖元來原判示事實ニ對スル處罰法條ハ前記第百十二條第四號ニシテ原判決ノ擬律トシテハ單ニ同法條ヲ揭クルヲ以テ足リ之ニ附加シテ同條第一號又ハ第三號ヲ揭記スル所以ハ右第四號ノ內容ヲ說明スルニ過キス其ノ揭記ナシトスルモ必要ナル法條ノ適用ニ於テ何等缺クルトコロナキカ故ニ原判決カ偶々第三號ヲ揭ケサレハトテ擬律錯誤ノ違法ヲ生スルコトナシ」之ヲ要スルニ原判決ニハ所論ノ如キ瑕瑾アルコトナク論旨ハ理由ナシ

三四　投票前ニ於テ供與者ト當該選擧人トノ間ニ投票ニ關スル何等ノ交涉ナクシテ事後ニ其ノ報酬ヲ受クル行爲ト本條ノ適用（昭和三年(れ)第一四三三號衆議院議員選擧法違反事件　昭和三年十二月八日大審院第三刑事部言渡）

投票ヲ爲シタルコトノ報酬ト爲ス目的ヲ以テ供與セラレタルモノナルコトヲ認識シナカラ選擧人ニ於テ金錢物品其ノ他ノ財產上ノ利益等ヲ受ケタルトキハ衆議院議員選擧法第百十二條第四號ニ該當シ其ノ投

票ノ前ニ於テ供與者ト當該選擧人トノ間ニ投票ノ依賴若ハ其ノ承諾アリタルコト又ハ其ノ投票カ供與者ノ所期スル候補者ニ投セラレタルコトヲ要セサルモノトス「蓋シ同條ノ規定ハ選擧ニ關スル陋弊ヲ廓清シ專ラ其ノ公正ヲ保持スルコトヲ目的トスルモノナレハ縱令事前ニ於テ投票ニ關シ依賴又ハ承諾ノ事實ナク單ニ事後ニ於テ報酬ヲ授受シタルニ止マルトスルモ投票ニ關シテ報酬ヲ授受スルカ如キハ選擧ノ公正ヲ害シ又ハ之ヲ害スヘキ危險ヲ釀成スルコト疑ナキヲ以テ苟モ斯ノ如キ行爲アルニ於テハ之カ爲ニ實害ノ發生シタルト否トニ論ナク絕對ニ之ヲ禁止セルモノト解スヘケレハナリ」從テ前揭行爲カ投票ノ前ニ於テ投票ノ依賴若ハ承諾ナク又其ノ投票カ報酬供與者ノ所期スル候補者ニ投セラレサリシモノトスルモ前顯選擧法規違反ノ罪ヲ構成スルコトヲ妨クヘキモノニ非ス

三五　選擧人又ハ選擧運動者カ投票ノ買收ヲ請負フニ付其ノ對價トシテ金錢ノ供與ヲ要求シタルトキト本條第四號ノ適用

（昭和五年(れ)第一三四五號市會議員選擧罰則違反事件
昭和五年十月十三日大審院第五刑事部言渡）

要旨

本條第四號ニ該當ス

第一點原判決ハ其ノ事實理由ニ於テ被告人ハ昭和五年四月二十七日施行セラレタル丸龜市會議員選擧ニ際シ其ノ選擧人ナリシ處同市地方ヨリ立候補シタル長谷川傳三郎ノ當選ヲ得シムル目的ヲ以テ犯意繼續ノ上第一、同月十一日頃丸龜市地方百八十八番地長谷川傳三郎方ニ到リ同人及其ノ選擧運動者宮田小四郎ニ對シ選擧ノ狀勢ヲ尋ネ當選圏内ニ入ルニハ尙四十票位不足スルコトヲ聞知スルヤ「四十票ヤ五十票足ラヌコトハ心配スルナ俺カ引受ケテ當選サセテヤル然シ金カ要ルゾ」ト告ケ指ニテ圓形ヲ示シ且左手ヲ擴ケ以テ右長谷川ニ對シ金二百圓ノ供與ヲ要求スルノ意思ヲ表示シ第二、同月十二日午前十一時頃前示長谷川ノ推薦者ナル丸龜市地方百々幾太郎方ニ到リ同人ニ對シ金三百圓ヲ出セハ自分ノ手ニテ投票九十票ヲ集メアル故之ヲ全部右長谷川候補者ニ投票セシメ當選セシムル旨ヲ告ケ以テ金三百圓供與ノ要求ヲ爲シ第三、同日午後九時頃肩書居宅表路上ニ於テ前示長谷川ノ選擧事務長太田武市ニ對シ長谷川ノ當選不確實ナラハ自轉車組合ノ投票三十票位アル故金三十圓カ三十五圓ヲ出セハ右三十票ヲ長谷川候補者ニ投票セシメ必ス當選セシムヘキ旨ヲ告ケ以テ金三十圓乃至三十五圓ノ供與ノ要求ヲ爲シタルモノナリ」ト判示シ市制第四十條衆議院議員選擧法第百十二條第四號刑法第五十五條ヲ適用處斷セリ然レトモ凡ソ衆議院議員選擧法第百十二條第四號ニ所謂要求ヲ爲スモノトハ選擧人又ハ選擧運動者ニ限ルヘキモノナルコト同號ニ「第一號若ハ前號ノ供與饗應接待ヲ受ケ若ハ要求シ云々」トアリ同條第一號ニ「當選ヲ得若ハ得シメ又ハ得シメサル目的ヲ以テ選擧人又ハ選擧運動者ニ對シ金錢物品其ノ他ノ財産上ノ利益若ハ公私ノ職務ノ供與其ノ供與ノ申込若ハ約束ヲ爲シ云々」トアルニ徴シ明白ナリ而シテ上告人カ選擧權ヲ有スルコトハ記錄上爭ナキモ原判決カ上告人自身ノ選擧權ニ付投票報酬ヲ要求シタルモノトシテ問擬シタルモノニアラサルコトハ右判文ノ記載全體ヲ通シテ明白ニ之ヲ看取スルコトヲ得ヘシ果シテ然ラハ本件カ選擧違反罪ヲ構成スルカ爲ニハ上告人ハ選擧運動者タラサルヘカラサルニ上告人ハ長谷川候補者ハ選擧事務長選擧委員若クハ選擧事務員ニアラサルハ勿論毫モ現實ノ選擧運動ニ從事シタルコトナク又選擧運動ヲ依賴セラレタルコトスラナキコト長谷川傳三郎檢事聽取書（記錄第六六丁第十行以下）

「前略）四、四月十日過頃宮田小四郎ノ推薦テ私ノ立候補屆ヲ警察署ニ出シ自宅ニ選擧事務所ヲ設置シ選擧事務長太田武市、選擧委員原田伊平太、齋藤乙吉、宮田小四郎、竹森伊三吉、山部長太等カ法定運動者トシテ運動致シマシタ云々」上告人警察聽取書（記錄第三六丁第一行以下）「私ハ丸龜市會議員ノ選擧投票權ヲ持ツテ居マスカ今回行ハレタ當市會議員選擧ニハ誰ノ選擧運動モ致シマセヌ云々」上告人檢事聽取書（記錄第七四丁裏一行以下）「本年四月二十七日施行ノ丸龜市會議員選擧ノ際ニハ投票ニ行キマシタ何レノ選擧運動モ致シマセヌテシタ」等ノ記載ニ徴シ明ナルヲ以テ何レノ點ヨリ見ルモ上告人ヲ選擧運動者ト目スヘカラス而シテ上告人ハ斯カル要求ヲ爲シタルモノニアラサルコト後ニ論スルカ如キモ假ニ然ラストスルモ本件ハ上告人カ選擧運動者ニアラサルヲ以テ要點ニ於テ衆議院議員選擧法第百十二條第四號ニ該當セサルニ拘ラス之ヲ同號ニ問擬シタルハ擬律錯誤ノ違法アリ若シ又原判決ニシテ上告人ヲ選擧運動者ナリトナシタリトセンカ如何ナル事實關係ニ基キ選擧運動者ト爲シタリヤヲ判文ニ明示セサルヘカラサルニ之ヲ爲ササルハ少クトモ理由不備ノ違法アリ或ハ又原判決ニシテ上告人カ選擧權ヲ有スルヨリ選擧人トシテ自己ノ投票報酬ヲ要求シタルモノトナシタリトセンカ原判決ノ記載ニヨリテハ毫モ斯カル主旨ノ見ルヘキモノナシ故ニ要點ニ於テモ理由不備ノ違法アリ故ニ以上何レノ點ヨリスルモ原判決ハ本件成立ノ根本點ニ付瑕疵アルヲ以テ到底破毀ヲ免レサルモノト信スト言フニ在レトモ「選擧人又ハ選擧運動者カ特定ノ候補者ノ當選ヲ得シムル目的ヲ以テ定數ノ投票ノ買收ヲ請負フニ付其ノ對價トシテ金錢ノ供與ヲ要求シタルトキハ衆議院議員選擧法第百十二條第四號ニ該當スル犯罪ヲ構成スルモノトス」

要旨

原判決ノ認定シタル事實及其ノ證據說明ニ依レハ要スルニ被告人ハ選擧人ナル處候補者長谷川傳三郎ノ當選ヲ得シムル目的ヲ以テ第一、同人及其ノ選擧運動者宮田小四郎ニ對シ四五十票ノ投票買收ヲ引受クル旨ヲ告ケ其ノ費用トシテ金二百圓ノ供與ヲ要求シ第二、右長谷川候補者ノ推薦者百々幾太郎ニ對シ金ヲ出セハ自分カ集メタル九十票ヲ全部同候補者ニ投票セシムル旨ヲ告ケ其ノ費用トシテ金三百圓ノ供與ヲ要求シ第三、右長谷川候補者ノ選擧事務長太田武市ニ對シ金ヲ出セハ自轉車組合ノ投票三十票位ヲ同候補者ニ投票セシムルコトニスル旨ヲ告ケ其ノ費用トシテ金三十圓乃至金三十五圓ノ供與ヲ要求シタルモノニシテ「其ノ趣旨ハ被告人カ長谷川候補者ノ當選ヲ得シムル目的ヲ以テ定數ノ投票買收ヲ請負フニ付其ノ對價トシテ金錢ヲ要求シタルモノニ該當スト解スルヲ相當トスルカ故ニ原判決カ被告人ノ本件行爲ヲ同法第百十二條第四號ニ問擬シ處斷シタルハ相當ニシテ論旨ハ理由ナシ」

要旨

運動ノ報酬トシテ供與シタルモノニ非ルカ故ニ第四號ヲ以テ問擬スヘカラス

三六　選擧運動者ニ投票買收費ヲ寄託スル行爲ト本條第四號ノ適用

（昭和五年(れ)第一五六八號衆議院議員選擧法違反事件
昭和五年十一月十五日大審院第三刑事部言渡）

各被告人辯護人小野寺作上告趣意書原審ハ判決理由不備ノ缺點アルモノトス原審ハ其ノ判決主文ニ於テ「被告仁三郎、源一ヲ各々禁錮一月ニ處ス被告人兩名ヨリ各々金一圓三十四錢ヲ追徵ス」ト說示スレトモ何故ニ各被告ニ付テ各々一圓三十四錢ヲ追徵スルカノ理由ニ至リテハ何等說明スル處ナク漫然只各被告人ヨリ一圓三十四錢ヲ追徵ストノミアリテ辯護人ハ其ノ理由ノ判斷ニ苦ムモノニ候尤モ判決末尾ノ部

要旨

ニ於テ「被告人兩名ノ收受シタル利益ニ付テハ沒收スルコト能ハサルヲ以テ衆議院議員選擧法第百十四條ニ則リ各々其ノ價額金一圓三十四錢ヲ追徵スヘキモノトス」云々ト說明スレトモ是トテ何故ニ原審カ各被告ニ對シ一圓三十四錢テフ金額ノ追徵ヲスヘキヤノ理由ヲ毫モ說明シタルモノニ非ス從テ此ノ點ニ於テ其ノ破毀ヲ免レサルモノト信ス辯護人ハ苟モ判決ニ摘示セラレタル事實ハ之ニ對スル證據ヲ擧ケ次ニ其ノ理由ノ說明ヲ附スヘキカ至當ナリト存スルモノニ候故ニ前述ノ事實ヲ本件上告理由ノ一トナシタル所以ニ候ト云フニアリ仍テ原判決ノ判示事實竝ニ其ノ法律適用ノ部ヲ對照シテ審按スルニ原判決ノ判示シタル趣旨ハ被告人仁三郞ハ選擧有權者ニシテ選擧運動ヲ爲スノ資格ナキニ拘ラス(一)選擧人タル被告人源一外七名ト共謀シ判示部落有權者三十五名ニ對シ判示勸誘ヲ爲シ其ノ投票報酬トシテ各五十錢宛ヲ供與シ(二)右共謀者タル被告人源一外七名ニ對シ右同樣投票報酬トシテ各五十錢宛ヲ供與シ(三)右被告人源一外七名ニ對シ右同樣投票報酬トシテ金七圓六十錢ニ相當スル饗應ヲ爲シ被告人仁三郞モ亦之ニ出席シ(四)上記ノ如ク各選擧人ニ對シ金圓ヲ供與シ且饗應ヲ爲シテ選擧運動ヲ爲シタルモノナリト言フニ在リ尤モ「原判決ハ上記犯行ノ外原判示事實中ニ被告人仁三郞カ買收費トシテ處分ヲ一任セラレテ金三十圓ノ供與ヲ受ケタル旨判示スト雖本院判例ノ示ス所ニ依レハ選擧運動者ニ投票買收費ヲ寄託スルカ如キハ選擧運動者ニ運動ノ報酬トシテ金錢ヲ供與シタルモノト言フヘカラサルヲ以テ右事實ニ付犯罪ノ成立ヲ認ムヘキニ非ス隨テ原判決カ被告人ノ行爲ヲ衆議院議員選擧法第百十二條第四號ヲ以テ問擬シタルハ不當ナリト言フヘシ」且被告人仁三郞カ右受託金額中ヨリ選擧人ニ供與及饗應シテ費用シタル金額

処分一任ノ趣ヲ諒シテ受ケタル以上犯罪成立ス

ヲ控除シ其ノ殘額ニ依リテ投票報酬トシテ供與又ハ饗應ヲ受ケタル事實ハ原判決ノ判示セサル所ナルヲ以テ其ノ殘額ハ右委託金ノ一部トシテ同被告人ノ保管ニ屬スト認メサルヘカラス從テ之ヲ沒收又ハ追徵スヘカラサルヤ論ナシ然ルニ原判決ハ其ノ法律適用ノ部ニ於テ被告人仁三郎ニ對シテ金錢ノ供與ヲ受ケタル行爲ニ付擬律シタリト雖原判示事實中ニハ上記ノ金三十圓ノ收受ヲ除キ他ニ何等金圓收受ノ行爲ニ付判示スル所ナキヲ以テ原判決ハ同被告人ヨリ沒收又ハ追徵ヲ爲スヘキ基礎事實ナシト言ハサルヘカラス然レハ原判決カ同被告人ニ對シ其ノ收受シタル利益ニ付沒收スルコト能ハサル理由トシテ金一圓三十四錢ヲ追徵スヘキ旨判決シタルハ失當ニシテ本論旨ハ其ノ理由アリテ原判決中被告人仁三郎ニ關スル部分ハ破毀ヲ免レサルモノトス次ニ被告人源一ハ判示金五十錢ノ供與ヲ受ケ外七人ニテ金七圓六十錢ニ相當スル判示饗應ヲ受ケ被告人仁三郎モ之ニ出席シタルモノナルコト原判文上明白ナルヲ以テ原判決カ被告人源一ニ對シ其ノ收受シタル利益全部ヲ沒收スルコト能ハサルモノトナシ其ノ價額一圓三十四錢ノ追徵ヲ命シタルハ追徵ノ理由ヲ判示スルモノトシテ缺クル所ナシサレハ原判決ニ所論ノ如キ違法存スルコトナク同被告人ニ關スル論旨ハ理由ナシ

三七　選擧有權者カ投票及運動ノ報酬竝ニ買收費トシテ金圓ノ供與ヲ受ケタル以上當選ヲ得シムル目的ノ有無ト又選擧運動ヲ爲スノ意思ノ有無ト本條第四號ノ犯罪成立

（昭和六年(れ)第三三四號衆議院議員選擧法違反事件
昭和六年四月九日大審院第二刑事部言渡）

各被告人辯護人眞野毅、竹内長政上告趣意書第一點原判決ハ其ノ理由中ニ於テ被告人西尾秀藏ハ昭和五年二月五日德島縣美馬郡貞光町大字貞光字町十一番地被告人阿川利夫居宅ニ於テ同人ヨリ昭和五年二月二十日施行セラレタル衆議院議員總選擧ニ際シ德島縣第二選擧區ヨリ立候補シタル議員候補者眞鍋勝ノ當選ヲ得シムル目的ヲ以テ投票及ヒ選擧運動ヲ依頼セラレ其ノ投票報酬運動報酬及他ノ選擧人ニ供與スヘキ投票報酬トシテ處分ヲ一任シタル趣旨ヲ諒承シ金百五十圓ノ供與ヲ受ケタル事實ヲ犯罪事實トシテ認定シ之ニ對シ衆議院議員選擧法第百十二條第四號ニ該當スルモノトシテ擬律シタリ然レトモ(一)同條第四號ノ金錢受供與ノ犯罪ヲ構成スル爲メニハ只ニ金錢供與者ニ於テ議員候補者ニ當選ヲ得シムル目的ヲ以テ金錢ヲ供與シタル事實ヲ必要トスルノミナラス該金錢ノ供與ヲ受ルタル者ニ於テモ議員候補者ニ當選ヲ得シムル目的ヲ以テ該金錢ノ供與ヲ受クルコトヲ必要トスルモノト云ハサルヘカラス然ルニ原判決ハ單ニ供與者タル阿川利夫カ前記候補者ニ當選ヲ得シムル目的ヲ以テ西尾秀藏ニ對シ前記金錢ノ供與ヲナシタル事實ト西尾秀藏カ之レカ供與ヲ受ケタル事實ヲ認定シタルニ止リ被告人西尾秀藏ニ於テ前記候補者ノ爲メ當選ヲ得シムル目的ヲ有シタルヤ否ヤノ點ニ付テハ何等判示スル所ナシ從テ原判決ノ認定シタル事實ヲ以テ直ニ西尾秀藏ニ對シ同條第四號ノ金錢受供與ノ擬律ヲ爲スハ違法タルヲ免レス次ニ(二)假リニ原判決カ西尾秀藏ノ犯罪事實ニ關シ前記候補者ノ爲メニ當選ヲ得シムル目的ヲ以テ金錢ノ供與ヲ受ケタルモノナリト認定シタルモノトスレハ之全ク虚無ノ證據ニ基キ事實ヲ認定シタルモノナリ蓋シ原判決カ被告人西尾秀藏ノ犯罪事實ニ關シ證據トシテ掲クル(イ)阿川利夫ノ原審公廷ニ於ケル供述(ロ)西尾秀藏ニ對スル豫審第二回訊問調書中第一審判決ニ拔萃記載セル部分（ハ）阿川利夫ニ對スル豫審第四回訊問調書中第一審判決ニ拔萃記載セル部分ヲ詳ニ探求スルニ其ノ何レノ個所ニ於テモ西尾秀藏カ前記候補者ニ當選ヲ得シムル目的ヲ以テ阿川利夫ヨリ金錢ノ供與ヲ受ケタル事實ヲ認定スルニ足ルヘキ記載ヲ發見スルコト能ハス却テ西尾秀藏ハ同人豫審第二回訊問調書ニ依レハ阿川利夫ヨリ半强制的ニ金錢ノ交付ヲ受ケタル當初ヨリ選擧運動ヲナスノ意思ヲ有セサリシ事ハ明白ナルノミナラス實際ニ於テモ毫モ本件選擧運動ニ關與セサリシコトハ明白ニシテ同調書第十一問ニ對スル答トシテ「私ハ前述ノ通リ長ラク大阪市及德島市ニ居リマシタノテ運動スル間カナク誰ニモ投票ヲ依賴シタリ金ヲ遣ツタリシテ居リマセヌ」ト供述シ居ルニ徵シテモ同人カ前記候補者ニ當選ヲ得シムル目的ヲ以テ金錢ノ供與ヲ受ケタルモノニ非サルコトハ疑ヲ容ルル餘地ナシ此點ニ於テ原判決ハ虛無ノ證據ニ基キ犯罪構成ニ必要ナル事實ヲ認定シタル違法アリ從テ原判決ハ破毀ヲ免レスト云ヒ第二點原判決ハ其ノ理由中ニ於テ被告人西尾秀藏ノ犯罪事實ヲ第一點記載ノ如ク認定シタリ然レトモ（一）同人カ被告人阿川利夫ヨリ投票ヲ依賴セラレタル事實及其ノ投票報酬トシテ金錢ノ供與ヲ受ケタル事實竝ニ（二）被告人阿川利夫ヨリ選擧運動ヲ依賴セラレ其ノ趣旨ヲ諒承シテ金錢ノ供與ヲ受ケタル事實ニ付テハ原審カ證據トシテ掲クル第一點記載ノ（イ）（ロ）（ハ）ノ各調書ヲ探究スルモ其ノ何レノ個所ニ於テモ前記事實ヲ認定スルニ足ルヘキ記載ヲ發見スルコトヲ得ス却テ西尾秀藏ハ同人第二回豫審訊問調書ニ依レハ阿川利夫ヨリ半强制的ニ金錢ノ交付ヲ受ケタル當初ヨリ選擧運動ヲ爲スノ意思ヲ有セス且之ヲ諒承セサリシコトハ明白ナルノミナラス實際ニ於テモ毫

要旨

モ本件選擧運動ニ關與セサリシモノナリ此點ニ於テ原判決ハ虚無ノ證據ニ基キ犯罪構成ニ必要ナル事實ヲ認定シタル違法アリ從テ原判決ハ破毀ヲ免レスト云フニ在レトモ「苟モ選擧有權者ニシテ法定ノ選擧運動者ニアラサル者カ議員候補者ノ當選ヲ得シムル目的ヲ有スル者ヨリ投票及選擧運動ヲ依頼セラレ其ノ投票報酬運動報酬及他ノ選擧人ニ供與スヘキ投票報酬トシテ處分ヲ一任シタル趣旨ヲ諒シ金圓ノ供與ヲ受ケタル以上ハ其ノ受ケタル者ニ於テ議員候補者ニ當選ヲ得シムル目的ヲ有スルト否ト又眞實選擧運動ヲ爲スノ意思アルト否トヲ問ハス衆議院議員選擧法第百十二條第四號ノ犯罪成立スルモノトス」原判決ノ認定シタル事實ニ依レハ被告人秀藏ハ德島縣第二選擧區ニ於ケル選擧人タリシモ法定ノ選擧運動者タル資格ヲ有セサリシモノナル處被告人利夫カ衆議院議員候補者眞鍋勝ニ當選ヲ得シムル目的ヲ以テ秀藏ニ對シ投票及選擧運動ヲ依頼シ其ノ投票報酬運動報酬及他ノ選擧人ニ供與スヘキ投票報酬トシテ處分ヲ一任シタルノ趣旨ヲ諒シ金百五十圓ノ供與ヲ受ケタルモノニシテ該事實ハ原判決援用ノ證據ニ依リ優ニ之ヲ認ムルヲ得ヘキヲ以テ論旨ハ理由ナシ

三八　犯罪構成要件ノ説示ト證據ノ擧示

（昭和六年(れ)第八二三號衆議院議員選擧法違反事件
昭和六年九月九日大審院第三刑事部言渡）

犯罪構成ニ影響ナキ事實ニ付テハ證據ヲ擧示スルノ必要ナシ

要旨

「衆議院議員選擧法第百十二條第四號ノ犯罪ニ於テ金錢ノ供與ヲ爲シタル者カ選擧委員ナルコト及其ノ供與ノ場所カ選擧事務所ナルコトハ其ノ構成ニ影響ナク而シテ犯罪ノ構成ニ屬セサル事實ニ付テハ必シモ之カ證據ヲ擧示スルノ要ナキヲ以テ原判決ニ於テ金錢ノ供與者カ選擧委員ノ資格ヲ有シ其ノ供與シタ

立替金ニ對スル辨濟ナルノ故ヲ以テ犯罪ノ成立ヲ妨ケス

要旨

適用アリ

ル場所カ選擧事務所ナル事實ヲ説示シナカラ之カ證據ヲ擧示セサルモ之ヲ以テ所論ノ如キ違法アリト論スルヲ得ス」論旨ハ理由ナシ

三九 投票ヲ買收シ其ノ立替ノ辨濟ヲ受クル行爲ト本條第四號ノ適用

（昭和六年(れ)第八三二號衆議院議員選擧法違反事件
昭和六年十月三十一日大審院第三刑事部言渡）

判決ニ於テモ右立替支辨ヲ認メ乍ラ右金額ヲ控除セスシテ藤藤十郎ヨリ受取リタル金額ヲ以テ全部右犯罪タル收受ト斷定セルハ不法ナリト云フニ在レトモ原判決引用ノ證據ニ依レハ「所論金五百圓カ被告人勝次ニ於テ横山雄偉ノ立候補ヲ豫想シ其ノ當選ヲ得シムル目的ヲ以テ立替支辨シタル投票買收費ノ辨濟トシテ藤藤十郎ヨリ供與セラレタルモノナルコト明白ナル以上衆議院議員選擧法第百十二條第四號ノ犯罪ヲ構成スルヤ勿論ニシテ立替金ニ對スル辨濟ナルノ故ヲ以テ犯罪ノ成立ヲ阻却スルモノト謂フヘカラス」

四〇 選擧運動ノ周旋勸誘行爲以外ノ敎唆又ハ幫助ノ行爲ト刑法第六十一條第六十二條ノ適用

（昭和六年(れ)第一一五七號衆議院議員選擧法違反事件
昭和六年十一月十九日大審院第一刑事部言渡）

衆議院議員選擧法第百十二條第五號ニ於テ前各號ニ揭クル行爲ニ關シ周旋又ハ勸誘ヲ爲シタルトキト規定シ同條第一號乃至第四號ノ行爲ノ敎唆又ハ幫助ニ該ルヘキ周旋勸誘行爲ヲ特ニ揭クル所以ノモノハ右周旋勸誘行爲ノ選擧場裡ニ及ホス害惡ノ特ニ大ナルニ鑑ミ正犯ノ成立スルト否トニ拘ラス右周旋勸誘ノ

要旨

故ヲ以テ直ニ之ヲ所罰スルノ趣旨ヲ明ニシタルモノナルカ故ニ右「周旋勸誘ニ關スル規定アルノ故ヲ以テ右以外ノ教唆又ハ幇助行爲ニ付刑法第六十一條第六十二條ノ適用ナキモノト爲スヲ得ス右ニ對シテハ當然刑法第六十一條第六十二條ノ適用アルモノトス」所論ノ點ニ付原判決ノ認定シタルトコロハ被告人熊治郎ハ議員候補者上田孝吉ニ當選ヲ得シムル目的ヲ以テ被告人金藏カ同一ノ目的ヲ以テ被告人市松ニ對シ同人ノ選擧運動ニ對スル報酬トシテ供與スルノ情ヲ知リナカラ櫻ノ宮選擧事務所ニ於テ金百圓ヲ被告人金藏ニ交付シ以テ同人ノ右金錢供與行爲ヲ容易ナラシメ之ヲ幇助シ被告人金藏ハ右ノ趣旨ニ於テ右金百圓ヲ被告人市松ニ供與シタリト謂フニアルヲ以テ原判決カ右行爲ヲ衆議院議員選擧法第百十二條第五號ニ該ラサルモノトシ同條第一號ノ從犯ナリト認メタルハ正當ニシテ論旨ハ理由ナシ

第百十四條

支拂ノ事實ハ犯罪ノ成否ニ消長ナシ

一　饗應ヲ受ケタル者ヨリ其ノ實費ヲ供與者ニ支拂ヒタル場合ト該利益ニ對スル價格ノ追徵

（昭和二年(れ)第一六二四號縣會議員選擧罰則違反事件
昭和三年二月三日大審院第一刑事部言渡）

「選擧人ニ於テ當選ヲ得シムル目的ヲ以テ爲サレタル饗應ヲ其ノ意味ニ於テ受ケタル以上事後ニ於テ其ノ實費ヲ支拂ヒタレハトテ犯罪ノ成否ニ何等ノ消長ヲ來スモノニ非ス」

要旨

「衆議院議員選擧法第百十二條第四號ニ「所謂饗應ヲ受ケテ之ヲ費消シタル以上其ノ受ケタル利益ハ已ニ沒收シ能ハサルモノニシテ假ニ後日其ノ利益ニ相當スル實費カ收益者ヨリ供與者ニ返還セラレタリトスルモ該利益ニ對スル價格ヲ追徵スルニ何等ノ妨トナルコトナシ」

收受シタル者ヨリ沒收ス

二　收受シタル利益ト沒收ノ言渡

（昭和五年(れ)第一〇一二號衆議院議員選擧法違反事件
昭和五年七月十日大審院第二刑事部言渡）

第二點ハ原判決ハ押收ニ係ル證第二、五、六號ノ一圓紙幣ノ沒收ノ言渡ヲ爲シ是ニ衆議院議員選擧法第百十四條ヲ適用シタリ然レトモ原判決ノ認定ニ依レハ右紙幣ハ上告人ヨリ岡田萬藏ニ供與シタルモノニシテ上告人ノ收受シタルモノニ非ス然レハ原判決カ之ニ對シ衆議院議員選擧法第百十四條ヲ適用シ沒收ノ言渡ヲ爲シタルハ違法ナリト云フニ在リ、仍テ案スルニ原判決ノ判示事實竝ニ其ノ引用セル證據ニ依レハ被告人ハ衆議院議員候補者豐田收ニ當選ヲ得シムル目的ヲ以テ第一審相被告人萬藏ニ對シ右候補者ノ爲投票竝ニ選擧運動ヲ爲スヘキコトヲ依賴シ其ノ報酬トシテ金三十五圓（證第二、五、六號證ハ其ノ一部ナリトス）ヲ交付供與シタルモノニシテ即收受シタルモノハ右萬藏ナリトス而シテ衆議院議員選擧法第百十四條ニ依レハ前二條ノ場合ニ於テ「收受シタル利益ハ之ヲ沒收スト規定セルカ故ニ萬藏ヨリ之ヲ沒收スヘク供與者タル被告人ヨリ沒收スヘキモノニ非サルニ拘ラス原判決ハ被告人ニ對シ其ノ沒收ノ言渡ヲ爲シタルハ違法ニシテ論旨ハ理由アリ原判ハ此ノ點ニ於テ破毀ヲ免レス」

要旨

前ノ被供與者ヨリ追徵スヘキモノニ非ラス

要旨

三　負擔附ニテ金錢ノ供與ヲ受ケタル者カ負擔ノ趣旨ニ從ヒ他人ニ供與シタル場合ノ追徵ノ方法

（昭和五年（れ）第一三八四號衆議院議員選擧法違反事件
昭和五年十月二十一日大審院第四刑事部言渡）

第五點原判決ハ判示第三事實ニ於テ上告人高橋玉吉カ靑木伴治ヨリ運動費及ヒ報酬トシテ百圓ヲ受ケタリト認定シ判示第四事實トシテ上告人高橋玉吉ハ上告人進藤半次郎ニ五十圓ヲ費用及報酬トシテ供與シタリト認定シ右高橋玉吉ノ受ケタル百圓中五十圓ハ費用ニシテ五十圓カ報酬ナルコトヲ明ニシ現ニ玉吉ハ其ノ費用五十圓ヲ上告人半次郎ニ交付シタルコトヲ明ニシナカラ上告人高橋玉吉ニ對シ四十圓ヲ沒收シ六十圓ノ追徵ヲ命シタルハ違法ナリト云フニ在リ

「仍テ案スルニ特定ノ議員候補者ニ當選ヲ得シムル目的ヲ以テ選擧人又ハ選擧運動者ニ金員ヲ供與スヘキ旨ノ負擔附ニテ金員ノ供與ヲ受ケタル者カ其ノ負擔ノ趣旨ニ從テ選擧人又ハ選擧運動者ニ該金員ヲ供與シタル場合ニ於テ後ノ供與ヲ受ケタル者ヨリ沒收又ハ追徵ヲ爲スヘキトキハ其ノ部分ニ付テハ前ノ供

與ヲ受ケタル者ニ對シ衆議院議員選擧法第百十四條ニ所謂收受シタル利益ナリト解スヘカラサルモノナルヲ以テ前ノ供與ヲ受ケタル者ヨリ之ヲ追徵スヘキモノニ非ス」

原判決ノ確定シタル事實ニ依レハ被告人伴治ハ昭和五年二月二十日施行セラレタル衆議院議員選擧ニ際シ愛媛縣第二區ヨリ立候補シタル竹内鳳吉ノ選擧事務員被告人玉吉ハ其ノ選擧委員ナリシ所被告人伴治ハ同月九日同縣宇摩郡川元江町同候補者ノ選擧事務所ニ於テ同候補者ノ選擧委員ナル被告人芳夫ヨリ同候補者ニ當選ヲ得シムル目的ヲ以テ同候補者ニ投票ヲ得セシムヘク密ニ非法定選擧運動者ヲシテ戸別訪問若ハ投票買收ヲ爲サシムル等運動方依賴ヲ受ケ其ノ運動費及運動報酬トシテ金三百圓ノ供與ヲ受ケタル上同候補者ニ當選ヲ得シムル目的ヲ以テ同月十日頃同郡寒川村同候補者選擧事務所ニ於テ被告人玉吉ニ對シ同候補者ニ投票ヲ得セシムヘク密ニ非法定選擧運動者ヲシテ戸別訪問若ハ投票買收ヲ爲サシムル等運動方ヲ依賴シ其ノ費用及運動報酬トシテ金百圓ヲ供與シ又其ノ頃同村被告人伴治方ニ於テ被告人敏治ニ對シ前同樣運動方ヲ依賴シ其ノ費用及運動報酬トシテ金百圓ヲ供與シ被告人玉吉及敏治ハ夫々被告人伴治ノ右依賴ニ應シ各右金百圓宛ノ供與ヲ受ケ被告人玉吉ハ同候補者ニ當選ヲ得シムル目的ヲ以テ同月十二日頃同村高橋長十郎方前道路ニ於テ被告人半次郎ニ對シ同候補者ニ投票ヲ得シムヘク密ニ非法定選擧運動者ヲシテ戸別訪問又ハ投票買收ヲ爲サシムル等運動方ヲ依賴シ其ノ費用及運動報酬トシテ金五十圓ヲ供與シタリト云フニ在リテ即被告人伴治カ被告人芳夫ヨリ選擧運動報酬及非法定選擧運動者ヲシテ戸別訪問若ハ投票買收ヲ爲サシムル等ノ運動費トシテ供與ヲ受ケタル金三百圓ハ其ノ一部ヲ選擧人又

ハ選擧運動者ニ供與スヘキ負擔ノ下ニ授受セラレタルモノニシテ其ノ内金二百圓ハ其ノ負擔ノ趣旨ニ從ヒ更ニ之ヲ選擧運動者タル被告人玉吉及敏治ニ供與シタルモノナルヲ以テ被告人伴治ヨリ其ノ價格ヲ追徴スヘキモノニ非ス又被告人玉吉カ被告人伴治ヨリ選擧運動報酬及非法定運動者ヲシテ戸別訪問又ハ投票買收ヲ爲サシムル等ノ運動費トシテ供與ヲ受ケタル金百圓ハ其ノ一部ヲ選擧人又ハ選擧運動者ニ供與スヘキ負擔ノ下ニ授受セラレタルモノニシテ其ノ内金五十圓ハ其ノ負擔ノ趣旨ニ從ヒ更ニ之ヲ選擧運動者タル被告人半次郎ニ供與シタルモノナルヲ以テ被告人玉吉ヨリ其ノ價格ヲ追徴スヘキモノニ非ス然ルニ原判決カ叙上ノ事實ヲ認メタルニ拘ラス被告人伴治ヨリ同人カ被告人玉吉及敏治ニ供與シタル右金二百圓竝ニ被告人玉吉ヨリ同人カ被告人半次郎ニ供與シタル右金五十圓ヲモ追徴シタルハ擬律錯誤ノ違法アルモノニシテ本論旨ハ其ノ理由アリ從テ原判決ハ此ノ點ニ於テ破毀ヲ免レサルモノトス

四　運動又ハ投票報酬トシテ一旦授受セラレタル利益ヲ被供與者ヨリ供與者ニ返還シタル場合ノ沒收又ハ追徴ノ方法

供與者ヨリ沒收又ハ價格ノ追徴ヲ爲ス

（昭和五年（れ）第一五四六號衆議院議員選擧法違反事件
昭和五年十月三十一日大審院第一刑事部言渡）

原判決ハ被告人縑房圓平ニ對シ金三圓ヲ追徴スヘキ旨ノ刑ヲ宣告シ（主文）其ノ理由トシテ「被告人完一カ收受シタル後被告人圓平ニ返還シタル現金三圓ハ孰レモ之ヲ沒收スルコト能ハサルヲ以テ各衆議院議員選擧法第百十四條ニ依リ主文掲記ノ如ク夫レ夫レ各被告人ヨリ其ノ價格ヲ追徴スヘキモノナル旨判

要旨

示セラレタリ然レトモ追徴ノ基礎タル沒收ハ附加刑ニシテ刑罰タルヘク基本刑ナクシテ課セラルヘキモノニアラス被告人鍊房圓平カ同中島完一ニ對シ三圓ヲ供與シタリトノ犯罪ハ鍊房圓平ニ於テハ之ニ依リテ受ケタル利益ナキヲ以テ沒收刑ヲ課セラルヘキモノニアラサルハ論ヲ俟タス又右供與シタル金三圓ヲ同人カ中島完一ヨリ返還ヲ受ケ之ヲ收受シタルハ何等選擧法上ノ犯罪ヲ構成スルコトナク原院ニ於テモ亦之ニ對シ本刑ヲ課セラレタル事蹟アラサルカ故ニ右三圓ノ追徴刑ハ其ノ課セラルヘキ基本ヲ缺如セルモノト謂ハサルヲ得ス原判決ハ此ノ點ニ於テ衆議院議員選擧法第百十四條ヲ不當ニ適用セラレタル違法アリ破毀セラルヘキコト多辯ヲ俟タスト云フニ在レトモ「衆議院議員選擧法第百十四條ハ同法第百十二條ニ規定シタル選擧運動又ハ投票ニ對スル報酬トシテ或ル利益ノ授受アリタル場合ニ於テ其ノ利益カ被供與者ノ手裡ニ存スルトキハ其ノ者ヨリ之ヲ沒收シ若シ沒收ヲ爲ス能ハサル場合ニ於テハ同人ヨリ其ノ價額ノ追徴ヲ爲スヘキハ勿論該利益カ被供與者ヨリ供與者ニ返還セラレタル場合ニ於テハ其ノ供與者ヨリ右ト同樣沒收又ハ價格ノ追徴ヲ爲スヘキ趣旨ノ規定ナリト解スヘキモノトス何トナレハ選擧運動者ハ投票ノ報酬トシテ一旦授受セラレタル利益又ハ其ノ價格ハ常ニ之ヲ國庫ニ歸屬セシメ其ノ授受者ヲシテ犯罪ニ關スル利益ヲ保持シ又ハ之ヲ回復セシメサル法意ナルコト明白ナレハナリ」果シテ然ラハ原判決カ被告人ヨリ中島完一ニ選擧運動報酬トシテ供與シタルモ其ノ後完一ヨリ被告人ニ返還セラレタルモノト認定シタルハ所論金三圓ハ供與者タル被告人ヨリ沒收シ能ハサルカ爲メ同人ニ其ノ價額ノ追徴ヲ言渡シタルハ正當ニシテ所論ノ如キ違法アルモノニ非ス論旨理由ナシ

事實ノ認定ニ付必スシモ證據ノ擧示ヲ要セス

五　報酬トシテ得タル利益ニ付價額ノ追徴ヲ爲ス場合ト判示事實認定及證據ノ擧示

（昭和五年(れ)第一七〇六號衆議院議員選擧法違反事件
昭和五年十一月二十五日大審院第一刑事部言渡）

第三點原判決ハ理由不備ノ違法アルト共ニ擬律錯誤ノ違法アルモノトス原判決ハ其ノ主文ニ於テ「被告人兩名ヨリ金十二圓五十錢宛ヲ各追徴ス」ト判決シ其ノ法律適用ノ部ニ於テ「主文第三項掲記ノ金員ハ被告人等ノ收受シタル利益ニシテ沒收スルコト能ハサルニ依リ之ヲ追徴スヘキモノトス」ト判示シタリ然レトモ同選擧法ニ於テ得タル不正ノ利益ヲ追徴スルニハ該金員カ既ニ費消セラレテ沒收スルコト能ハサルモノナルコトヲ必要トスルモノナルカ故ニ本件ノ場合被告人等ヨリ判示金員ヲ追徴スルニハ判示金員ハ既ニ被告人等ニ於テ費消シタルモノナルコトヲ證據ニ憑リテ確定セサルヘカラサルモノナリトス況ヤ原審公判調書中被告人林吉ノ供述ニ依レハ「私ハ倉橋等ヨリ頼マレテ金迄受取テ居リマス爲メニ小林ノ爲メニ投票ヲ集メルヘク運動シテヤル考ノ處其ノ事カ父ニ知レテ父カラ其ノ樣ナコトヲシテハ選擧違反ニナルト云フテ大分シカラレマシタノテ運動スル考ハナクナリマシタノテ其ノ金ヲ倉橋等ニ返サウト致シマシタカ住所カ分ラヌ爲メニ金丈ハ預ツテ居リマス…私カ父カラ叱ラレタノテ小林ノ爲メニ選擧運動ヲスルコトハ止メルト話シマシタ處山内モ君カ止メルナラ自分モ選擧運動ヲスルコトハ止メルト云フテ倉橋等カラ金ヲ受取ツタ二三日後ニ話合ツテ二人共ニ選擧運動ヲスルコトヲ止メテ了ヒ其ノ二三日後ニ山内ハ十二圓五十錢ト云フ金ヲ返シテ來タノテ其ノ金モ私カ預ツテ居リマス」（一〇二丁裏以下）ト記載

要旨

受取ルヘキ権限ナキ者ニ返還シタルモノトシテ追徴サル

シアリテ判示收受シタル金員ハ被告人林吉ニ於テ預リ居ルコト明白ナルニ於テヲヤ然ルニ原判決ハ此ノ明ナル供述ヲ無視シ何等ノ證據ヲ擧示スル所ナク漫然判示金員ハ沒收スルコト能ハストナシ之カ追徴ヲナシタルハ結局理由不備ノ違法アルト共ニ不當ニ法律ヲ適用シタル違法アルモノニシテ破毀スヘキモノト信スト云フニ在レトモ「被告人カ選擧ニ關シ投票又ハ選擧運動ノ報酬トシテ得タル利益ニ付衆議院議員選擧法第百十四條ニヨリ價額ノ追徴ヲ爲スニハ右利益カ沒收スル能ハサル場合ナルコトヲ要件トスルモ此ノ要件タル事實ノ認定ニ付必スシモ判決ニ其ノ證據ヲ擧示スルノ要ナキヲ以テ原審裁判所カ本件審理ノ結果右要件ヲ具備スルモノト認定シ此ノ點ニ付證據ヲ示サスシテ追徴ヲ爲ス旨判決シタリトテ何等違法アルモノニ非ス」論旨ハ理由ナシ

六　運動報酬トシテ金圓ノ分配ヲ受ケタル者カ該金圓ヲ分配者間ノ一人ニ返還シタル場合ト該金圓ノ追徴

（昭和六年(れ)第一八八號衆議院議員選擧法違反事件
昭和六年四月十四日大審院第四刑事部言渡）

同第二點更ニ被告人ハ原判決ニ説示サレタル如ク須賀兼嗣方ニ於テ國分甚吉、佐久間喜傳次ノ兩名ト共ニ各二十圓ノ金員ヲ受ケタリトスルモ其ノ後昭和五年二月十九日頃最初堀田喜三太ヨリ金六十圓ヲ受取リ内二十圓ヲ分配シタル國分甚吉ニ返還シタルコトハ被告人ノ第二回豫審訊問調書竝ニ國分甚吉ノ第三回豫審調書ヲ始メ原審公判調書ノ記載ニヨリテ明確ナルトコロニシテ即チ被告人ハ假ニ利益ノ供與ヲ受ケタリトスルモ其ノ後之ヲ供與者タル堀田喜三太等ヨリ取次キ自己ニ分配セル國分甚吉ニ對シ返還シ居

要旨

ルヲ以テ若シ假ニ該二十圓ヲ追徴或ハ沒收スヘキモノトスルモ其ハ供與者タル堀田喜三太ノ代理者ト目スヘキ右國分甚吉ヨリ沒收スヘク若シ沒收スルコト能ハサルトキハ其ノ價格ヲ追徴スヘキモノナルコトハ既ニ御院判例(昭和五年(れ)第一五四六號同年十月三十一日第一刑事部判決)ノ趣旨ニ徴シテ明白ナルニ既ニ利益ヲ供與者ニ返還シタル被告人ニ對シ返還セル二十圓ノ追徴刑ヲ科シタル原判決ハ衆議院議員選擧法第百十四條ヲ不當ニ適用セラレタル違法アリ破毀セラルヘキモノナルコト多辯ヲ俟タサルモノト思料スト云フニ在レトモ「原判決ノ認定スル所ニ依レハ被告人竹右衞門ハ相被告人國分甚吉及同佐久間喜傳次ト共ニ須賀統嗣方ニ於テ堀田喜三太、高田重太郎及岡部文四郎ノ三名ヨリ近藤候補者ノ爲選擧運動ヲ依賴セラレテ之ヲ承諾シ其ノ運動報酬及選擧人買收費トシテ各金二十圓ノ供與ヲ受ケタリト云フニ在ルヲ以テ縱令所論ノ如ク被告人竹右衞門カ右供與ヲ受ケタル金二十圓ヲ更ニ返還ノ意思ヲ以テ相被告人國分甚吉ニ交付シタル事實アリトスルモ甚吉カ之ヲ供與者タル堀田喜三太等ノ爲ニ受取ル權限アル者ニ非サル以上右甚吉カ更ニ之ヲ供與者ニ交付セサル限リ未タ以テ該金圓返還ノ效果ヲ生セサルハ勿論ナリ而モ原判決ハ右返還ノ效果ヲ生シタル事實ヲ認メス記錄ニ徴スルモ原判決カ該事實ヲ認メサリシコトカ著シキ事實ノ誤認ナリト思料スヘキ顯著ナル事由アルコトナシ」然レハ原判決カ被告人ヨリ所論ノ如ク金二十圓ヲ追徴シタルハ正當ニシテ原判決ニハ所論ノ如キ違法アルコトナク論旨ハ其ノ理由ナシ、

第百十五條

開票終了ニ至ルマテト解ス

要旨

本條ニ所謂「選擧ニ關シ」ノ意（昭和三年(れ)第三七〇號傷害縣會議員選擧罰則違反事件）

（昭和三年四月十二日大審院第五刑事部言渡）

衆議院議員選擧法第百十五條第一號ニハ選擧ニ關シ選擧人ノミナラス當選人ニ對シ暴行若クハ威力ヲ加ヘタル場合ヲモ處罰シ又同條第三號ニハ特別ノ利害關係ヲ利用シテ當選人ヲ威逼シタル場合ヲモ處罰スル旨規定シタリ而シテ當選人ナリヤ否ヤハ開票ノ結果同法第六十九條乃至第七十一條ノ規定ニヨリ定マリ開票ハ同法第四十八條ノ規定ニ依リ開票管理者カ總テノ投票函ノ送致ヲ受ケタル日ノ翌日即チ選擧ノ期日後ニ行ハルルモノナルヲ以テ當選人ニ對スル暴行等ノ行爲ハ選擧ノ期日後ト雖モ之ヲ選擧ニ關スルモノトシテ處罰スル場合アルコトヲ識ルニ足ルノミナラス選擧人等カ事後ノ暴行等ヲ怖ルルコトモ亦選擧ノ自由公正ヲ害スルニ至ルコト勿論ナルカ故ニ「前揭衆議院議員選擧法第百十五條ノ所謂「選擧ニ關シ」トハ之ヲ狹ク選擧期日ニ於ケル投票終了前ニノミ限ルモノト解スヘキモノニ非スシテ投票終了後ト雖尠クトモ其ノ開票終了ニ至ルマテハ同法條ノ所謂選擧ニ關スルモノト解スヘク從テ所論選擧人ノ意義モ亦投票ヲ爲サントスル人ノミナラス既ニ投票ヲ爲シタル人即チ選擧ヲ爲シタル人ヲモ包含スト解スヘキモノトス」原判示事實ニ依レハ本件選擧期日ハ昭和二年九月二十五日ニシテ被告人等ハ同日午後四時頃料理店吟月ニ於ケル有志ノ懇親會席上ニ於テ選擧人稻森義輝ニ對シ先ツ議員候補者ノ推薦協定ヲ懇切リタルモノトシテ面罵シタル上暴行ヲ加ヘ其ノ身體ヲ傷害スルニ至リタルモノナルヲ以テ被告人等ノ本

件行爲カ所論ノ如ク投票終了後ナリトスルモ選擧法第四十八條ノ規定ニ依リ開票前ナルコト極メテ明白ナルカ故ニ前掲選擧法第百十五條ノ所謂選擧ニ關スルモノト解スヘキモノトス然レハ原判決カ被告人等ノ本件行爲ニ對シ所論刑法法條以外ニ前掲選擧法第百十五條第一號ヲ適用シタルハ相當ニシテ論旨ハ理由ナシ

第百二十七條

無效ノ投票ニ係ルトキト雖本罪成立ス

要旨

一 投票僞造罪ノ成立（昭和四年(れ)第六二五號衆議院議員選擧法違反事件　昭和四年十二月九日大審院第二刑事部言渡）

辯護人ハ投票僞造罪ハ投票ノ投函ニ依リテノミ成立スト論シ又無效投票ヲ僞造スルモ投票僞造罪ハ成立セスト論スレトモ凡ソ衆議院議員選擧法第百二十七條第三項及ヒ第四項ノ罪ハ選擧人ノ投票ノ適正ヲ保護スルト共ニ其ノ投票ノ結果ノ眞正ヲ確保スルヲ目的トシ現實行ハレタル投票ニ符合セサル事態ノ發生ヲ防止セントスルニ在ルカ故ニ此ノ種ノ罪ハ上記ノ事態ヲ發生セシメ得ル間ハ之ヲ行フコトヲ得ルモノニシテ投票僞造罪ニ付テハ「投票終了前ニ之ヲ僞造シテ投票函ニ之ヲ投入シタル場合ナルト投票函閉鎖後ニ於テ之ヲ僞造シタル場合ナルトヲ區別セス其ノ罪ノ成立ヲ見ルモノトス蓋シ投票ノ結果ハ選擧人ノ適正ナル意思ヲ現實ニ表現セシメ之ニ符合セシムルニ非サレハ選擧ノ公正ヲ維持スルヲ得サルヘク選擧人ノ意思ノ現實ニ表現セシメサルトキハ投票ノ結果ハ不正トナルニ至リ之ヲ不正ナラシムル行爲ノ行ハレタル時期如何ヲ問フコトヲ要セサレハナリ而シテ苟モ投票ヲ僞造シタル以上ハ無效ノ投票ナルトキト雖投票僞造罪ヲ構成スルコト疑ヲ容レス何トナレハ投票ノ眞正及不正ト投票ノ有效及無效トハ全然別個ノ觀念ニシテ相容レサルモノニ非サルカ故ニ無效且僞造ノ投票存シ得ヘク是レ選擧人ノ意思ヲ現實ニ表現セシメサルトキハ僞造タルコトヲ免レサルヲ以テナリ」故ニ有效投票ヲ增加シ又ハ之ヲ減少スルノミヲ以テ僞造ナリト爲スコトヲ得ス

詐僞ノ一例

要旨

詐僞ノ方法ヲ以テ投票シタル者ニ該當ス

二　詐僞ノ方法ニ依ル投票（昭和五年(れ)第六二二號衆議院議員選擧違反事件
昭和五年六月十二日大審院第二刑事部言渡）

原判決ノ認定事實ハ被告人ハ昭和五年二月二十日施行セラレタル衆議院議員選擧ノ選擧人ナリシトコロ判示大野町役場ヨリ誤リテ被告人名義ノ「投票所入場券二枚（選擧人名簿番號第二〇一七號第二〇一八號）ノ配布ヲ受ケタルヲ奇貨トシ二重ニ投票ヲ爲サント欲シ選擧期日タル前同日午前八時頃投票所タル判示町公會堂第二〇一八號ノ入場券ヲ使用シテ入場シ投票ヲ爲シタルニモ拘ラス更ニ同日午後一時頃前示第二〇一七號ノ入場券ヲ利用シテ右投票所ニ入場シ投票セントスルヤ係員ヨリ投票濟ニアラサルヤヲ再度確メラレタルニ對シ初メテ入場シタルモノニシテ未タ投票濟ニアラサル旨申詐リ係員ヲシテ投票用紙ヲ交付セシメ重ネテ投票ヲ爲シタルモノナリト云フニ在リテ右ノ如ク「係員ヨリ投票濟ニアラサルヤヲ再度確メラレタルニ對シ積極的ニ初メテ入場シタルモノニシテ未タ投票濟ニアラサル旨ノ詐言ヲ弄シテ係員ヲ欺キ同係員ヲシテ投票用紙ヲ交付セシメ重ネテ投票ヲ爲シタル以上ハ被告人ノ右所爲ハ衆議院議員選擧法第百二十七條第二項ニ所謂詐僞ノ方法ヲ以テ投票ヲ爲シタル者ニ該當スルヤ論ヲ俟タス」

三　型紙ヲ使用シ投票ヲ爲シタル行爲ト本條ニ所謂詐僞ノ方法ヲ以テ投票ヲ爲シタルノ意（昭和三年(れ)第五一一號縣會議員選擧罰則違反事件
昭和三年五月八日大審院第一刑事部言渡）

「衆議院議員選擧法第三十條第二項ニ依レハ自ラ議員候補者ノ氏名ヲ書スルコト能ハサル者ハ投票ヲ爲

スコトヲ得サルモノナルカ故ニ自書スルコト能ハサル者カ型紙ヲ使用シ墨汁ヲ塗リテ候補者ノ氏名ヲ投票用紙ニ顯出セシメ恰モ自書シタルカ如ク裝ヒテ投票ヲ爲シタルトキハ其ノ行爲ハ同法第百二十七條第二項ニ所謂詐欺ノ方法ヲ以テ投票ヲ爲シタル者ニ該當スルモノトス」原判決ハ被告人ハ無筆ナル判示ノ選擧人ニ對シ議員候補者永野廣ノ氏名ヲ切拔キタル型紙ヲ交付シ之ヲ使用シテ同候補者ニ投票ヲ爲スヘキ旨敎唆シ因テ同人等ヲシテ判示ノ型紙投票ヲ爲サシメタル事實ヲ認定セルモノナレハ該所爲タル同法第百二十七條第二項ノ罪ノ敎唆罪ヲ構成スルコト論ヲ俟タス原判決ニハ所論擬律ノ錯誤ナキカ故ニ論旨ハ理由ナシ

封印後ハ開票錄署名ノ義務免脫ノ事由トナラス

第百二十八條

投票ノ效力ニ付キ開票管理者ト開票立會人ノ意見相異ノ理由ヲ以テ開票錄ニ署名ヲ拒絕スル行爲ト本條ノ適用

（昭和三年(れ)第一五九二號衆議院議員選擧法違反事件）
（昭和三年十一月八日大審院第二刑事部言渡）

要旨

被告人ハ結局開票管理者カ投票ノ效力ニ付開票立會人ノ意見ト反對ノ決定ヲ爲シタルヲ不當トシテ投票ノ封緘後ニ於テ更ニ投票ノ調査ヲ要求シ其ノ容レサルヲ理由トシテ開票錄ニ署名スルコトヲ拒絕シタルモノニ外ナラスシテ叙上ノ理由ハ開票立會人タル被告ニ於テ本件開票錄ニ署名ヲ拒絕スル正當ノ事由トナラサルヤ疑ヲ容レス「何トナレハ投票ノ效力ハ開票管理者ニ於テ之ヲ決定スヘキモノニシテ開票立會人ノ意見ニ拘束セラルルモノニ非サルヲ以テ縱令開票管理者ニ於テ投票ノ效力ニ付開票立會人ノ意見ト異ル決定ヲ爲シタレハトテ之ヲ不當ト云フコトヲ得サルト同時ニ開票管理者ハ開票ニ關スル事務ヲ指揮統轄シ投票ヲ整理スル職務權限ヲ有スルモノナレハ既ニ開票立會人ノ意見ヲ聽キテ投票ノ效力ヲ決定シ其ノ點檢ヲ終リ而モ封印ヲ施シタル後ナル以上開票立會人カ其ノ決定ノ自己ノ意見ニ反スルヲ理由トシテ更ニ投票ノ調査ヲ要求スルモ之ニ應スルト否トハ開票管理者ノ職權ニ屬シ斯ル要求ヲ拒絕スルハ違法ニ非サレハ其ノ拒絕ハ開票立會人ノ開票錄ニ署名スル義務ヲ免脫スヘキ正當ノ事由トナラサルコト勿論ナレハナリ」

個々分立スルモノト認メ一個ノ貼札ニ非ラス

要旨

第百三十二條

接合ニ依リテ一個ノ貼札ヲ組成スヘキ個々分立ノ貼札ト本條ノ適用

（昭和三年（れ）第一四三號選擧運動ノ爲ニスル文書圖畫ニ關スル件違反事件）
（昭和三年三月十日大審院第三刑事部言渡破毀無罪）

個々獨立ノ貼札ト雖モ相接續シテ一體ヲ爲ス場合ニ於テハ其ノ接合ニ依リテ一個ノ貼札ヲ組成スルコトアリ得ヘシト雖モ「其ノ相互ノ間ニ間隔ヲ存シ個々分立スルニ於テハ之等ヲ目シテ一個ノ貼札ナリト云フヲ得ス」原判決ノ確定シタル事實ニ依レハ被告丹二カ愛知縣會議員ノ選擧ニ際シ名古屋市ニ於テ議員候補者トナリ運動中被告等三名共謀ノ上多衆ノ耳目ヲ惹クヘキ方法ニ依リ貼札ヲ爲サンコトヲ企テ竪約二尺五寸横約一尺八寸ノ紙片四枚ニ各高柳丹二ノ氏名ヲ筆寫スルニ當リ其ノ第一葉ニハ高柳丹二ノ四字中特ニ「高」字ヲ第二葉以下ニハ夫々「柳」字「丹」字「二」字ヲ何レモ大書シ其ノ餘ハ細字ヲ以テ表シ之等四葉ヲ順次ニ横ニ排列スルトキハ一見恰モ高柳丹二ト大書シタルカ如キ形式ヲ爲シタルモノ三組ヲ作成シ同市西區菊井町富樫某方及奥村某方ノ各屋上竝ニ山本某方庇上ニ各一組ツツヲ何レモ各葉間ニ多少ノ間隔ヲ置キテ横列ニ貼札シ竪約二尺五寸横幅約八尺乃至十尺餘ニ達スル貼札ヲ揭ケタリト云フニ在リテ一組四葉ヲ以テ一個ノ貼札ト認メタルモノナルモ其ノ各葉ハ相接續セス其ノ間ニ間隔ヲ存スル以上縱令横ニ之ヲ排列スルトキハ恰モ高柳丹二ト大書シタルカ如キ形式ヲ爲ストスルモ前ニ説明スルカ如ク其ノ四葉ハ各個獨立ノ貼札ニシテ其ノ各個ノ寸法ハ大正十五年内務省令第五號第二條第一項ノ制限ヲ超ユルヲ

トナキカ故ニ原判示被告等ノ行爲ハ同省令ニ違反スルモノニ非ス原判決カ之ヲ同省令違反トシテ衆議院議員選擧法第百三十二條ニ問擬シタルハ法令ノ適用ヲ誤リタルモノニシテ論旨ハ理由アリ原判決ハ破毀ヲ免レス（中略）

原判決ノ確定シタル事實ニ從ヘハ被告ノ行爲ハ大正十五年内務省令第五號第二條ニ違反スルモノニ非サルコト叙上ニ説示スルカ如クニシテ他ニ之ヲ罰スヘキ規定ナク其ノ行爲罪トナラサルヲ以テ刑事訴訟法第三百六十二條ヲ適用シ被告等ニ對シ各無罪ノ言渡ヲ爲スヘキモノトス

本條ノ罪責ヲ免レス

要旨

第百三十六條

選擧事務長ノ承諾ヲ得タル事實アリトスル費用ノ支出ヲ選擧事務長ノ支出シタルモノト謂フノ意

（昭和六年(れ)一二三七號衆議院議員選擧法違反事件）
（昭和六年十二月十四日大審院第一刑事部言渡）

苟モ選擧委員トシテ選擧費用ヲ支出スルニハ其ノ費用ノ性質カ演説又ハ推薦狀ニ依ル選擧運動ニ要スルモノナリトスルモ衆議院議員選擧法第百一條第一項ニ從ヒ選擧事務長ノ文書ニ依ル承諾ヲ得ルニ非サレハ之ヲ支出スルコト能ハサルモノニシテ若シ之ニ違背シタルトキハ同法第百三十四條ノ罪責ヲ免レサルモノナルト同時ニ一面選擧委員トシテ選擧費用ヲ支出シタルモノナル以上縱シヤ其ノ支出ヲ爲スニ際シ「選擧事務長ノ面前ニ於テ同人ノ承諾ヲ得タル事實アリトスルモ之ヲ目シテ該行爲ハ選擧事務長カ選擧費用ヲ支出シタルモノニシテ選擧委員タル被告人貞亮ハ單ニ其ノ手足機械トシテ行動シタルニ過キサルモノト速斷スヘキニ非ス」

刑ノ量定中ニ包含ス

要旨

包括的ニ效力ヲ及ホスモノナレハ附帶控訴ハ違法ニ非ス

第百三十七條

一　本條第二項ノ規定ニ依ル宣告ノ有無ト刑事訴訟法第四百十二條ニ所謂刑ノ量定

（昭和二年（れ）第一七六五號縣會議員選擧罰則違反事件
昭和三年三月五日大審院第二刑事部言渡）

衆議院議員選擧法第百三十七條第二項ニ依リ同條第一項ヲ適用セサル旨ノ宣告即チ選擧權及被選擧權ヲ停止セサル旨ノ宣告ハ刑ニ對スルモノニ非スト雖刑事訴訟法第四百十二條ノ上告理由ハ必スシモ刑其ノモノニ對スルモノニ限ラサルノミナラス「選擧權及被選擧權ノ停止ハ刑ノ言渡ニ基ク效果ニシテ刑ト同樣恩赦令ノ對象トナルモノナルト同時ニ之ヲ停止セサル旨ノ宣告ヲ爲スト否トハ裁判所カ犯罪ノ情狀ニ依リ裁量シ得ヘキ處分ニ屬スルコト衆議院議員選擧法第百三十七條第二項ノ規定ニ徵シ明ナレハ其ノ宣告ノ有無ハ刑事訴訟法第四百十二條ニ所謂刑ノ量定中ニ包含スルモノト解スルヲ妥當トス」

二　選擧權及被選擧權ヲ停止セサル旨ノ宣告ト刑ノ言渡トノ關係

（昭和五年（れ）第一四四五號衆議院議員選擧法違反事件
昭和五年十月九日大審院第五刑事部言渡）

第二點第一審裁判所ニ於テハ選擧權及被選擧權ヲ停止セサル旨ヲ宣告セルニ反シ原判決ハ檢事ノ附帶控訴ヲ理由アリト認メ被告人ノ選擧權及被選擧權ヲ停止スル結果ヲ生スヘキ被告人ニ不利益ナル判決ヲ爲シタリ而レトモ衆議院議員選擧法違反ニ對スル刑ノ言渡ト同法第百三十七條ニ依リ選擧權及被選擧權ヲ

要旨

停止セサル旨ノ宣告トハ各獨立ノ宣言ニ屬シ可分的ニ確定シ得ヘキモノトス故ニ被告人又ハ檢事ニシテ右ノ宣告ヲナシタル第一審判決ニ對シ全部控訴ヲ爲シタルトキハ選擧權及被選擧權ヲ停止セサル旨ノ第一審判決ノ一部ハ確定シ第二審ニ於ケル審判ノ範圍ニ屬セサルニ至ルヘキモノトス而シテ本件被告人ノ控訴ハ單ニ刑ノ言渡ニ對シテノミ爲シタルモノナルヲ以テ主タル控訴ノ範圍ニ於テ附隨的ニ爲スヘキ檢事ノ附帶控訴ハ被告人ノ控訴以外ニ屬シ且確定シタル選擧權及被選擧權ヲ停止セサル旨ノ第一審判決ノ部分ニ對シテハ之ヲ爲スコトヲ得サルモノナレハ原審裁判所ニ於テハ斯ル不法ノ附帶控訴ニ因リ被告人ノ選擧權及被選擧權ヲ停止スヘキ結果ヲ生スヘキ被告人ニ不利益ナル判決ヲ爲スコトヲ得サルモノトス從テ原判決カ既ニ確定シタル第一審判決ノ一部ヲモ附帶控訴ニ因リ審判ノ目的ト爲シタルハ違法ナリト云フニ在レトモ「衆議院議員選擧法違反事件ニ於テ刑ノ言渡ト同時ニ爲サレタル衆議院議員選擧法第百三十七條第一項ヲ適用セサル旨即チ選擧權及被選擧權ヲ停止セサル旨ノ宣告ハ刑ノ言渡ニ從屬スルモノナルヲ以テ刑ノ言渡ト選擧權及被選擧權ヲ停止セサル旨ノ宣告トハ互ニ一部上訴ヲ爲スコトヲ得サルモノトス從テ被告人ハ刑ノ言渡ニ係ル部分ノミニ對シ控訴ヲ爲シタリトスルモ其ノ控訴ハ選擧權及被選擧權ヲ停止セサル旨ノ宣告部分ニ對シテモ當然包括的ニ其ノ效力ヲ及ホスモノナルヲ以テ原審檢事カ被告人ノ控訴ヲ爲シタル本件ニ於テ選擧權及被選擧權ヲ停止セサル旨ヲ宣告シタル第一審判決ヲ不當ト認メ附帶控訴ヲ爲スコト亦何等ノ違法アルモノニ非ス」サレハ原審ニ於テ被告人泰治郎ニ對シ第一審同樣ノ刑ヲ言渡シ檢事ノ附帶控訴ヲ理由アリト認メ衆議院議員選擧法第百三十七條第一項ヲ適用セサル旨ノ宣

告ヲ爲サヽリシ事亦適法ナリト謂フヘク論旨理由ナシ

記載ヲ爲スヘキモノトス

要旨

第百三十八條

現金支出ニ非サル財産上ノ義務ヲ負擔スル場合ノ支出簿ノ記載

（昭和三年（れ）第二九八號縣會議員選擧罰則違反事件
昭和三年四月十八日大審院第三刑事部言渡破毀自判）

選擧運動ノ爲メ財産上ノ義務ヲ負擔シ又ハ金錢以外ノ財産上ノ利益ヲ利用シ若クハ費消シタル場合其ノ義務又ハ利益ヲ時價ニ見積リ其ノ金額ヲ以テ選擧運動ノ費用ト見做スコトハ衆議院議員選擧法第百三條ノ規定スル所ニシテ而シテ同法施行令第六十四條ハ（一）選擧事務長金錢ヲ以テ選擧運動ノ費用ノ支出ヲ爲シタルトキ（二）選擧事務長第五十九條第一項又ハ第六十條ニ依リ金錢ノ支出ニ關スル精算書ヲ作成シタルトキ（三）選擧事務長第六十二條第三項ノ規定ニ依リ金錢ノ支出ニ關スル承諾簿ノ記載ヲ爲シタルトキ（四）選擧事務長前條ノ規定ニ依リ評價簿ノ記載ヲ爲シタルトキハ直ニ支出金額其ノ用途ノ大要支出先及支出年月日ヲ支出簿ニ記載スヘキ旨ヲ規定シ又同令第六十二條及第六十三條ニ依レハ承諾簿又ハ評價簿ニハ財産上ノ義務ノ負擔又ハ金錢以外ノ財産上ノ利益ノ使用若クハ費消ニ付夫々記載ヲ爲スヘキ旨ノ規定アリ而シテ右第六十四條ハ前段（三）及（四）ノ如ク夫々右第六十二條及第六十三條ニ依リ記載ヲ爲シタルトキハ支出簿ニモ其ノ旨ノ記載ヲ爲スヘキ旨ノ規定アルヨリ之ヲ考覈スレハ「右第六十四條ノ支出簿ニハ啻ニ現金ヲ以テ費用ノ支出ヲ爲シタル場合ノミナラス財産上ノ義務ヲ負擔セル場合ニモ之カ費用ヲ支出シタルモノト記載ヲ爲スヘキモノト解スルヲ妥當トス蓋シ選擧運動ノ費用ハ金錢ヲ以テ現實ニ支

出スルヲ通常トスヘキモ或ハ金錢債務ヲ負フニ止マリ其ノ辨濟ヲ選擧期日以後ニ於テスルコトアリ或ハ金錢ノ支拂ニ代ヘテ物權ノ設定移轉又ハ契約ノ締結等ヲ爲シ以テ財産上ノ利益ヲ相手方ニ附與スルコトアリ若シ此等列擧ノ場合ヲ選擧運動ノ費用ニ算入セサルコトトセハ選擧運動ノ費用ヲ制限シタル趣旨ヲ貫徹スルコト能ハサルヲ以テナリ」原判示第二ヲ通讀スルニ被告人ハ選擧事務長トシテ廣島縣知事ニ對シ選擧費用ノ屆出ヲ爲スニ當リ自動車賃印刷費其ノ他金七百二十八圓二十九錢ハ未タ支出ヲ了セサルニ拘ラス既ニ之ヲ支出シタルモノトシテ屆出ヲ爲シタリト云フニ在リテ右判示事實ハ被告人ニ於テ財産上ノ義務ヲ負擔セル場合ニ之ヲ支出トシテ記入シ其ノ屆出ヲ爲シタルモノニシテ即チ被告人ハ前記法規上當然爲スヘキコトヲ爲シタリト云フニ止リ罪トシテ目スヘキモノニ非ス然ルニ原裁判所カ之ヲ以テ虚僞ノ屆出ヲ爲シタルモノト解シタルハ失當ニシテ本論旨ハ理由アリ原判決ハ破毀ヲ免レス而シテ本件ノ如ク刑法第四十八條第二項ニ依リ原審ニ於テ二個ノ罰金ノ合算額以下ニ於テ處斷シタル案件ニ付一ハ有罪トナリ他ハ無罪トナルヘキ場合ハ事實審理ヲ爲スヘキモノニ非スシテ本院ニ於テ直ニ判決スヘキモノト

ヘ

最近選擧事犯判決集【終】

附録

○衆議院議員選擧法
○衆議院議員選擧法施行令
○選擧運動ノ爲ニスル文書圖畫ニ關スル件

四 帝國議會

●衆議院議員選擧法（大正十四年五月法律第四七號）

第一章 選擧ニ關スル區域

第一條 衆議院議員ハ各選擧區ニ於テ之ヲ選擧ス
選擧區及各選擧區ニ於テ選擧スヘキ議員ノ數ハ別表ヲ以テ之ヲ定ム

第二條 投票區ハ市町村ノ區域ニ依ル
地方長官特別ノ事情アリト認ムルトキハ市町村ノ區域ヲ分チテ數投票區ヲ設ケ又ハ數町村ノ區域ヲ合セテ一投票區ヲ設クルコトヲ得
前項ノ規定ニ依リ投票區ヲ設ケタルトキハ地方長官ハ直ニ之ヲ告示スヘシ
第二項ノ規定ニ依リ設クル投票區ノ投票ニ關シ本法ノ規定ヲ適用シ難キ事項ニ付テハ勅令ヲ以テ特別ノ規定ヲ設クルコトヲ得

第三條 開票區ハ郡市ノ區域ニ依ル
地方長官特別ノ事情アリト認ムルトキハ郡市ノ區域ヲ分チテ數開票區ヲ設クルコトヲ得
前項ノ規定ニ依リ開票區ヲ設ケタルトキハ地方長官ハ直ニ之ヲ告示スヘシ
第二項ノ規定ニ依リ設クル開票區ノ開票ニ關シ本法ノ規定ヲ適用シ難キ事項ニ付テハ勅令ヲ以テ特別ノ規定ヲ設クルコトヲ得

第四條 行政區畫ノ變更ニ因リ選擧區ニ異動ヲ生スルモ現任議員ハ其ノ職ヲ失フコトナシ

第二章 選擧權及被選擧權

第五條 帝國臣民タル男子ニシテ年齢二十五年以上ノ者ハ選擧權ヲ有ス
帝國臣民タル男子ニシテ年齢三十年以上

ノ者ハ被選擧權ヲ有ス

第六條　左ニ掲クル者ハ選擧權及被選擧權ヲ有セス

一　禁治產者及準禁治產者
二　破產者ニシテ復權ヲ得サル者
三　貧困ニ因リ生活ノ爲公私ノ救助ヲ受ケ又ハ扶助ヲ受クル者
四　一定ノ住居ヲ有セサル者
五　六年ノ懲役又ハ禁錮以上ノ刑ニ處セラレタル者
六　刑法第二編第一章、第三章、第九章、第十六章乃至第二十一章、第二十五章又ハ第三十六章乃至第三十九章ニ掲クル罪ヲ犯シ六年未滿ノ懲役ノ刑ニ處セラレ其ノ執行ヲ終リ又ハ執行ヲ受クルコトナキニ至リタル後其ノ刑期ノ二倍ニ相當スル期間ヲ經過スルニ至ル迄ノ者但シ其ノ期間五年ヨリ短キトキハ五年トス
七　六年未滿ノ禁錮ノ刑ニ處セラレ又ハ前號ニ掲クル罪以外ノ罪ヲ犯シ六年未滿ノ懲役ノ刑ニ處セラレ其ノ執行ヲ終リ又ハ執行ヲ受クルコトナキニ至ル迄ノ者

第七條　華族ノ戶主ハ選擧權及被選擧權ヲ有セス

陸海軍軍人ニシテ現役中ノ者（未タ入營セサル者及歸休下士官兵ヲ除ク）及戰時若ハ事變ニ際シ召集中ノ者ハ選擧權及被選擧權ヲ有セス兵籍ニ編入セラレタル學生生徒（勅令ヲ以テ定ムル者ヲ除ク）及志願ニ依リ國民軍ニ編入セラレタル者亦同シ

第八條　選擧事務ニ關係アル官吏及吏員ハ其ノ關係區域內ニ於テ被選擧權ヲ有セス

第九條　在職ノ宮內官、判事、朝鮮總督府判事、臺灣總督府法院判官、關東廳法院判官、南洋廳判事、檢事、朝鮮總督府檢事、臺灣總督府法院檢察官、關東廳法院檢察官、南洋廳檢事、陸軍法務官、海軍法務官、行政裁判所長官、行政裁判所評定官、會計檢査官、收稅官吏及警察官吏ハ被選擧權ヲ有セス

第十條　官吏及待遇官吏ハ左ニ掲クル者ヲ除クノ外在職中議員ト相兼ヌルコトヲ得ス

一　國務大臣
二　內閣書記官長
三　法制局長官
四　各省政務次官
五　各省參與官
六　內閣總理大臣祕書官
七　各省祕書官

第十一條　北海道會議員及府縣會議員ハ衆議院議員ト相兼ヌルコトヲ得ス

第三章　選擧人名簿

第十二條　市町村長ハ每年九月十五日ノ現在ニ依リ其ノ日迄引續キ一年以上其ノ市町村內ニ住居ヲ有スル者ノ選擧資格ヲ調査シ十月三十一日迄ニ選擧人名簿ヲ調製スヘシ

前項ノ住居ニ關スル要件ヲ具備セサル選擧人ハ選擧人名簿ニ登錄セラルルコトヲ得ス

選擧人名簿ニハ選擧人ノ氏名、住居及生年月日等ヲ記載スヘシ

第一項ノ住居ニ關スル期間ハ行政區畫變更ノ爲中斷セラルルコトナシ

第十三條　市町村長ハ十一月五日ヨリ十五日間市役所、町村役場又ハ其ノ指定シタル場所ニ於テ選擧人名簿ヲ縱覽ニ供スヘシ

市町村長ハ縱覽開始ノ日ヨリ少クトモ三日前ニ縱覽ノ場所ヲ告示スヘシ

第十四條　選擧人名簿ニ脫漏又ハ誤載アリト認ムルトキハ選擧人ハ理由書及證憑ヲ具ヘ其ノ修正ヲ市町村長ニ申立ツルコトヲ得

縱覽期限ヲ經過シタルトキハ前項ノ申立ヲ爲スコトヲ得ス

第十五條　市町村長ニ於テ前條ノ申立ヲ受ケタルトキハ其ノ理由及證憑ヲ審査シ申立ヲ受ケタル日ヨリ二十日以內ニ之ヲ決定スヘシ其ノ申立ヲ正當ナリト決定シタルトキハ直ニ選擧人名簿ヲ修正シ其ノ旨ヲ申立人及關係人ニ通知シ併セテ之ヲ告示スヘシ其ノ申立ヲ正當ナラスト決定シタルトキハ其ノ旨ヲ申立人ニ通知スヘシ

第十六條　前條市町村長ノ決定ニ不服アル申立人又ハ關係人ハ市町村長ヲ被告トシ決定ノ通知ヲ受ケタル日ヨリ七日以內ニ地方裁判所ニ出訴スルコトヲ得

前項裁判所ノ判決ニ對シテハ控訴スルコトヲ得ス但シ大審院ニ上告スルコトヲ得

第十七條　選擧人名簿ハ十二月二十日ヲ以テ確定ス

選擧人名簿ハ次年ノ十二月十九日迄之ヲ据置クヘシ但シ確定判決ニ依リ修正スヘキモノハ市町村長ニ於テ直ニ之ヲ修正シ其ノ旨ヲ告示スヘシ

天災事變其ノ他ノ事故ニ因リ必要アルトキハ更ニ選擧人名簿ヲ調製スヘシ

前項選擧人名簿ノ調製及其ノ期日、縱覽確定ニ關スル期日、期間等ハ命令ノ定ムル所ニ依ル

第四章　選擧、投票及投票所

第十八條　總選擧ハ議員ノ任期終リタル日ノ翌日之ヲ行フヲ例トス但シ特別ノ事情アル場合ニ於テハ議員ノ任期終リタル日ヨリ五日以內ニ之ヲ行フコトヲ妨ケス

議會開會中又ハ議會閉會ノ日ヨリ二十五日以內ニ議員ノ任期終ル場合ニ於テハ總選擧ハ議會閉會ノ日ヨリ二十六日以後三十日以內ニ之ヲ行フ

衆議院解散ヲ命セラレタル場合ニ於テハ總選擧ハ解散ノ日ヨリ三十日以內ニ之ヲ行フ

總選擧ノ期日ハ勅令ヲ以テ之ヲ定メ少クトモ二十五日前ニ之ヲ公布ス

第十九條　選擧ハ投票ニ依リ之ヲ行フ

投票ハ一人一票ニ限ル

第二十條　市町村長ハ投票管理者ト爲リ投票ニ關スル事務ヲ擔任ス

第二十一條　投票所ハ市役所、町村役場又ハ投票管理者ノ指定シタル場所ニ之ヲ設ク

第二十二條　投票管理者ハ選擧ノ期日ヨリ少クトモ五日前ニ投票所ヲ告示スヘシ

第二十三條　投票所ハ午前七時ニ開キ午後六時ニ閉ツ

第二十四條　議員候補者ハ各投票區ニ於ケル選擧人名簿ニ記載セラレタル者ノ中ヨリ本人ノ承諾ヲ得テ投票立會人一人ヲ定メ選擧ノ期日ノ前日迄ニ投票管理者ニ屆出ツルコトヲ得但シ議員候補者死亡シ又ハ議員候補者タルコトヲ辭シタルトキハ其ノ屆出テタル投票立會人ハ其ノ職ヲ失フ

前項ノ規定ニ依ル投票立會人三人ニ達セサルトキ若ハ三人ニ達セサルニ至リタルトキ又ハ投票立會人ニシテ參會スル者投票所ヲ開クヘキ時刻ニ至リ三人ニ達セサルトキ若ハ其ノ後三人ニ達セサルニ至リタルトキハ投票管理者ハ其ノ投票區ニ於ケル選擧人名簿ニ記載セラレタル者ノ中ヨリ三人ニ達スル迄ノ投票立會人ヲ選任シ直ニ之ヲ本人ニ通知シ投票ニ立會ハシムヘシ

投票立會人ハ正當ノ事故ナクシテ其ノ職ヲ辭スルコトヲ得ス

第二十五條　選擧人ハ選擧ノ當日自ラ投票所ニ到リ選擧人名簿ノ對照ヲ經テ投票ヲ爲スヘシ

投票管理者ハ投票ヲ爲サムトスル選擧人ノ本人ナリヤ否ヤヲ確認スルコト能ハサルトキハ其ノ本人ナル旨ヲ宣言セシムヘシ其ノ宣言ヲ爲サヽル者ハ投票ヲ爲スコトヲ得ス

第二十六條　投票用紙ハ選擧ノ當日投票所ニ於テ之ヲ選擧人ニ交付スヘシ

第二十七條　選擧人ハ投票所ニ於テ投票用紙ニ自ラ議員候補者一人ノ氏名ヲ記載シテ投函スヘシ

投票用紙ニハ選擧人ノ氏名ヲ記載スルコトヲ得ス

第二十八條　投票ニ關スル記載ニ付テハ勅令ヲ以テ定ムル點字ハ之ヲ文字ト看做ス

第二十九條　選擧人名簿ニ登録セラレサル者ハ投票ヲ爲スコトヲ得ス但シ選擧人名簿ニ登録セラルヘキ確定判決書ヲ所持シ選擧ノ當日投票所ニ到ル者アルトキハ投票管理者ハ之ヲシテ投票ヲ爲サシムヘシ

第三十條　選擧人名簿ニ登録セラレタル者選擧人名簿ニ登録セラルルコトヲ得サル者ナルトキハ投票ヲ爲スコトヲ得ス選擧ノ當日選擧權ヲ有セサル者ナルトキ亦同シ

自ラ議員候補者ノ氏名ヲ書スルコト能ハサル者ハ投票ヲ爲スコトヲ得ス

第三十一條　投票ノ拒否ハ投票立會人ノ意見ヲ聽キ投票管理者之ヲ決定スヘシ

前項ノ決定ヲ受ケタル選擧人不服アルトキハ投票管理者ハ假ニ投票ヲ爲サシムヘシ

前項ノ投票ハ選擧人ヲシテ之ヲ封筒ニ入レ封緘シ表面ニ自ラ其ノ氏名ヲ記載シ投

函セシムヘシ

投票立會人ニ於テ異議アル選擧人ニ對シテモ亦前二項ニ同シ

第三十二條　投票所ヲ閉ツヘキ時刻ニ至リタルトキハ投票管理者ハ其ノ旨ヲ告ケテ投票所ノ入口ヲ鎖シ投票所ニ在ル選擧人ノ投票結了スルヲ待チテ投票函ヲ閉鎖スヘシ

投票函閉鎖後ハ投票ヲ爲スコトヲ得ス

第三十三條　選擧人ニシテ勅令ノ定ムル事由ニ因リ選擧ノ當日自ラ投票所ニ到リ投票ヲ爲シ能ハサルヘキコトヲ證スル者ノ投票ニ關シテハ第二十五條、第二十六條、第二十七條第一項、第二十九條但書及第三十一條ノ規定ニ拘ラス勅令ヲ以テ特別ノ規定ヲ設クルコトヲ得

第三十四條　投票管理者ハ投票錄ヲ作リ投票ニ關スル顚末ヲ記載シ投票立會人ト共ニ之ニ署名スヘシ

第三十五條　投票管理者ハ一人又ハ數人ノ投票立會人ト共ニ町村ノ投票區ニ於テハ投票ノ翌日迄ニ、市ノ投票區ニ於テハ投票ノ當日投票函、投票錄及選擧人名簿ヲ開票管理者ニ送致スヘシ

第三十六條　島嶼其ノ他交通不便ノ地ニシテ前條ノ期日ニ投票函ヲ送致スルコト能ハサル情況アリト認ムルトキハ地方長官ハ適宜ニ其ノ投票ノ期日ヲ定メ開票ノ期日迄ニ其ノ投票函、投票錄及選擧人名簿ヲ送致セシムルコトヲ得

第三十七條　天災其ノ他避クヘカラサル事故ニ因リ投票ヲ行フコトヲ得サルトキ又ハ更ニ投票ヲ行フノ必要アルトキハ投票管理者ハ選擧長ヲ經テ地方長官ニ其ノ旨ヲ屆出ツヘシ此ノ場合ニ於テハ地方長官ハ更ニ期日ヲ定メ投票ヲ行ハシムヘシ但シ其ノ期日ハ少クトモ五日前ニ之ヲ告示セシムヘシ

第三十八條　第七十五條又ハ第七十九條ノ選擧ヲ同時ニ行フ場合ニ於テハ一ノ選擧ヲ以テ合併シテ之ヲ行フ

第三十九條　何人ト雖選擧人ノ投票シタル被選擧人ノ氏名ヲ陳述スルノ義務ナシ

第四十條　投票管理者ハ投票所ノ秩序ヲ保持シ必要ナル場合ニ於テハ警察官吏ノ處分ヲ請求スルコトヲ得

第四十一條　選擧人、投票所ノ事務ニ從事スル者、投票所ヲ監視スル職權ヲ有スル者及警察官吏ニ非サレハ投票所ニ入ルコトヲ得ス

第四十二條　投票所ニ於テ演說討論ヲ爲シ若ハ喧擾ニ涉リ又ハ投票ニ關シ協議若ハ勸誘ヲ爲シ其ノ他投票所ノ秩序ヲ紊ル者アルトキハ投票管理者ハ之ヲ制止シ命ニ從ハサルトキハ投票所外ニ退出セシムヘシ

第四十三條　前條ノ規定ニ依リ投票所外ニ退出セシメラレタル者ハ最後ニ至リ投票ヲ爲スコトヲ得但シ投票管理者ハ投票所ノ秩序ヲ紊ルノ虞ナシト認ムル場合ニ於テ投票ヲ爲サシムルコトヲ妨ケス

第五章　開票及開票所

第四十四條　支廳長、市長又ハ地方長官ノ指定シタル官吏ハ開票管理者ト爲リ開票ニ關スル事務ヲ擔任ス

第四十五條　開票所ハ支廳、市役所又ハ開票管理者ノ指定シタル場所ニ之ヲ設ク

第四十六條　開票管理者ハ豫メ開票ノ場所及日時ヲ告示スヘシ

第四十七條　第二十四條ノ規定ハ開票立會人ニ之ヲ準用ス

第四十八條　開票管理者ハ總テノ投票函ノ送致ヲ受ケタル日ノ翌日開票所ニ於テ開票立會人立會ノ上投票函ヲ開キ投票ノ總數ト投票人ノ總數トヲ計算スヘシ

第四十九條　前條ノ計算終リタルトキハ開票管理者ハ先ツ第三十一條第二項及第四項ノ投票ヲ調査シ開票立會人ノ意見ヲ聽キ其ノ受理如何ヲ決定スヘシ

開票管理者ハ開票立會人ト共ニ投票區毎ニ投票ヲ點檢スヘシ

投票ノ點檢終リタルトキハ開票管理者ハ直ニ其ノ結果ヲ選擧長ニ報告スヘシ

第五十條　選擧人ハ其ノ開票所ニ就キ開票ノ參觀ヲ求ムルコトヲ得

第五十一條　投票ノ效力ハ開票立會人ノ意見ヲ聽キ開票管理者之ヲ決定スヘシ

第五十二條　左ノ投票ハ之ヲ無效トス

一　成規ノ用紙ヲ用ヒサルモノ

二　議員候補者ニ非サル者ノ氏名ヲ記載シタルモノ

三　一投票中二人以上ノ議員候補者ノ氏名ヲ記載シタルモノ

四　被選擧權ナキ議員候補者ノ氏名ヲ記載シタルモノ

五　議員候補者ノ氏名ノ外他事ヲ記載シタルモノ但シ官位、職業、身分、住居又ハ敬稱ノ類ヲ記入シタルモノハ此ノ限ニ在ラス

六　議員候補者ノ氏名ヲ自書セサルモノ

七　議員候補者ノ何人ヲ記載シタルカヲ確認シ難キモノ

八　衆議院議員ノ職ニ在ル者ノ氏名ヲ記載シタルモノ

前項第八號ノ規定ハ第七十五條又ハ第七十九條ノ規定ニ依ル選擧ノ場合ニ限リ之ヲ適用ス

第五十三條　投票ハ有效無效ヲ區別シ議員ノ任期間開票管理者ニ於テ之ヲ保存スヘシ但シ第四十四條ノ規定ニ依リ地方長官ノ指定シタル官吏開票管理者タル場合ニ於テハ地方長官ニ於テ之ヲ保存スヘシ

第五十四條　開票管理者ハ開票錄ヲ作リ開票ニ關スル顚末ヲ記載シ開票立會人ト共ニ署名シ投票錄ト併セテ議員ノ任期間之ヲ保存スヘシ但シ前條但書ノ規定ハ開票錄及投票錄ノ保存ニ之ヲ準用ス

第五十五條　選擧ノ一部無效ト爲リ更ニ選擧ヲ行ヒタル場合ノ開票ニ於テハ其ノ投票ノ效力ヲ決定スヘシ

第五十六條　第三十七條ノ規定ハ但書ヲ除キ開票ニ之ヲ準用ス

第五十七條　開票所ノ取締ニ付テハ第四十條乃至第四十二條ノ規定ヲ準用ス

第六章　選擧會

第五十八條　左ニ揭クル者ヲ以テ選擧長トス
一　一縣又ハ一市一選擧區タル場合ニ於テハ其ノ地方長官又ハ市長
二　一選擧區數市又ハ支廳管內及市ニ涉ル場合ニ於テハ關係支廳長又ハ市長ノ中ニ就キ地方長官ノ指定スル者
三　其ノ他ノ選擧區ニ於テハ官吏又ハ關係市長ノ中ニ就キ地方長官ノ指定スル者

選擧長ハ選擧會ニ關スル事務ヲ擔任ス

第五十九條　選擧會ハ選擧長ノ屬スル縣廳、支廳若ハ市役所又ハ選擧長ノ指定シタル場所ニ之ヲ開ク

第六十條　選擧長ハ豫メ選擧會ノ場所及日時ヲ告示スヘシ

第六十一條　第二十四條ノ規定ハ選擧立會人ニ之ヲ準用ス

第六十二條　選擧長ハ總テノ開票管理者ヨリ第四十九條第三項ノ報告ヲ受ケタル日又ハ其ノ翌日選擧會ヲ開キ選擧立會人立會ノ上其ノ報告ヲ調査スヘシ

選擧ノ一部無效ト爲リ更ニ選擧ヲ行ヒタル場合ニ於テ第四十九條第三項ノ報告ヲ受ケタルトキハ選擧長ハ前項ノ例ニ依リ選擧會ヲ開キ他ノ部分ノ報告ト共ニ更ニ之ヲ調査スヘシ

第六十三條　選擧人ハ其ノ選擧會ノ參觀ヲ求ムルコトヲ得

第六十四條　選擧長ハ選擧錄ヲ作リ選擧會ニ關スル顚末ヲ記載シ選擧立會人ト共ニ署名シ第四十九條第三項ノ報告ニ關スル書類ト併セテ議員ノ任期間之ヲ保存スヘシ但シ第五十八條第一項第三號ノ規定ニ依リ地方長官ノ指定シタル官吏（支廳長ヲ除ク）選擧長タル場合ニ於テハ地方長官ニ於テ選擧錄及第四十九條第三項ノ報告ニ關スル書類ヲ保存スヘシ

第六十五條　第三十七條ノ規定ハ但書ヲ除キ選擧會ニ之ヲ準用ス

第六十六條　選擧會場ノ取締ニ付テハ第四十條乃至第四十二條ノ規定ヲ準用ス

第七章　議員候補者及當選人

第六十七條　議員候補者タラムトスル者ハ選擧ノ期日ノ公布又ハ告示アリタル日ヨリ選擧ノ期日前七日迄ニ其ノ旨ヲ選擧長ニ屆出ツヘシ

選擧人名簿ニ記載セラレタル者他人ヲ議員候補者ト爲サムトスルトキハ前項ノ期間內ニ其ノ推薦ノ屆出ヲ爲スコトヲ得

前二項ノ期間內ニ屆出アリタル議員候補者其ノ選擧ニ於ケル議員ノ定數ヲ超ユル場合ニ於テ其ノ期間ヲ經過シタル後議員候補者死亡シ又ハ議員候補者タルコトヲ辭シタルトキハ前二項ノ例ニ依リ選擧ノ期日ノ前日迄議員候補者ノ屆出又ハ推薦屆出ヲ爲スコトヲ得

議員候補者ハ選擧長ニ屆出ヲ爲スニ非サレハ議員候補者タルコトヲ辭スルコトヲ

得ス

前四項ノ屆出アリタルトキ又ハ議員候補者ノ死亡シタルコトヲ知リタルトキハ選擧長ハ直ニ其ノ旨ヲ告示スヘシ

第六十八條　議員候補者ノ屆出又ハ推薦屆出ヲ爲サムトスル者ハ議員候補者一人ニ付二千圓又ハ之ニ相當スル額面ノ國債證書ヲ供託スルコトヲ要ス

議員候補者ノ得票數其ノ選擧區內ノ議員ノ定數ヲ以テ有效投票ノ總數ヲ除シテ得タル數ノ十分ノ一ニ達セサルトキハ前項ノ供託物ハ政府ニ歸屬ス

議員候補者選擧ノ期日前十日以內ニ議員候補者タルコトヲ辭シタルトキハ前項ノ規定ヲ準用ス但シ被選擧權ヲ有セサルニ至リタル爲議員候補者タルコトヲ辭シタルトキハ此ノ限ニ在ラス

第六十九條　有效投票ノ最多數ヲ得タル者ヲ以テ當選人トス但シ其ノ選擧區內ノ議員ノ定數ヲ以テ有效投票ノ總數ヲ除シテ得タル數ノ四分ノ一以上ノ得票アルコトヲ要ス

當選人ヲ定ムルニ當リ得票數同シキトキハ年齡多キ者ヲ取リ年齡モ亦同シキトキハ選擧會ニ於テ選擧長抽籤シテ之ヲ定ム

第八十一條又ハ第八十三條ノ規定ニ依ル訴訟ノ結果更ニ選擧ヲ行フコトナクシテ當選人ヲ定メ得ル場合ニ於テハ選擧會ヲ開キ之ヲ定ムヘシ

當選人當選ヲ辭シタルトキ、死亡者ナルトキ又ハ第七十條ノ規定ニ依リ當選ヲ失ヒタルトキハ直ニ選擧會ヲ開キ第一項但書ノ得票者ニシテ當選人ト爲ラサリシ者ノ中ニ就キ當選人ヲ定ムヘシ

當選人第八十四條ノ規定ニ依ル訴訟ノ結果又ハ第百三十六條ノ規定ニ依リ當選無效ト爲リタルトキハ選擧會ヲ開キ其ノ第七十四條ノ規定ニ依ル當選承諾屆出期限前ナル場合ニ於テハ前項ノ例ニ依リ其ノ屆出期限經過後ナル場合ニ於テハ第二項ノ規定ノ適用ヲ受ケタル得票者ニシテ當選人ト爲ラサリシ者ノ中ニ就キ當選人ヲ定ムヘシ

前三項ノ場合ニ於テ第一項但書ノ得票者ニシテ當選人ト爲ラサリシ者選擧ノ期日後ニ於テ被選擧權ヲ有セサルニ至リタルトキハ之ヲ當選人ト定ムルコトヲ得ス

第七十條　當選人選擧ノ期日後ニ於テ被選擧權ヲ有セサルニ至リタルトキハ當選ヲ失フ

第七十一條　第六十七條第一項乃至第三項ノ規定ニ依ル屆出アリタル議員候補者其ノ選擧ニ於ケル議員ノ定數ヲ超エサルトキハ其ノ選擧區ニ於テハ投票ヲ行ハス

前項ノ規定ニ依リ投票ヲ行フコトヲ要セサルトキハ選擧長ハ直ニ其ノ旨ヲ投票管理者ニ通知シ併セテ之ヲ告示シ且地方長官ニ報告スヘシ

投票管理者前項ノ通知ヲ受ケタルトキハ直ニ其ノ旨ヲ告示スヘシ

第一項ノ場合ニ於テハ選擧長ハ選擧ノ期日ヨリ五日以內ニ選擧會ヲ開キ議員候補

者ヲ以テ當選人ト定ムヘシ
前項ノ場合ニ於テ議員候補者ノ被選擧權ノ有無ハ選擧立會人ノ意見ヲ聽キ選擧長之ヲ決定スヘシ
第七十二條　當選人定リタルトキハ選擧長ハ直ニ當選人ニ當選ノ旨ヲ告知シ同時ニ當選人ノ氏名ヲ告示シ且當選人ノ氏名、得票數及其ノ選擧ニ於ケル有效投票ノ總數其ノ他選擧ノ顛末ヲ地方長官ニ報告スヘシ
當選人ナキトキ又ハ當選人其ノ選擧ニ於ケル議員ノ定數ニ達セサルトキハ選擧長ハ直ニ其ノ旨ヲ告示シ且之ヲ地方長官ニ報告スヘシ
第七十三條　當選人當選ノ告知ヲ受ケタルトキハ其ノ當選ヲ承諾スルヤ否ヤヲ選擧長ニ屆出ツヘシ
一人ニシテ數選擧區ノ當選ヲ承諾スルコトヲ得ス
選擧長第一項ノ規定ニ依ル屆出ヲ受ケタルトキハ直ニ其ノ旨ヲ地方長官ニ報告スヘシ
第七十四條　當選人當選ノ告知ヲ受ケタル日ヨリ二十日以內ニ當選承諾ノ屆出ヲ爲ササルトキハ其ノ當選ヲ辭シタルモノト看做ス
第七十五條　左ニ揭クル事由ノ一ニ該當スル場合ニ於テハ更ニ選擧ヲ行フコトナクシテ當選人ヲ定メ得ルトキヲ除クノ外地方長官ハ選擧ノ期日ヲ定メ少クトモ十四日前ニ之ヲ告示シ更ニ選擧ヲ行ハシムヘシ但シ同一人ニ關シ左ニ揭クル其ノ他ノ事由ニ依リ又ハ第七十九條第六項ノ規定ニ依リ選擧ノ期日ヲ告示シタルトキハ此ノ限ニ在ラス
一　當選人ナキトキ又ハ當選人其ノ選擧ニ於ケル議員ノ定數ニ達セサルトキ
二　當選人當選ヲ辭シタルトキ又ハ死亡者ナルトキ
三　當選人第七十條ノ規定ニ依リ當選ヲ失ヒタルトキ
四　第八十一條又ハ第八十三條ノ規定ニ依ル訴訟ノ結果當選人ナキニ至リ又ハ當選人其ノ選擧ニ於ケル議員ノ定數ニ達セサルニ至リタルトキ
五　當選人第八十四條ノ規定ニ依ル訴訟ノ結果當選無效ト爲リタルトキ
六　當選人第百三十六條ノ規定ニ依リ當選無效ト爲リタルトキ
第九章ノ規定ニ依ル訴訟ノ出訴期間ハ前項ノ規定ニ依ル選擧ヲ行フコトヲ得ス其ノ出訴アリタル場合ニ於テ訴訟繫屬中亦同シ
第一項ノ選擧ノ期日ハ第九章ノ規定ニ依ル訴訟ノ出訴期間滿了ノ日、其ノ出訴アリタル場合ニ於テハ地方長官第八十六條第一項ノ規定ニ依リ訴訟繫屬セサルニ至リタル旨ノ大審院長ノ通知ヲ受ケタル日又ハ第百四十三條ノ規定ニ依ル通知ヲ受ケタル日ヨリ二十日ヲ超ユルコトヲ得ス

第一項各號ノ一ニ該當スル事由議員ノ任期ノ終ル前六月以内ニ生シタルトキハ第一項ノ選擧ハ之ヲ行ハス

第七十六條　當選人當選ヲ承諾シタルトキハ地方長官ハ直ニ當選證書ヲ付與シ其ノ氏名ヲ告示シ且之ヲ内務大臣ニ報告スヘシ

第七十七條　第九章ノ規定ニ依ル訴訟ノ結果選擧若ハ當選無效ト爲リタルトキ又ハ當選人第百三十六條ノ規定ニ依リ當選無效ト爲リタルトキハ地方長官ハ直ニ其ノ旨ヲ告示スヘシ

第八章　議員ノ任期及補闕

第七十八條　議員ノ任期ハ四年トシ總選擧ノ期日ヨリ之ヲ起算ス但シ議會開會中ニ任期終ルモ閉會ニ至ル迄在任ス

第七十九條　議員ニ闕員ヲ生スルモ其ノ闕員ノ數同一選擧區ニ於テ二人ニ達スル迄ハ補闕選擧ハ之ヲ行ハス

議員ニ闕員ヲ生シタルトキハ内務大臣ハ院議法第八十四條ノ規定ニ依ル衆議院議長ノ通牒ヲ受ケタル日ヨリ五日以内ニ地方長官ニ對シ其ノ旨ヲ通知スヘシ

地方長官ハ前項ノ規定ニ依ル通知ヲ受ケタルトキハ其ノ闕員ト爲リタル議員カ第七十四條ノ規定ニ依ル當選承諾屆出ノ期限前ニ於テ闕員ト爲リタル者ナル場合ニ於テ第六十九條第一項但書ノ得票者ニシテ當選人ト爲ラサリシ者アルトキ又ハ其ノ期限經過後ニ於テ闕員ト爲リタル者ナル場合ニ於テ第六十九條第二項ノ規定ノ適用ヲ受ケタル得票者ニシテ當選人ト爲ラサリシ者アルトキハ直ニ議員闕員ト爲リタル旨ヲ選擧長ニ通知スヘシ

選擧長ハ前項ノ規定ニ依ル通知ヲ受ケタル日ヨリ二十日以内ニ第六十九條第四項乃至第六項ノ規定ヲ準用シ當選人ヲ定ムヘシ

地方長官ハ第二項ノ規定ニ依ル通知ヲ受ケタル場合ニ於テ第三項ノ規定ノ適用アルトキ及同一人ニ關シ第七十五條ノ規定ニ依リ選擧ノ期日ヲ告示シタルトキヲ除クノ外其ノ闕員ノ數同一選擧區ニ於テ二人ニ達スルヲ待チ最後ニ第二項ノ規定ニ依ル通知ヲ受ケタル日ヨリ二十日以内ニ補闕選擧ヲ行ハシムヘシ

補闕選擧ノ期日ハ地方長官少クトモ十四日前ニ之ヲ告示スヘシ

第七十五條第二項乃至第四項ノ規定ハ補闕選擧ニ之ヲ準用ス

第八十條　補闕議員ハ其ノ前任者ノ殘任期間在任ス

第九章　訴訟

第八十一條　選擧ノ效力ニ關シ異議アル選擧人又ハ議員候補者ハ選擧長ヲ被告トシ選擧ノ日ヨリ三十日以内ニ大審院ニ出訴スルコトヲ得

第八十二條　選擧ノ規定ニ違反スルコトアルトキハ選擧ノ結果ニ異動ヲ及ホスノ虞アル場合ニ限リ裁判所ハ其ノ選擧ノ全部又ハ一部ノ無效ヲ判決スヘシ

第八十三條ノ規定ニ依ル訴訟ニ於テモ其ノ選擧前項ノ場合ニ該當スルトキハ裁判所ハ其ノ全部又ハ一部ノ無效ヲ判決スヘシ

第八十三條　當選ヲ失ヒタル者當選ノ效力ニ關シ異議アルトキハ當選人ヲ被告トシ第七十二條第一項及第二項ノ告示ノ日ヨリ三十日以内ニ大審院ニ出訴スルコトヲ得但シ第六十九條第一項但書ニ定メタル得票ニ達シタリトノ理由、第六十九條第六項若ハ第七十條ノ規定ニ該當セストノ理由又ハ第七十一條第五項ノ決定違法ナリトノ理由ニ因リ出訴スル場合ニ於テハ選擧長ヲ被告トスヘシ

前項ノ規定ニ依ル訴訟ノ裁判確定前當選人死亡シタルトキハ檢事ヲ被告トス

第八十四條　第百十條ノ規定ニ依リ當選ヲ無效ナリト認ムル選擧人又ハ議員候補者ハ當選人ヲ被告トシ第七十二條第一項ノ告示ノ日ヨリ三十日以内ニ大審院ニ出訴スルコトヲ得

第百三十六條ノ規定ニ依リ選擧事務長カ第百十二條又ハ第百十三條ノ罪ヲ犯シ刑ニ處セラレタルニ因リ當選ヲ無效ナリト認ムル選擧人又ハ議員候補者ハ當選人ヲ被告トシ其ノ裁判確定ノ日ヨリ三十日以内ニ大審院ニ出訴スルコトヲ得

第八十五條　裁判所ハ本章ノ規定ニ依ル訴訟ヲ裁判スルニ當リ檢事ヲシテ口頭辯論ニ立會ハシムヘシ

第八十六條　本章ノ規定ニ依ル訴訟ノ提起アリタルトキハ大審院長ハ其ノ旨ヲ内務大臣及關係地方長官ニ通知スヘシ訴訟ノ繫屬セサルニ至リタルトキ亦同シ

本章ノ規定ニ依ル訴訟ニ付判決アリタルトキハ大審院長ハ其ノ判決書ノ謄本ヲ内務大臣ニ送付スヘシ帝國議會開會中ナルトキハ併セテ之ヲ衆議院議長ニ送付スヘシ

第八十七條　本章ノ規定ニ依ル訴訟ヲ提起セムトスル者ハ保證金トシテ三百圓又ハ之ニ相當スル額面ノ國債證書ヲ供託スルコトヲ要ス

原告敗訴ノ場合ニ於テ裁判確定ノ日ヨリ七日以内ニ裁判費用ヲ完納セサルトキハ保證金ヲ以テ之ニ充當シ仍足ラサルトキハ之ヲ追徵ス

第十章　選擧運動

第八十八條　議員候補者ハ選擧事務長一人ヲ選任スヘシ但シ議員候補者自ラ選擧事務長ト爲リ又ハ推薦屆出者（推薦屆出者數人アルトキハ其ノ代表者）議員候補者ノ承諾ヲ得テ選擧事務長ヲ選任シ若ハ自ラ選擧事務長ト爲ルコトヲ妨ケス

議員候補者ノ承諾ヲ得スシテ其ノ推薦ノ屆出ヲ爲シタル者ハ前項但書ノ承諾ヲ得ルコトヲ要セス

議員候補者ハ文書ヲ以テ通知スルコトニ依リ選擧事務長ヲ解任スルコトヲ得選擧事務長ヲ選任シタル推薦屆出者ニ於テ議員候補者ノ承諾ヲ得タルトキ亦同シ

選擧事務長ハ文書ヲ以テ議員候補者及選

任者ニ通知スルコトニ依リ辭任スルコトヲ得

選擧事務長ノ選任者（自ラ選擧事務長ト爲リタル者ヲ含ム以下之ニ同シ）ハ直ニ其ノ旨ヲ選擧區內警察官署ノ一ニ屆出ツヘシ

選擧事務長ニ異動アリタルトキハ前項ノ規定ニ依リ屆出ヲ爲シタル者直ニ其ノ屆出ヲ爲シタル警察官署ニ其ノ旨ヲ屆出ツヘシ

第九十五條ノ規定ニ依リ選擧事務長ニ代リテ其ノ職務ヲ行フ者ハ前項ノ例ニ依リ屆出ツヘシ其ノ之ヲ罷メタルトキ亦同シ

第八十九條　選擧事務長ニ非サレハ選擧事務所ヲ設置シ又ハ選擧委員若ハ選擧事務員ヲ選任スルコトヲ得ス

選擧事務長ハ文書ヲ以テ通知スルコトニ依リ選擧委員又ハ選擧事務員ヲ解任スルコトヲ得

選擧委員又ハ選擧事務員ハ文書ヲ以テ選擧事務長ニ通知スルコトニ依リ辭任スルコトヲ得

選擧事務長選擧事務所ヲ設置シ又ハ選擧委員若ハ選擧事務員ヲ選任シタルトキハ直ニ其ノ旨ヲ前條第五項ノ屆出アリタル警察官署ニ屆出ツヘシ選擧事務所又ハ選擧委員若ハ選擧事務員ニ異動アリタルトキ亦同シ

第九十條　選擧事務所ハ議員候補者一人ニ付七箇所ヲ超ユルコトヲ得ス

選擧ノ一部無效ト爲リ更ニ選擧ヲ行フ場合又ハ第三十七條ノ規定ニ依リ投票ヲ行フ場合ニ於テハ選擧事務所ハ前項ニ揭クル數ヲ超エサル範圍內ニ於テ地方長官（東京府ニ在リテハ警視總監）ノ定メタル數ヲ超ユルコトヲ得ス

地方長官（東京府ニ在リテハ警視總監）前項ノ規定ニ依リ選擧事務所ノ數ヲ定メタル場合ニ於テハ選擧ノ期日ノ告示アリタル後直ニ之ヲ告示スヘシ

第九十一條　選擧事務所ハ選擧ノ當日ニ限リ投票所ヲ設ケタル場所ノ入口ヨリ三町以內ノ區域ニ之ヲ置クコトヲ得ス

第九十二條　休憩所其ノ他之ニ類似スル設備ハ選擧運動ノ爲之ヲ設クルコトヲ得ス

第九十三條　選擧委員及選擧事務員ハ議員候補者一人ニ付通シテ五十人ヲ超ユルコトヲ得ス

第九十條第二項及第三項ノ規定ハ選擧委員及選擧事務員ニ關シ之ヲ準用ス

第九十四條　選擧事務長選擧權ヲ有セサル者ナルトキ又ハ第九十九條第二項ノ規定ニ依リ選擧運動ヲ爲スコトヲ得サル者ナルトキハ地方長官（東京府ニ在リテハ警視總監）ハ直ニ其ノ解任又ハ退任ヲ命スヘシ

第八十九條第一項ノ規定ニ違反シテ選擧事務所ノ設置アリト認ムルトキハ地方長官（東京府ニ在リテハ警視總監）ハ直ニ其ノ選擧事務所ノ閉鎖ヲ命スヘシ第九十條第一項又ハ第二項ノ規定ニ依ル定數ヲ超エテ選擧事務所ノ設置アリト認ムルトキハ其ノ超過シタル數ノ選擧事務所ニ付

亦同シ

前條ノ規定ニ依ル定數ヲ超エテ選擧委員又ハ選擧事務員ノ選任アリト認ムルトキハ地方長官（東京府ニ在リテハ警視總監）ハ直ニ其ノ超過シタル數ノ選擧委員又ハ選擧事務員ノ解任ヲ命スヘシ選擧委員又ハ選擧事務員選擧權ヲ有セサル者ナルトキ又ハ第九十九條第二項ノ規定ニ依リ選擧運動ヲ爲スコトヲ得サル者ナルトキ其ノ選擧委員又ハ選擧事務員ニ付亦同シ

第九十五條　選擧事務長故障アルトキハ選任者代リテ其ノ職務ヲ行フ

推薦屆出者タル選任者モ亦故障アルトキハ議員候補者ノ承諾ヲ得スシテ其ノ推薦ノ屆出ヲ爲シタル場合ヲ除クノ外議員候補者代リテ其ノ職務ヲ行フ

第九十六條　議員候補者、選擧事務長、選擧委員又ハ選擧事務員ニ非サレハ選擧運動ヲ爲スコトヲ得ス但シ演說又ハ推薦狀ニ依ル選擧運動ハ此ノ限ニ在ラス

第九十七條　選擧事務長、選擧委員又ハ選擧事務員ハ選擧運動ノ爲ニ要スル飲食物、船車馬等ノ供給又ハ旅費、休泊料其ノ他ノ實費ノ辨償ヲ受クルコトヲ得演說又ハ推薦狀ニ依リ選擧運動ヲ爲ス者其ノ運動ヲ爲スニ付亦同シ

選擧事務員ハ選擧運動ヲ爲スニ付報酬ヲ受クルコトヲ得

第九十八條　何人ト雖投票ヲ得若ハ得シメ又ハ得シメサルノ目的ヲ以テ戶別訪問ヲ爲スコトヲ得ス

何人ト雖前項ノ目的ヲ以テ連續シテ個個ノ選擧人ニ對シ面接シ又ハ電話ニ依リ選擧運動ヲ爲スコトヲ得ス

第九十九條　選擧權ヲ有セサル者ハ選擧事務長、選擧委員又ハ選擧事務員ト爲ルコトヲ得ス

選擧事務ニ關係アル官吏及吏員ハ其ノ關係區域內ニ於ケル選擧運動ヲ爲スコトヲ得ス

第百條　內務大臣ハ選擧運動ノ爲頒布シ又ハ揭示スル文書圖畫ニ關シ命令ヲ以テ制限ヲ設クルコトヲ得

第十一章　選擧運動ノ費用

第百一條　立候補準備ノ爲ニ要スル費用ヲ除クノ外選擧運動ノ費用ハ選擧事務長ニ非サレハ之ヲ支出スルコトヲ得ス但シ議員候補者、選擧委員又ハ選擧事務員ハ選擧事務長ノ文書ニ依ル承諾ヲ得テ之ヲ支出スルコトヲ妨ケス

議員候補者、選擧事務長、選擧委員又ハ選擧事務員ニ非サル者ハ選擧運動ノ費用ヲ支出スルコトヲ得ス但シ演說又ハ推薦狀ニ依ル選擧運動ノ費用ハ此ノ限ニ在ラス

第百二條　選擧運動ノ費用ハ議員候補者一人ニ付左ノ各號ノ額ヲ超ユルコトヲ得ス

一　選擧區內ノ議員ノ定數ヲ以テ選擧人名簿確定ノ日ニ於テ之ニ記載セラレタル者ノ總數ヲ除シテ得タル數ヲ四十錢ニ乘シテ得タル額

二　選擧ノ一部無效ト爲リ更ニ選擧ヲ

行フ場合ニ於テハ選擧區内ノ議員ノ定數ヲ以テ選擧人名簿確定ノ日ニ於テ關係區域ノ選擧人名簿ニ記載セラレタル者ノ總數ヲ除シテ得タル數ヲ四十錢ニ乘シテ得タル額

三 第三十七條ノ規定ニ依リ投票ヲ行フ場合ニ於テハ前號ノ規定ニ準シテ算出シタル額但シ地方長官（東京府ニ在リテハ警視總監）必要アリト認ムルトキハ之ヲ減額スルコトヲ得

地方長官（東京府ニ在リテハ警視總監）ハ選擧ノ期日ノ公布又ハ告示アリタル後直ニ前項ノ規定ニ依ル額ヲ告示スヘシ

第百三條　選擧運動ノ爲財産上ノ義務ヲ負擔シ又ハ建物、船車馬、印刷物、飲食物其ノ他ノ金錢以外ノ財産上ノ利益ヲ使用シ若ハ費消シタル場合ニ於テハ其ノ義務又ハ利益ヲ時價ニ見積リタル金額ヲ以テ選擧運動ノ費用ト看做ス

第百四條　左ノ各號ニ揭クル費用ハ之ヲ選擧運動ノ費用ニ非サルモノト看做ス

一 議員候補者カ乘用スル船車馬等ノ爲ニ要シタル費用

二 選擧ノ期日後ニ於テ選擧運動ノ殘務整理ノ爲ニ要シタル費用

三 選擧委員又ハ選擧事務員ノ支出シタル費用ニシテ議員候補者又ハ選擧事務長ト意思ヲ通シテ支出シタル費用以外ノモノ但シ第百一條第一項ノ規定ノ適用ニ付テハ此ノ限ニ在ラス

四 第六十七條第一項乃至第三項ノ届出アリタル後議員候補者、選擧事務長、選擧委員又ハ選擧事務員ニ非サル者ノ支出シタル費用ニシテ議員候補者又ハ選擧事務長ト意思ヲ通シテ支出シタル費用以外ノモノ但シ第百一條第二項ノ規定ノ適用ニ付テハ此ノ限ニ在ラス

五 立候補準備ノ爲ニ要シタル費用ニシテ議員候補者若ハ選擧事務長ト爲リタル者ノ支出シタル費用又ハ其ノ者ト意思ヲ通シテ支出シタル費用以外ノモノ

第百五條　選擧事務長ハ勅令ノ定ムル所ニ依リ帳簿ヲ備ヘ之ニ選擧運動ノ費用ヲ記載スヘシ

第百六條　選擧事務長ハ勅令ノ定ムル所ニ依リ選擧運動ノ費用ヲ精算シ選擧ノ期日ヨリ十四日以内ニ第八十八條第五項ノ届出アリタル警察官署ヲ經テ之ヲ地方長官（東京府ニ在リテハ警視總監）ニ届出ツヘシ

地方長官（東京府ニ在リテハ警視總監）ハ前項ノ規定ニ依リ届出アリタル選擧運動ノ費用ヲ告示スヘシ

第百七條　選擧事務長ハ前條第一項ノ届出ヲ爲シタル日ヨリ一年間選擧運動ノ費用ニ關スル帳簿及書類ヲ保存スヘシ

前項ノ帳簿及書類ノ種類ハ勅令ヲ以テ之ヲ定ム

第百八條　警察官吏ハ選擧ノ期日後何時ニテモ選擧事務長ニ對シ選擧運動ノ費用ニ關スル帳簿又ハ書類ノ提出ヲ命シ、之ヲ檢査シ又ハ之ニ關スル說明ヲ求ムルコトヲ得

第百九條　選擧事務長辭任シ又ハ解任セラレタル場合ニ於テハ遲滯ナク選擧運動ノ費用ノ計算ヲ爲シ新ニ選擧事務長ト爲リタル者ニ對シ、新ニ選擧事務長ト爲リタル者ナキトキハ第九十五條ノ規定ニ依リ選擧事務長ノ職務ヲ行フ者ニ對シ選擧事務所、選擧委員、選擧事務員其ノ他ニ關スル事務ト共ニ其ノ引繼ヲ爲スヘシ第九十五條ノ規定ニ依リ選擧事務長ノ職務ヲ行フ者事務ノ引繼ヲ受ケタル後新ニ選擧事務長定リタルトキ亦同シ

第百十條　議員候補者ノ爲支出セラレタル選擧運動ノ費用カ第百二條第二項ノ規定ニ依リ告示セラレタル額ヲ超エタルトキハ其ノ議員候補者ノ當選ヲ無效トス但シ議員候補者及推薦屆出者カ選擧事務長又ハ之ニ代リテ其ノ職務ヲ行フ者ノ選任及監督ニ付相當ノ注意ヲ爲シ且選擧事務長又ハ之ニ代リテ其ノ職務ヲ行フ者ニ於テ選擧運動ノ費用ノ支出ニ付過失ナカリシトキハ此ノ限ニ在ラス

第十二章　罰則

第百十一條　詐僞ノ方法ヲ以テ選擧人名簿ニ登錄セラレタル者又ハ第二十五條第二項ノ場合ニ於テ虛僞ノ宣言ヲ爲シタル者ハ百圓以下ノ罰金ニ處ス

第百十二條　左ノ各號ニ揭クル行爲ヲ爲シタル者ハ二年以下ノ懲役若ハ禁錮又ハ千圓以下ノ罰金ニ處ス

一　當選ヲ得若ハ得シメ又ハ得シメサルノ目的ヲ以テ選擧人又ハ選擧運動者ニ對シ金錢、物品其ノ他ノ財產上ノ利益若ハ公私ノ職務ノ供與、其ノ供與ノ申込若ハ約束ヲ爲シ又ハ饗應接待、其ノ申込若ハ約束ヲ爲シタルトキ

二　當選ヲ得若ハ得シメ又ハ得シメサルノ目的ヲ以テ選擧人又ハ選擧運動者ニ對シ其ノ者又ハ其ノ者ノ關係アル社寺、學校、會社、組合、市町村等ニ對スル用水、小作、債權、寄附其ノ他特殊ノ直接利害關係ヲ利用シテ誘導ヲ爲シタルトキ

三　投票ヲ爲シ若ハ爲ササルコト、選擧運動ヲ爲シ若ハ止メタルコト又ハ其ノ周旋勸誘ヲ爲シタルコトノ報酬ト爲ス目的ヲ以テ選擧人又ハ選擧運動者ニ對シ第一號ニ揭クル行爲ヲ爲シタルトキ

四　第一號若ハ前號ノ供與、饗應接待ヲ受ケ若ハ要求シ、第一號若ハ前號ノ申込ヲ承諾シ又ハ第二號ノ誘導ニ應シ若ハ之ヲ促シタルトキ

五　前各號ニ揭クル行爲ニ關シ周旋又ハ勸誘ヲ爲シタルトキ

第百十三條　左ノ各號ニ揭クル行爲ヲ爲シタル者ハ三年以下ノ懲役若ハ禁錮又ハ二

千圓以下ノ罰金ニ處ス

一　議員候補者タルコト若ハ議員候補者タラムトスルコトヲ止メシムル目的ヲ以テ議員候補者若ハ議員候補者タラムトスル者ニ對シ又ハ當選ヲ辭セシムル目的ヲ以テ當選人ニ對シ前條第一號又ハ第二號ニ揭クル行爲ヲ爲シタルトキ

二　議員候補者タルコト若ハ議員候補者タラムトスルコトヲ止メタルコト、當選ヲ辭シタルコト又ハ其ノ周旋勸誘ヲ爲シタルコトノ報酬ト爲ス目的ヲ以テ議員候補者タリシ者、議員候補者タラムトシタル者又ハ當選人タリシ者ニ對シ前條第一號ニ揭クル行爲ヲ爲シタルトキ

三　前二號ノ供與、饗應接待ヲ受ケ若ハ要求シ、前二號ノ申込ヲ承諾シ又ハ第一號ノ誘導ニ應シ若ハ之ヲ促シタルトキ

四　前各號ニ揭クル行爲ニ關シ周旋又ハ勸誘ヲ爲シタルトキ

第百十四條　前二條ノ場合ニ於テ收受シタル利益ハ之ヲ沒收ス其ノ全部又ハ一部ヲ沒收スルコト能ハサルトキハ其ノ價額ヲ追徵ス

第百十五條　選擧ニ關シ左ノ各號ニ揭クル行爲ヲ爲シタル者ハ三年以下ノ懲役若ハ禁錮又ハ二千圓以下ノ罰金ニ處ス

一　選擧人、議員候補者、議員候補者タラムトスル者、選擧運動者又ハ當選人ニ對シ暴行若ハ威力ヲ加ヘ又ハ之ヲ拐引シタルトキ

二　交通若ハ集會ノ便ヲ妨ケ又ハ演說ヲ妨害シ其ノ他僞計詐術等不正ノ方法ヲ以テ選擧ノ自由ヲ妨害シタルトキ

三　選擧人、議員候補者、議員候補者タラムトスル者、選擧運動者若ハ當選人又ハ其ノ關係アル社寺、學校、會社、組合、市町村等ニ對スル用水、小作、債權、寄附其ノ他特殊ノ利害關係ヲ利用シテ選擧人、議員候補者、議員候補者タラムトスル者、選擧運動者又ハ當選人ヲ威逼シタルトキ

第百十六條　選擧ニ關シ官吏又ハ吏員故意ニ其ノ職務ノ執行ヲ怠リ又ハ職權ヲ濫用シテ選擧ノ自由ヲ妨害シタルトキハ三年以下ノ禁錮ニ處ス

官吏又ハ吏員選擧人ニ對シ其ノ投票セムトシ又ハ投票シタル被選擧人ノ氏名ノ表示ヲ求メタルトキハ三月以下ノ禁錮又ハ百圓以下ノ罰金ニ處ス

第百十七條　選擧事務ニ關係アル官吏、吏員、立會人又ハ監視者選擧人ノ投票シタル被選擧人ノ氏名ヲ表示シタルトキハ二年以下ノ禁錮又ハ千圓以下ノ罰金ニ處ス其ノ表示シタル事實虛僞ナルトキ亦同シ

第百十八條　投票所又ハ開票所ニ於テ正當ノ事由ナクシテ選擧人ノ投票ニ關涉シ又ハ被選擧人ノ氏名ヲ認知スルノ方法ヲ行ヒタル者ハ一年以下ノ禁錮又ハ五百圓以

下ノ罰金ニ處ス

法令ノ規定ニ依ラスシテ投票函ヲ開キ又ハ投票函中ノ投票ヲ取出シタル者ハ三年以下ノ懲役若ハ禁錮又ハ二千圓以下ノ罰金ニ處ス

第百十九條　投票管理者、開票管理者、選擧長、立會人若ハ選擧監視者ニ暴行若ハ脅迫ヲ加ヘ、選擧會場、開票所若ハ投票所ヲ騷擾シ又ハ投票、投票函其ノ他關係書類ヲ抑留、毀壞若ハ奪取シタル者ハ四年以下ノ懲役又ハ禁錮ニ處ス

第百二十條　多衆聚合シテ第百十五條第一號又ハ前條ノ罪ヲ犯シタル者ハ左ノ區別ニ從テ處斷ス

一　首魁ハ一年以上七年以下ノ懲役又ハ禁錮ニ處ス

二　他人ヲ指揮シ又ハ他人ニ率先シテ勢ヲ助ケタル者ハ六月以上五年以下ノ懲役又ハ禁錮ニ處ス

三　附和隨行シタル者ハ百圓以下ノ罰金又ハ科料ニ處ス

第百十五條第一號又ハ前條ノ罪ヲ犯ス爲多衆聚合シ當該公務員ヨリ解散ノ命ヲ受クルコト三回以上ニ及フモ仍解散セサルトキハ首魁ハ二年以下ノ禁錮ニ處シ其ノ他ノ者ハ百圓以下ノ罰金又ハ科料ニ處ス

第百二十一條　選擧ニ關シ銃砲、刀劍、棍棒其ノ他人ヲ殺傷スルニ足ルヘキ物件ヲ携帶シタル者ハ二年以下ノ禁錮又ハ千圓以下ノ罰金ニ處ス

警察官吏又ハ憲兵ハ必要ト認ムル場合ニ於テ前項ノ物件ヲ領置スルコトヲ得

第百二十二條　前條ノ物件ヲ携帶シテ選擧會場開票所又ハ投票所ニ入リタル者ハ三年以下ノ禁錮又ハ二千圓以下ノ罰金ニ處ス

第百二十三條　前二條ノ罪ヲ犯シタル場合ニ於テハ其ノ携帶シタル物件ヲ沒收ス

第百二十四條　選擧ニ關シ多衆集合シ若ハ隊伍ヲ組ミテ往來シ又ハ煙火、松明ノ類ヲ用ヒ若ハ鐘鼓、喇叭ノ類ヲ鳴ラシ旗幟其ノ他ノ標章ヲ用フル等氣勢ヲ張ルノ行爲ヲ爲シ警察官吏ノ制止ヲ受クルモ仍其ノ命ニ從ハサル者ハ六月以下ノ禁錮又ハ三百圓以下ノ罰金ニ處ス

第百二十五條　演說又ハ新聞紙、雜誌、引札、張札其ノ他何等ノ方法ヲ以テスルニ拘ラス第百十二條、第百十三條、第百十五條、第百十八條乃至第百二十二條及前條ノ罪ヲ犯サシムル目的ヲ以テ人ヲ煽動シタル者ハ一年以下ノ禁錮又ハ五百圓以下ノ罰金ニ處ス但シ新聞紙及雜誌ニ在リテハ仍其ノ編輯人及實際編輯ヲ擔當シタル者ヲ罰ス

第百二十六條　演說又ハ新聞紙、雜誌、引札、張札其ノ他何等ノ方法ヲ以テスルニ拘ラス左ノ各號ニ揭クル行爲ヲ爲シタル者ハ二年以下ノ禁錮又ハ千圓以下ノ罰金ニ處ス新聞紙及雜誌ニ在リテハ前條但書ノ例ニ依ル

一　當選ヲ得又ハ得シムル目的ヲ以テ議員候補者ノ身分、職業又ハ經歷

ニ關シ虛僞ノ事項ヲ公ニシタルトキ

二　當選ヲ得シメサル目的ヲ以テ議員候補者ニ關シ虛僞ノ事項ヲ公ニシタルトキ

第百二十七條　選擧人ニ非サル者投票ヲ爲シタルトキハ一年以下ノ禁錮又ハ五百圓以下ノ罰金ニ處ス

氏名ヲ詐稱シ其ノ他詐僞ノ方法ヲ以テ投票ヲ爲シタル者ハ二年以下ノ禁錮又ハ千圓以下ノ罰金ニ處ス

投票ヲ僞造シ又ハ其ノ數ヲ增減シタル者ハ三年以下ノ懲役若ハ禁錮又ハ二千圓以下ノ罰金ニ處ス

選擧事務ニ關係アル官吏、吏員、立會人又ハ監視者前項ノ罪ヲ犯シタルトキハ五年以下ノ懲役若ハ禁錮又ハ二千圓以下ノ罰金ニ處ス

第百二十八條　立會人正當ノ事故ナクシテ本法ニ定メタル義務ヲ缺クトキハ百圓以下ノ罰金ニ處ス

第百二十九條　第九十六條若ハ第九十八條ノ規定ニ違反シタル者又ハ第九十四條ノ規定ニ依ル命令ニ從ハサル者ハ一年以下ノ禁錮又ハ五百圓以下ノ罰金ニ處ス

第百三十條　第九十條第一項第二項ノ規定ニ依ル定數ヲ超エ若ハ第九十一條ノ規定ニ違反シテ選擧事務所ヲ設置シタル者又ハ第九十二條ノ規定ニ違反シテ休憩所其ノ他之ニ類似スル設備ヲ設ケタル者ハ三百圓以下ノ罰金ニ處ス

第九十三條ノ規定ニ依ル定數ヲ超エテ選擧委員又ハ選擧事務員ノ選任ヲ爲シタル者亦前項ニ同シ

第百三十一條　第八十九條第一項、第九十九條又ハ第百九條ノ規定ニ違反シタル者ハ六月以下ノ禁錮又ハ三百圓以下ノ罰金ニ處ス

第百三十二條　第八十八條第五項乃至第七項又ハ第八十九條第四項ノ屆出ヲ怠リタル者ハ百圓以下ノ罰金ニ處ス

第百條ノ規定ニ依ル命令ニ違反シタル者亦前項ニ同シ

第百三十三條　選擧事務長又ハ選擧事務長ニ代リ其ノ職務ヲ行フ者第百二條第二項ノ規定ニ依リ告示セラレタル額ヲ超エ選擧運動ノ費用ヲ支出シ又ハ第百一條第一項但書ノ規定ニ依ル承諾ヲ與ヘテ支出セシメタルトキハ一年以下ノ禁錮又ハ五百圓以下ノ罰金ニ處ス

第百三十四條　第百一條ノ規定ニ違反シテ選擧運動ノ費用ヲ支出シタル者ハ一年以下ノ禁錮ニ處ス

第百三十五條　左ノ各號ニ揭クル行爲ヲ爲シタル者ハ六月以下ノ禁錮又ハ三百圓以下ノ罰金ニ處ス

一　第百五條ノ規定ニ違反シテ帳簿ヲ備ヘス又ハ帳簿ニ記載ヲ爲サス若ハ之ニ虛僞ノ記入ヲ爲シタルトキ

二　第百六條第一項ノ屆出ヲ怠リ又ハ虛僞ノ屆出ヲ爲シタルトキ

三　第百七條第一項ノ規定ニ違反シテ帳簿又ハ書類ヲ保存セサルトキ

四　第百七條第一項ノ規定ニ依リ保存スヘキ帳簿又ハ書類ニ虛僞ノ記入ヲ爲シタルトキ

五　第百八條ノ規定ニ依ル帳簿若ハ書類ノ提出若ハ檢査ヲ拒ミ若ハ之ヲ妨ケ又ハ說明ノ求ニ應セサルトキ

第百三十六條　當選人其ノ選擧ニ關シ本章ニ揭クル罪ヲ犯シ刑ニ處セラレタルトキハ其ノ當選ヲ無效トス選擧事務長第百十二條又ハ第百十三條ノ罪ヲ犯シ刑ニ處セラレタルトキ亦同シ但シ選擧事務長ノ選任及監督ニ付相當ノ注意ヲ爲シタルトキハ此ノ限ニ在ラス

第百三十七條　本章ニ揭クル罪ヲ犯シタル者ニシテ罰金ノ刑ニ處セラレタル者ニ在リテハ其ノ裁判確定ノ後五年間、禁錮以上ノ刑ニ處セラレタル者ニ在リテハ其ノ裁判確定ノ後刑ノ執行ヲ終ル迄又ハ刑ノ時效ニ因ル場合ヲ除クノ外刑ノ執行ノ免除ヲ受クル迄ノ間及其ノ後五年間衆議院議員及選擧ニ付本章ノ規定ヲ準用スル議會ノ議員ノ選擧權及被選擧權ヲ有セス禁錮以上ノ刑ニ處セラレタル者ニ付其ノ裁判確定ノ後刑ノ執行ヲ受クルコトナキニ至ル迄ノ間亦同シ

前項ニ規定スル者ト雖情狀ニ因リ裁判所ハ刑ノ言渡ト同時ニ前項ノ規定ヲ適用セス又ハ其ノ期間ヲ短縮スル旨ノ宣告ヲ爲スコトヲ得

前二項ノ規定ハ第六條第五號ノ規定ニ該當スル者ニハ之ヲ適用セス

第百三十八條　第百二十七條第三項及第四項ノ罪ノ時效ハ一年ヲ經過スルニ因リテ完成ス

前項ニ揭クル罪以外ノ本章ノ罪ノ時效ハ六月ヲ經過スルニ因リテ完成ス但シ犯人逃亡シタルトキハ其ノ期間ハ一年トス

第十三章　補則

第百三十九條　選擧ニ關スル費用ニ付テハ勅令ヲ以テ之ヲ定ム

第百四十條　議員候補者又ハ推薦屆出者ハ勅令ノ定ムル所ニ依リ其ノ選擧區內ニ在ル選擧人ニ對シ選擧運動ノ爲ニスル通常郵便物ヲ選擧人一人ニ付一通ヲ限リ無料ヲ以テ差出スコトヲ得

公立學校其ノ他勅令ヲ以テ定ムル營造物ノ設備ハ勅令ノ定ムル所ニ依リ演說ニ依ル選擧運動ノ爲其ノ使用ヲ許可スヘシ

第百四十一條　選擧ニ關スル訴訟ニ付テハ本法ニ定規シタルモノヲ除クノ外民事訴訟ノ例ニ依ル選擧ニ關スル訴訟ニ付テハ裁判所ハ他ノ訴訟ノ順序ニ拘ラス速ニ其ノ裁判ヲ爲スヘシ

第百四十二條　第十二章ニ揭クル罪ニ關スル刑事訴訟ニ付テハ上告裁判所ハ刑事訴訟法第四百二十二條第一項ノ期間ニ依ラサルコトヲ得

第百四十三條　當選人其ノ選擧ニ關シ第十二章ニ揭クル罪ヲ犯シ刑ニ處セラレタルトキ又ハ選擧事務長第百十二條若ハ第百十三條ノ罪ヲ犯シ刑ニ處セラレタルトキハ裁判所ノ長ハ其ノ旨ヲ內務大臣及關係

地方長官ニ通知スヘシ

第百四十四條　町村組合ニシテ町村ノ事務ノ全部又ハ役場事務ヲ共同處理スルモノハ本法ノ適用ニ付テハ之ヲ一町村、其ノ組合管理者ハ之ヲ町村長、其ノ組合役場ハ之ヲ町村役場ト看做ス

第百四十四條ノ二　本法中郡又ハ島廳管內トアルハ從前郡長又ハ島司ノ管轄シタル區域ヲ謂フ

從前郡長又ハ島司ノ管轄シタル區域內ニ於テ市ノ設置アリタルトキ又ハ其ノ區域ノ境界ニ涉リテ市町村ノ境界ノ變更アリタルトキハ其ノ區域モ亦自ラ變更シタルモノト看做ス

從前郡長又ハ島司ノ管轄シタル區域ノ境界ニ涉リテ町村ノ設置アリタル場合ニ於テハ本法ノ適用ニ付其ノ町村ノ屬スヘキ區域ハ內務大臣之ヲ定ム

第百四十四條ノ三　北海道廳支廳長ノ管轄區域ニ變更アルモ選擧區ニ關シテハ仍從前ノ管轄區域ニ依ル但シ市町村ノ境界ノ變更アリタル爲北海道廳支廳長ノ管轄區域ニ變更アリタルトキハ此ノ限ニ在ラス

前項ノ規定ニ依ル選擧ニ關シ本法ノ規定ヲ適用シ難キ事項ニ付テハ勅令ヲ以テ特別ノ規定ヲ設クルコトヲ得

第百四十五條　第百四十四條ノ二ノ規定ヲ除クノ外本法中郡ニ關スル規定ハ支廳長ノ管轄區域ニ之ヲ適用ス

市制第六條ノ市ニ於テハ本法中市ニ關スル規定ハ區ニ、市長ニ關スル規定ハ區長ニ、市役所ニ關スル規定ハ區役所ニ之ヲ適用ス

町村制ヲ施行セサル地ニ於テハ本法中町村ニ關スル規定ハ町村ニ準スヘキモノニ、町村長ニ關スル規定ハ町村長ニ準スヘキ者ニ、町村役場ニ關スル規定ハ町村役場ニ準スヘキモノニ之ヲ適用ス

第百四十六條　交通至難ノ島嶼其ノ他ノ地ニ於テ本法ノ規定ヲ適用シ難キ事項ニ付テハ勅令ヲ以テ特別ノ規定ヲ設クルコトヲ得

第百四十七條　第三十三條ノ規定ニ依ル投票ニ付テハ其ノ投票ヲ管理スヘキ者ハ之ヲ投票管理者、其ノ投票ヲ記載スヘキ場所ハ之ヲ投票所、其ノ投票ニ立會フヘキ者ハ之ヲ投票立會人ト看做シ第十二章ノ規定ヲ適用ス

第百四十八條　本法ノ適用ニ付テハ明治十三年第三十六號布告刑法ノ重罪ノ刑ニ處セラレタル者ハ之ヲ六年ノ懲役又ハ禁錮以上ノ刑ニ處セラレタル者、同法ノ禁錮ノ刑ニ處セラレタル者ハ之ヲ六年未滿ノ懲役又ハ禁錮ノ刑ニ處セラレタル者ト看做ス

第百四十九條　明治十三年第三十六號布告刑法第二編第四章第九節ノ規定ハ衆議院議員ノ選擧ニ關シテハ之ヲ適用セス

第百五十條　本法ハ東京府小笠原島並北海道廳根室支廳管內占守郡、新知郡、得撫郡及色丹郡ニハ當分ノ內之ヲ施行セス

附　則

本法ハ次ノ總選舉ヨリ之ヲ施行ス

本法ニ依リ初テ議員ヲ選舉スル場合ニ於テ第十八條ノ規定ニ依リ難キトキハ勅命ヲ以テ別ニ總選舉ノ期日ヲ定ムルコトヲ得

前項ノ規定ニ依ル總選舉ニ必要ナル選舉人名簿ニ關シ第十二條、第十三條、第十五條又ハ第十七條ニ規定スル期日又ハ期間ニ依リ難キトキハ勅令ヲ以テ別ニ其ノ期日又ハ期間ヲ定ム但シ其ノ選舉人名簿ハ次ノ選舉人名簿確定迄其ノ效力ヲ有ス

附　則（大正十五年法律第八十二號）

本法ハ郡長及島司廢止ノ日ヨリ之ヲ施行ス

別表

選舉區		議員數
東京府		
第一區	麹町區 芝區 麻布區 赤坂區 四谷區 牛込區	五人
第二區	神田區 小石川區 本郷區 下谷區	五人
第三區	日本橋區 京橋區 淺草區	四人
第四區	本所區 深川區	四人
第五區	荏原郡 豐多摩郡 大島島廳管内 八丈島島廳管内	五人
第六區	北豊島郡 南足立郡 南葛飾郡	五人
第七區	八王子市 西多摩郡 南多摩郡 北多摩郡	三人
京都府		
第一區	上京區 下京區	五人
第二區	愛宕郡 葛野郡 乙訓郡 紀伊郡 宇治郡 久世郡 綴喜郡 相樂郡 南桑田郡 北桑田郡 船井郡	三人
第三區	天田郡 何鹿郡 加佐郡 與謝郡 中郡 竹野郡 熊野郡	三人
大阪府		
第一區	西區	三人
第二區	南區	三人

第三區	東區 北區	四人
第四區	西成郡 東成郡	四人
第五區	三島郡 豐能郡 南河內郡 中河內郡 北河內郡	四人
第六區	堺市 岸和田市 泉北郡 泉南郡	三人

神奈川縣

第一區	橫濱市	三人
第二區	橫須賀市 川崎市 久良岐郡 橘樹郡 都筑郡 三浦郡 鎌倉郡	四人
第三區	高座郡 中郡 足柄上郡 足柄下郡 愛甲郡 津久井郡	四人

兵庫縣

第一區	神戶市	五人
第二區	尼崎市 武庫郡 川邊郡 有馬郡 津名郡 三原郡	四人
第三區	明石市 明石郡 美囊郡 加東郡 多可郡 加西郡 加古郡 印南郡	三人
第四區	姬路市 飾磨郡 神崎郡 揖保郡 赤穗郡 佐用郡 宍粟郡	四人
第五區	城崎郡 出石郡 養父郡 朝來郡 美方郡 氷上郡 多紀郡	三人

長崎縣

第一區	長崎市 西彼杵郡 北高來郡 南高來郡 對馬島廳管內	五人
第二區	佐世保市 東彼杵郡 北松浦郡 南松浦郡 壹岐郡	四人

新潟縣

第一區	新潟市 西蒲原郡 佐渡郡	三人
第二區	北蒲原郡 中蒲原郡 東蒲原郡 岩船郡	四人
第三區	長岡市 南蒲原郡 三島郡 古志郡 北魚沼郡 南魚沼郡 刈羽郡	五人
第四區	高田市 中魚沼郡 東頸城郡 中頸城郡 西頸城郡	三人

埼玉縣

第一區	川越市 北足立郡 入間郡	四人

	第二區	比企郡 秩父郡 兒玉郡 大里郡	四人
	第三區	北埼玉郡 南埼玉郡 北葛飾郡	三人
群馬縣	第一區	前橋市 桐生市 勢多郡 利根郡 佐波郡 新田郡 山田郡 邑樂郡	五人
	第二區	高崎市 群馬郡 多野郡 北甘樂郡 碓氷郡 吾妻郡	四人
千葉縣	第一區	千葉市 千葉郡 市原郡 東葛飾郡 君津郡	四人
	第二區	印旛郡 海上郡 匝瑳郡 香取郡	三人
	第三區	長生郡 山武郡 夷隅郡 安房郡	四人
茨城縣	第一區	水戸市 東茨城郡 西茨城郡 鹿島郡 行方郡 稻敷郡 北相馬郡	四人
	第二區	那珂郡 久慈郡 多賀郡	三人
	第三區	新治郡 筑波郡 眞壁郡 猿島郡 結城郡	四人
栃木縣	第一區	宇都宮市 河內郡 上都賀郡 鹽谷郡 那須郡	五人
	第二區	足利市 芳賀郡 下都賀郡 安蘇郡 足利郡	四人
奈良縣			五人
三重縣	第一區	津市 四日市市 桑名郡 員辨郡 三重郡 鈴鹿郡 河藝郡 安濃郡 一志郡 阿山郡 名賀郡	五人
	第二區	宇治山田市 飯南郡 多氣郡 度會郡 志摩郡 北牟婁郡 南牟婁郡	四人
愛知縣	第一區	名古屋市	五人
	第二區	愛知郡 東春日井郡 西春日井郡 知多郡	三人

府縣	區	郡市	議員數
	第三區	一宮市　丹羽郡　葉栗郡　中島郡　海部郡	三人
	第四區	岡崎市　碧海郡　幡豆郡　額田郡　西加茂郡　東加茂郡	三人
	第五區	豐橋市　北設樂郡　南設樂郡　寶飯郡　渥美郡　八名郡	三人
靜岡縣	第一區	靜岡市　清水市　庵原郡　安倍郡　志太郡	五人
		榛原郡　小笠郡	
	第二區	沼津市　賀茂郡　田方郡　駿東郡　富士郡	四人
	第三區	濱松市　磐田郡　周智郡　濱名郡　引佐郡	四人
山梨縣			五人
滋賀縣			五人
岐阜縣	第一區	岐阜市　稻葉郡　山縣郡　武儀郡　郡上郡	三人
	第二區	大垣市　羽島郡　海津郡　養老郡　不破郡　安八郡　揖斐郡　本巣郡	三人
	第三區	加茂郡　可兒郡　土岐郡　惠那郡　益田郡　大野郡　吉城郡	三人
長野縣	第一區	長野市　更級郡　上高井郡　下高井郡　上水內郡　下水內郡	三人
		上田市　南佐久郡	
	第二區	北佐久郡　小縣郡　埴科郡	三人
	第三區	諏訪郡　上伊那郡　下伊那郡	四人
	第四區	松本市　西筑摩郡　東筑摩郡　南安曇郡　北安曇郡	三人
宮城縣	第一區	仙臺市　刈田郡　柴田郡　伊具郡　亘理郡　名取郡　宮城郡　黑川郡　加美郡　志田郡　遠田郡	五人

	第三區	玉造郡 栗原郡 登米郡 桃生郡 牡鹿郡 本吉郡	三人
福島縣	第一區	福島市 郡山市 信夫郡 伊達郡 安達郡 安積郡	三人
	第二區	若松市 岩瀬郡 南會津郡 北會津郡 耶麻郡 河沼郡 大沼郡 東白川郡 西白川郡 石川郡 田村郡	五人
	第三區	石城郡 雙葉郡 相馬郡	三人
岩手縣	第一區	盛岡市 巖手郡 紫波郡 下閉伊郡 九戸郡 二戸郡	三人
	第二區	稗貫郡 和賀郡 膽澤郡 江刺郡 西磐井郡 東磐井郡 氣仙郡 上閉伊郡	四人
青森縣	第一區	青森市 東津輕郡 上北郡 下北郡 三戸郡	三人
	第二區	弘前市 西津輕郡 中津輕郡 南津輕郡 北津輕郡	三人
山形縣	第一區	山形市 米澤市 南村山郡 東村山郡 西村山郡 南置賜郡 東置賜郡 西置賜郡	四人
	第二區	鶴岡市 北村山郡 最上郡 東田川郡 西田川郡 飽海郡	四人
秋田縣	第一區	秋田市 鹿角郡 北秋田郡 山本郡 南秋田郡 河邊郡	四人
	第二區	由利郡 仙北郡 平鹿郡 雄勝郡	三人
福井縣			五人
石川縣	第一區	金澤市 江沼郡 能美郡 石川郡	三人
	第二區	河北郡 羽咋郡 鹿島郡 鳳至郡 珠洲郡	三人
富山縣			

第一區　富山市　上新川郡　中新川郡　下新川郡　婦負郡　三人

第二區　高岡市　射水郡　氷見郡　東礪波郡　西礪波郡　三人

鳥取縣　四人

島根縣

第一區　松江市　八束郡　能義郡　仁多郡　大原郡　簸川郡　隱岐島廳管內　三人

飯石郡　安濃郡　邇摩郡

第二區　邑智郡　那賀郡　美濃郡　鹿足郡　三人

岡山縣

第一區　岡山市　御津郡　赤磐郡　和氣郡　邑久郡　上道郡　眞庭郡　苫田郡　勝田郡　英田郡　久米郡　五人

第二區　兒島郡　都窪郡　淺口郡　小田郡　後月郡　吉備郡　上房郡　川上郡　阿哲郡　五人

廣島縣

第一區　廣島市　佐伯郡　安佐郡　山縣郡　高田郡　四人

第二區　吳市　安藝郡　賀茂郡　豐田郡　四人

第三區　尾道市　福山市　御調郡　世羅郡　沼隈郡　深安郡　蘆品郡　神石郡　甲奴郡　雙三郡　比婆郡　五人

山口縣

第一區　下關市　宇部市　厚狹郡　豐浦郡　美禰郡　大津郡　阿武郡　四人

第二區　大島郡　玖珂郡　熊毛郡　都濃郡　佐波郡　吉敷郡　五人

和歌山縣

第一區　和歌山市　海草郡　那賀郡　伊都郡　三人

第二區　有田郡　日高郡　西牟婁郡　東牟婁郡　三人

德島縣

第一區 德島市 名東郡 勝浦郡 那賀郡 海部郡 名西郡 三人

第二區 板野郡 阿波郡 麻植郡 美馬郡 三好郡 三人

香川縣

第一區 高松市 大川郡 木田郡 小豆郡 香川郡 三人

第二區 丸龜市 綾歌郡 仲多度郡 三豐郡 三人

愛媛縣

第一區 松山市 溫泉郡 伊豫郡 上浮穴郡 喜多郡 三人

第二區 今治郡 越智郡 周桑市 新居郡 宇摩郡 三人

第三區 宇和島市 西宇和郡 東宇和郡 北宇和郡 南宇和郡 三人

高知縣

第一區 高知市 安藝郡 香美郡 長岡郡 土佐郡 三人

第二區 吾川郡 高岡郡 幡多郡 三人

福岡縣

第一區 福岡市 糟屋郡 宗像郡 朝倉郡 筑紫郡 早良郡 糸島郡 四人

第二區 若松市 八幡市 戸畑市 遠賀郡 鞍手郡 嘉穗郡 五人

第三區 久留米市 大牟田市 浮羽郡 三井郡 三潴郡 八女郡 五人

山門郡 三池郡

第四區 小倉市 門司市 企救郡 田川郡 京都郡 築上郡 四人

大分縣

第一區 大分市 大分郡 北海部郡 南海部郡 大野郡 直入郡 玖珠郡 日田郡 四人

第二區 別府市 西國東郡 東國東郡 速見郡 下毛郡 宇佐郡 三人

佐賀縣	第一區	佐賀市 佐賀郡 神埼郡 三養基郡 小城郡	三人
	第二區	東松浦郡 西松浦郡 杵島郡 藤津郡	三人
熊本縣	第一區	熊本市 飽託郡 玉名郡 鹿本郡 菊池郡 阿蘇郡	五人
	第二區	宇土郡 上益城郡 下益城郡 八代郡 葦北郡 球磨郡 天草郡	五人
宮崎縣			五人
鹿兒島縣	第一區	鹿兒島市 鹿兒島郡 揖宿郡 川邊郡 熊毛郡 日置郡	五人
	第二區	薩摩郡 出水郡 伊佐郡 姶良郡 囎唹郡	四人
	第三區	肝屬郡 大島島廳管内	三人
沖繩縣			五人
北海道	第一區	札幌市 小樽市 石狩支廳管内 後志支廳管内	四人
	第二區	旭川市 上川支廳管内 宗谷支廳管内 留萌支廳管内	四人
	第三區	函館市 檜山支廳管内 渡島支廳管内	三人
	第四區	室蘭市 空知支廳管内 膽振支廳管内 浦河支廳管内	五人
	第五區	釧路市 河西支廳管内 釧路國支廳管内 根室支廳管内 網走支廳管内	四人

本表ハ十年間ハ之ヲ更正セス

●衆議院議員選擧法施行令（大正十五年一月勅令第三號）

第一章 選擧區、選擧權及被選擧權

第一條 衆議院議員選擧法ノ別表ニ掲クル以外ノ市ハ其ノ設置前屬シタル郡市ノ屬スル選擧區ニ包含スルモノトス

第二條 選擧人ノ年齢ハ選擧人名簿調製ノ期日ニ依リ、被選擧人ノ年齢ハ選擧ノ期日ニ依リ之ヲ算定ス

第三條 衆議院議員選擧法第七條第二項ノ規定ニ依リ除外スヘキ學生生徒左ノ如シ

一 陸軍各部依託學生生徒

二 海軍軍醫學生藥劑學生主計學生造船學生造機學生造兵學生並海軍豫備生徒及海軍豫備練習生

第二章 選擧人名簿

第四條 市町村ノ境界變更アリタル爲選擧人名簿ニ異動ヲ生シタルトキハ市町村長ハ其ノ管理ニ屬スル選擧人名簿中異動ニ係ル部分ヲ新ニ屬シタル市町村市町村長ニ送付スヘシ

市町村ノ廢置分合アリタル爲選擧人名簿ノ引繼ヲ要スルトキハ前項ノ例ニ依ル

第五條（削除）

第六條 選擧人名簿ハ市町村長ニ於テ議員ノ任期間之ヲ保存スヘシ

第三章 投票

第七條 市町村ノ區域ヲ分チテ數投票區ヲ設ケタル場合ニ於テハ左ノ規定ニ依ル

一 選擧人名簿ハ投票區毎ニ之ヲ調製スヘシ

二 各投票區ニ於ケル投票管理者ハ地方長官ニ於テ官吏又ハ吏員ノ中ニ就キ之ヲ定ム此ノ場合ニ於テハ投票管理者ノ内一人ハ市町村長ヲ以テ之ニ充ツルコトヲ要ス

三 市町村長ハ選擧ノ期日ノ公布又ハ告示アリタルトキハ直ニ選擧人名簿ヲ各投票管理者ニ送付スヘシ

第八條 數町村ノ區域ヲ合セテ一投票區ヲ設ケタル場合ニ於テハ左ノ規定ニ依ル

一 投票管理者ハ地方長官ニ於テ關係町村長ノ中ニ就キ之ヲ定ム

二 町村長ハ選擧ノ期日ノ公布又ハ告示アリタルトキハ直ニ選擧人名簿ヲ投票管理者ニ送付スヘシ

第九條 投票管理者及其ノ代理者故障アルトキハ監督官廳ハ臨時ニ官吏又ハ吏員ヲシテ其ノ事務ヲ管掌セシムルコトヲ得

第十條 投票立會人ノ屆出ハ文書ヲ以テ之ヲ爲シ投票立會人ノ氏名、住居及生年月日ヲ記載シ且本人ノ承諾書ヲ添附スヘシ

第十一條 選擧人選擧人名簿調製期日後其ノ投票區域外ニ住居ヲ移シタル場合ニ於テハ名簿調製期日ニ於テ住居ヲ有シタル地ノ投票區ノ投票所ニ到リ投票ヲ爲スヘシ

第十二條　投票管理者必要アリト認ムルトキハ投票所入場劵及到著番號札ヲ選擧人ニ交付スルコトヲ得

第十三條　投票記載ノ場所ハ選擧人ノ投票ヲ覗ヒ又ハ投票ノ交換其ノ他不正ノ手段ヲ用フルコト能ハサラシムル爲相當ノ設備ヲ爲スヘシ

第十四條　投票函ハ二重ノ蓋ヲ造リ各別ニ鎖鑰ヲ設クヘシ

第十五條　投票管理者ハ投票ル爲サシムルニ先チ投票所ニ參會シタル選擧人ノ面前ニ於テ投票函ヲ開キ其ノ空虚ナルコトヲ示シタル後內蓋ヲ鎖スヘシ

第十六條　投票管理者ハ投票立會人ノ面前ニ於テ選擧人ヲ選擧人名簿ニ對照シタル後投票用紙ヲ交付スヘシ

第十七條　選擧人誤リテ投票ノ用紙又ハ封筒ヲ汚損シタルトキハ其ノ引換ヲ請求スルコトヲ得

第十八條　投票ハ投票管理者及投票立會人ノ面前ニ於テ選擧人自ラ之ヲ投函スヘシ

第十九條　投票ヲ爲サムトスル選擧人ヲシテ本人ナル旨ノ宣言ヲ爲サシムル必要アルトキハ投票管理者ハ投票立會人ノ面前ニ於テ之ヲ宣言セシメ投票所ノ事務ニ從事スル者ヲシテ之ヲ筆記セシメ選擧人ニ讀聞カセ選擧人ヲシテ之ニ署名セシムヘシ

前項ノ規定ニ依ル宣言書ハ之ヲ投票錄ニ添附スヘシ

第二十條　選擧人投票前投票所外ニ退出シ又ハ退出ヲ命セラレタルトキハ投票管理者ハ投票用紙ヲ返付セシムヘシ

第二十一條　衆議院議員選擧法第二十八條ノ規定ニ依リ盲人カ投票ニ關スル記載ニ使用スルコトヲ得ル點字ハ別表ヲ以テ之ヲ定ム

點字ニ依リ投票ヲ爲サムトスル選擧人ハ投票管理者ニ對シ其ノ旨ヲ申立ツヘシ此ノ場合ニ於テハ投票管理者ハ投票用紙ニ點字投票ナル旨ノ印ヲ押捺シテ交付スヘシ

點字ニ依ル投票ノ拒否ニ付テハ衆議院議員選擧法第三十一條ノ例ニ依ル此ノ場合ニ於テハ封筒ニ點字投票ナル旨ノ印ヲ押捺シテ交付スヘシ

前項ノ規定ニ依リ假ニ爲サシメタル投票ハ衆議院議員選擧法第四十九條ノ規定ノ適用ニ付テハ同法第三十一條第二項及第四項ノ投票ト看做ス

第二十二條　投票ヲ終リタルトキハ投票管理者ハ投票函ノ內蓋ノ投票口及外蓋ヲ鎖シ其ノ內蓋ノ鑰ハ投票函ヲ送致スヘキ投票立會人之ヲ保管シ外蓋ノ鑰ハ投票管理者之ヲ保管スヘシ

第二十三條　投票ニ關スル書類ハ投票管理者ニ於テ議員ノ任期間之ヲ保存スヘシ但シ市町村ノ區域ヲ分チテ數投票區ヲ設ケタル場合ニ於テハ市町村長タル投票管理者ハ其ノ他ノ投票管理者ノ保存スヘキ書類ヲ併セテ保存スヘシ

第二十四條　地方長官衆議院議員選擧法第三十六條ノ規定ニ依リ投票ノ期日ヲ定メタルトキハ直ニ之ヲ告示シ併セテ投票管

理者及開票管理者ニ通知スヘシ

第二十五條　地方長官衆議院議員選擧法第三十七條ノ規定ニ依リ投票ノ期日ヲ定メタルトキハ直ニ之ヲ投票管理者、開票管理者及選擧長ニ通知スヘシ

第四章　衆議院議員選擧法第三十三條ノ投票

第二十六條　衆議院議員選擧法第三十三條ノ事由ヲ定ムルコト左ノ如シ

一　湖川、港灣ノミヲ航行スル船舶、總噸數二十噸未滿又ハ積石數二百石未滿ノ船舶及端舟其ノ他櫓櫂ノミヲ以テ運轉シ又ハ主トシテ櫓櫂ヲ以テ運轉スル舟ヲ除クノ外日本船舶（內地以外ニ船籍港ヲ定ムルモノヲ含ム以下之ニ同シ）ノ船員又ハ其ノ船舶ニ乘務スルノ常況ニ在ル者船內從業中ナルヘキコト

二　前號ノ船舶ヲ除クノ外日本船舶ニシテ總噸數五噸以上又ハ積石數五十石以上ノモノノ船員又ハ其ノ船舶ニ乘務スルノ常況ニ在ル者船內從業中ナルヘキコト

三　鐵道列車ニ乘務スルノ常況ニ在ル鐵道係員、郵便取扱員其ノ他ノ者鐵道列車ニ乘務中ナルヘキコト

四　陸海軍軍人演習召集中又ハ教育召集中ナルヘキコト

五　艦船乘員タル軍屬海上勤務中ナルヘキコト

第二十七條　選擧人前條第一號、第四號又ハ第五號ニ掲クル事由ニ因リ選擧ノ當日自ラ投票所ニ到リ投票ヲ爲シ能ハサルヘキトキハ選擧ノ期日ノ公布又ハ告示アリタル日ヨリ選擧ノ期日ノ前日迄ニ自ラ其ノ屬スル投票區ノ投票管理者ニ就キ又ハ之ニ對シ郵便ヲ以テ其ノ旨ヲ證シテ投票用紙及投票用封筒ノ交付ヲ請求スルコトヲ得

選擧人前條第二號又ハ第三號ニ掲クル事由ニ因リ選擧ノ當日自ラ投票所ニ到リ投票ヲ爲シ能ハサルヘキトキハ選擧ノ期日前十日ヨリ選擧ノ期日ノ前日迄ニ自ラ其ノ屬スル投票區ノ投票管理者ニ就キ其ノ旨ヲ證シテ投票用紙及投票用封筒ノ交付ヲ請求スルコトヲ得

點字ニ依リ投票ヲ爲サムトスル選擧人ハ前二項ノ請求ヲ爲スト同時ニ投票管理者ニ對シ其ノ旨ヲ申立ツヘシ

第二十八條　選擧人前條ノ請求ヲ爲ス場合ニ於テハ併セテ其ノ證スル事項ニ付各左ニ掲クル者ノ證明書ヲ提出スヘシ但シ第二十六條第四號ニ掲クル事由ニ基ク事項ニ付テハ選擧ノ期日カ召集期間中ナル場合ニ於テ選擧人自ラ其ノ屬スル投票區ノ投票管理者ニ就キ請求ヲ爲ストキニ限リ召集令狀ノ提示ヲ以テ證明書ノ提出ニ代フルコトヲ得

一　第二十六條第一號ニ掲クル事由ニ關シテハ船員ニ在リテハ管海官廳（管海官廳ニ準スヘキモノヲ含ム）、領事官又ハ船長（船長ノ職務

ヲ行フ者ヲ含ム以下之ニ同シ)、其ノ他ノ者ニ在リテハ各所屬ノ官署ノ長又ハ其ノ業務主

二　第二十六條第二號ニ掲クル事由ニ關シテハ各所屬ノ官署ノ長又ハ其ノ者ノ業務主

三　第二十六條第三號ニ掲クル事由ニ關シテハ鐵道係員ニ在リテハ各所屬ノ車輛監督機關庫主任電車庫主任(地方鐵道ニ在リテハ各之ニ該當スル者)、郵便取扱員ニ在リテハ各所屬ノ郵便局長、其ノ他ノ者ニ在リテハ各所屬ノ官署ノ長又ハ其ノ業務主

四　第二十六條第四號ニ掲クル事由ニ關シテハ其ノ者ノ所屬ノ部隊若ハ陸上海軍各部(陸軍大臣又ハ海軍大臣ノ定ムル所ニ依ル以下之ニ同シ)ノ長又ハ所屬ノ艦船ノ長

五　第二十六條第五號ニ掲クル事由ニ關シテハ其ノ者ノ所屬ノ艦船ノ長

前項ノ規定ニ依ル證明者前項ノ證明書ノ交付ノ請求ヲ受ケタル場合ニ於テ該當事項アリト認ムルトキハ直ニ證明書ヲ交付スヘシ

選擧人正當ノ事由ニ因リ第一項ノ證明書ヲ提出スルコト能ハサルトキハ其ノ旨ヲ投票管理者ニ疏明スヘシ

第二十九條　投票管理者第二十七條及前條第一項又ハ第三項ノ規定ニ依リ投票用紙及投票用封筒ノ交付ノ請求ヲ受ケタル場合ニ於テハ直ニ其ノ選擧ニ用フヘキ選擧人名簿ニ對照シ當該選擧人カ第二十六條ニ掲クル事由ノ一ニ因リ選擧ノ當日自ラ投票所ニ到リ投票ヲ爲シ能ハスト認ムルトキハ投票用紙及投票用封筒ヲ直ニ選擧人ニ直接ニ交付シ又ハ郵便ヲ以テ發送スヘシ

前項ノ場合ニ於テ第二十七條第三項ノ申立ヲ爲シタル選擧人ニ交付シ又ハ發送スル投票用紙ニハ點字投票ナル旨ノ印ヲ押捺スヘシ

第三十條　衆議院議員選擧法第三十三條ノ規定ニ依ル投票ニ付テハ當該選擧人カ第二十六條ニ掲クル事由ノ何レニ關シ投票用紙及投票用封筒ノ交付ヲ受ケタルカニ依リ各左ニ掲クル者之ヲ管理ス(之ヲ特別投票管理者ト稱ス)

一　第二十六條第一號ニ掲クル事由ニ關スルトキハ選擧人ノ屬スル投票區ノ投票管理者又ハ其ノ乘務スル船舶ノ船長

二　第二十六條第二號又ハ第三號ニ掲クル事由ニ關スルトキハ選擧人ノ屬スル投票區ノ投票管理者

三　第二十六條第四號ニ掲クル事由ニ關スルトキハ選擧人ノ屬スル投票區ノ投票管理者、其ノ所屬ノ部隊若ハ陸上海軍各部ノ所在地ノ投票管理者(當該所在地二以上ノ投票區ニ渉ルトキハ關係投票管理者ノ中ニ就キ地方長官ノ指定スル者)又ハ所屬ノ艦船ノ長

四　第二十六條第五號ニ掲クル事由ニ關スルトキハ選擧人ノ屬スル投票區ノ投票管理者又ハ其ノ所屬ノ艦船ノ長

第三十一條　第二十六條第一號、第四號又ハ第五號ニ掲クル事由ニ關シ投票用紙及投票用封筒ノ交付ヲ受ケタル選擧人ハ選擧ノ期日迄ニ其ノ投票用紙及投票用封筒ヲ特別投票管理者ニ提示シ點檢ヲ受ケ當該管理者ノ管理スル投票記載ノ場所ニ於テ自ラ投票用紙ニ被選擧人一人ノ氏名ヲ記載シ之ヲ投票用封筒ニ入レ封緘シ投票用封筒ノ表面ニ其ノ氏名ヲ記載シ直ニ之ヲ當該管理者ニ提出スヘシ

第二十六條第二號又ハ第三號ニ掲クル事由ニ關シ投票用紙及投票用封筒ノ交付ヲ受ケタル選擧人ハ其ノ交付ヲ受ケタル後直ニ特別投票管理者ノ管理スル投票記載ノ場所ニ於テ自ラ投票用紙ニ被選擧人一人ノ氏名ヲ記載シ之ヲ投票用封筒ニ入レ封緘シ投票用封筒ノ表面ニ其ノ氏名ヲ記載シ直ニ之ヲ當該管理者ニ提出スヘシ

前二項ノ場合ニ於テ特別投票管理者ハ各關係市町村吏員、船員若ハ海軍軍人又ハ之ニ準スヘキ者ヲシテ之ニ立會ハシムヘシ

第十三條ノ規定ハ第一項及第二項ノ投票記載ノ場所ニ之ヲ準用ス

第三十二條　特別投票管理者前條第一項又ハ第二項ノ規定ニ依ル投票ヲ受領シタルトキハ投票用封筒ノ裏面ニ投票ノ年月日及場所ヲ記載シ前條第三項ノ規定ニ依ル立會人ト共ニ之ニ署名スヘシ

前項ノ特別投票管理者選擧人ノ屬スル投票區ノ投票管理者ナルトキハ其ノ投票ヲ其ノ儘保管スヘシ

第一項ノ特別投票管理者選擧人ノ屬スル投票區ノ投票管理者以外ノ者ナルトキハ更ニ其ノ投票ヲ他ノ封筒ニ入レ封緘シ其ノ表面ニ投票在中ノ旨ヲ明記シ其ノ裏面ニ署名捺印シ之ヲ選擧人ノ屬スル投票區ノ投票管理者ニ送致スヘシ

投票用紙及投票用封筒ヲ交付シタル後投票區ニ異動アリタルニ因リ投票管理者ノ管理ニ係ル投票區ニ屬スルコトナキニ至リタル選擧人ノ投票ハ投票管理者ニ於テ直ニ之ヲ新ニ選擧人ノ屬スル投票區ノ投票管理者ニ送致スヘシ

投票管理者投票所ヲ閉ツヘキ時刻迄ニ前二項ノ規定ニ依ル投票ノ送致ヲ受ケタルトキハ送致ニ用ヒラレタル封筒ヲ開披シ投票ハ其ノ儘之ヲ保管スヘシ

第三十三條　投票管理者ハ第二十七條乃至第二十九條及前二條ノ規定ニ依ル手續ニ關スル顛末書ヲ作成シ之ニ署名シ投票錄ニ添附スヘシ

第三十四條　投票管理者ハ投票函閉鎖前投票立會人ノ意見ヲ聽キ第三十二條第二項又ハ第五項ノ規定ニ依リ保管スル投票ノ受理如何ヲ決定スヘシ

前項ノ決定アリタルトキハ投票管理者ハ直ニ投票用封筒ヲ開披シ其ノ點字投票ナル旨ノ印ヲ押捺シタル投票用紙ヲ用ヒタ

ル投票ニ付衆議院議員選擧法第三十一條ノ例ニ依リ其ノ拒否ヲ決定スヘシ

第一項ノ規定ニ依リ受理スヘシト決定セラレ且前項ノ規定ニ依ル拒否ノ決ヲ定受ケサル投票ハ投票管理者ニ於テ直ニ之ヲ投函シ第一項ノ規定ニ依リ受理スヘカラスト決定セラレタル投票又ハ前項ノ規定ニ依ル拒否ノ決定ヲ受ケタル投票ハ投票管理者ニ於テ更ニ之ヲ其ノ投票用封筒ニ入レ假ニ封緘ヲ施シ其ノ表面ニ第一項ノ規定ニ依ル不受理ノ決定又ハ前項ノ規定ニ依ル拒否ノ決定アリタル旨ヲ記載シテ之ヲ投函スヘシ

第一項ノ規定ニ依ル不受理ノ決定又ハ第二項ノ規定ニ依ル拒否ノ決定アリタル投票ハ衆議院議員選擧法第四十九條ノ規定ノ適用ニ付テハ同法第三十一條第二項及第四項ノ投票ト看做ス

第三十五條　第二十九條ノ規定ニ依リ交付ヲ受ケタル投票用紙及投票用封筒ハ選擧ノ當日投票所ニ於テ之ヲ使用スルコトヲ得ス

選擧人第二十九條ノ規定ニ依リ投票用紙及投票用封筒ノ交付ヲ受ケタルトキハ之ヲ投票管理者ニ返還スルニ非サレハ衆議院議員選擧法第二十五條第一項ノ規定ニ依ル投票ヲ爲スコトヲ得ス

第三十六條　投票管理者投票所ヲ閉ツヘキ時刻後第三十二條第三項又ハ第四項ノ規定ニ依ル投票ノ送致ヲ受ケタルトキハ送致ニ用ヒラレタル封筒ヲ開披シ投票用封筒ノ裏面ニ受領ノ年月日時ヲ記載シ之ヲ開票管理者ニ送致スヘシ

第五章　開票

第三十七條　郡市ノ區域ヲ分チテ數開票區ヲ設ケタル場合ニ於テハ各開票區ニ於ケル開票管理者ハ地方長官ニ於テ官吏又ハ吏員ノ中ニ就キ之ヲ定ム但シ支廳長ノ管轄區域又ハ市ノ區域ヲ分チテ數開票區ヲ設ケタル場合ニ於テハ開票管理者ノ內一人ハ支廳長又ハ市長ヲ以テ之ニ充ツルコトヲ要ス

第三十八條　第九條ノ規定ハ開票管理者及其ノ代理者ニ、第十條ノ規定ハ開票立會人ニ之ヲ準用ス

第三十九條　投票ヲ點檢スルトキハ開票管理者ハ開票事務ニ從事スル者二人ヲシテ各別ニ同一議員候補者ノ得票數ヲ計算セシムヘシ

第四十條　前條ノ計算終リタルトキハ開票管理者ハ投票區每ニ各議員候補者ノ得票數ヲ朗讀シ終リニ各議員候補者ノ得票總數ヲ朗讀スヘシ

第四十一條　開票管理者衆議院議員選擧法第四十九條第三項ノ報告ヲ爲ストキハ同時ニ開票錄ノ謄本ヲ送付スヘシ

開票管理者ハ前項ノ報告ヲ爲シタル後直ニ投票管理者ヨリ送付シタル選擧人名簿ヲ關係市町村長ニ返付スヘシ

第四十二條　開票管理者ハ投票區每ニ點檢濟ニ係ル投票ノ有效無效ヲ區別シ各之ヲ封筒ニ入レ開票立會人ト共ニ封印ヲ施シ

之ヲ保存スヘシ
受理スヘカラスト決定シタル投票ハ其ノ封筒ヲ開披セス前項ノ例ニ依リ議員ノ任期間之ヲ保存スヘシ
第三十六條ノ規定ニ依リ送致ヲ受ケタル投票ハ開票管理者ニ於テ其ノ封筒ヲ開披セス議員ノ任期間之ヲ保存スヘシ
地方長官ノ指定シタル官吏（支廳長ヲ除ク）又ハ吏員（市長ヲ除ク）開票管理者タル場合ニ於テハ開票管理者ノ保存スヘキ投票ハ地方長官若ハ支廳長又ハ市長ニ於テ之ヲ保存スヘシ
第四十三條　開票ニ關スル書類ハ開票管理者ニ於テ議員ノ任期間之ヲ保存スヘシ此ノ場合ニ於テハ前條第四項ノ規定ヲ準用ス
第四十四條　地方長官衆議院議員選擧法第五十六條ノ規定ニ依リ開票ノ期日ヲ定メタルトキハ直ニ之ヲ開票管理者及選擧長ニ通知スヘシ

第六章　選擧會

第四十五條　第九條ノ規定ハ選擧長及其ノ代理者ニ、第十條ノ規定ハ選擧立會人ニ之ヲ準用ス
第四十六條　開票管理者ノ報告ヲ調査スルトキハ選擧長ハ開票區毎ニ各議員候補者ノ得票數ヲ朗讀シ終リニ各議員候補者ノ得票總數ヲ朗讀スヘシ
第四十七條　選擧會ニ關スル書類ハ選擧長ニ於テ議員ノ任期間之ヲ保存スヘシ但シ地方長官ノ指定シタル官吏（支廳長ヲ除ク）選擧長タル場合ニ於テハ地方長官ニ於テ之ヲ保存スヘシ
第四十八條　地方長官衆議院議員選擧法第六十五條ノ規定ニ依リ選擧會ノ期日ヲ定メタルトキハ直ニ之ヲ選擧長ニ通知スヘシ

第七章　議員候補者及當選人

第四十九條　議員候補者ノ屆出又ハ推薦屆出ハ文書ヲ以テ之ヲ爲シ議員候補者タルヘキ者ノ氏名、職業、住居及生年月日（推薦屆出ノ場合ニ於テハ併セテ推薦屆出者ノ氏名、住居及生年月日）ヲ記載シ且衆議院議員選擧法第六十八條第一項ノ供託ヲ爲シタルコトヲ證スヘキ書面ヲ添附スヘシ
議員候補者タルコトヲ辭スルコトノ屆出ハ文書ヲ以テ之ヲ爲シ其ノ被選擧權ヲ有セサルニ至リタル爲選擧ノ期日前十日以内ニ議員候補者タルコトヲ辭スル場合ニ於テハ其ノ事由ヲ記載スヘシ
第五十條　議員候補者ノ屆出又ハ推薦屆出アリタルトキハ選擧長ハ直ニ其ノ旨ヲ議員候補者ノ住居ヲ有スル地ノ市町村長ニ通知シ同時ニ議員候補者ノ氏名、職業、住居、生年月日其ノ他必要ナル事項ヲ開票管理者ニ通知スヘシ
前項ノ通知ヲ受ケタル市町村長ハ當該議員候補者死亡シタルトキハ直ニ其ノ旨ヲ選擧長ニ通知スヘシ

選擧長ハ議員候補者ノ議員候補者タルコトヲ辭シタルトキ又ハ其ノ死亡シタルコトヲ知リタルトキハ直ニ其ノ旨ヲ開票管理者ニ通知スヘシ

第五十一條　議員候補者選擧ノ期日前十一日迄ニ議員候補者タルコトヲ辭シタルトキ、選擧ノ期日ニ於ケル投票所ヲ開クヘキ時刻迄ニ死亡シタルトキ若ハ被選擧權ヲ有セサルニ至リタル爲議員候補者タルコトヲ辭シタルトキ又ハ選擧ノ全部無效ト爲リタルトキハ直ニ衆議院議員選擧法第六十八條第一項ノ供託物ノ還付ヲ請求スルコトヲ得

議員候補者ノ得票數衆議院議員選擧法第六十八條第二項ノ規定ニ該當セサルモノナルトキ又ハ議員候補者同法第七十一條ノ規定ノ適用ヲ受ケタルモノナルトキハ其ノ選擧及當選ノ效力確定後直ニ同法第六十八條第一項ノ供託物ノ還付ヲ請求スルコトヲ得

第五十二條　當選人衆議院議員選擧法第七十四條ノ期間內ニ當選承諾ノ屆出ヲ爲ササルトキハ選擧長ハ直ニ其ノ旨ヲ地方長官ニ報告スヘシ

第八章　選擧運動

第五十三條　選擧事務長ノ選任（議員候補者又ハ推薦屆出者自ラ選擧事務長ト爲リタル場合ヲ含ム以下之ニ同シ）ノ屆出ハ文書ヲ以テ之ヲ爲シ選擧事務長ノ氏名、職業、住居、生年月日及選任年月日並議員候補者ノ氏名ヲ記載シ且選擧事務長カ選擧權ヲ有スル者ナルコトヲ證スヘキ書面ヲ添附スヘシ

推薦屆出者選擧事務長ノ選任ヲ爲シタル場合ニ於テハ前項ノ屆出ニハ推薦屆出者數人アルトキハ其ノ代表者タルコトヲ證スヘキ書面ヲ、其ノ選任ニ付議員候補者ノ承諾ヲ要スルトキハ其ノ承諾ヲ得タルコトヲ證スヘキ書面ヲ添附スヘシ

第五十四條　選擧委員又ハ選擧事務員ノ選任ノ屆出ハ文書ヲ以テ之ヲ爲シ選擧委員又ハ選擧事務員ノ氏名、職業、住居、生年月日及選任年月日ヲ記載シ且選擧委員又ハ選擧事務員カ選擧權ヲ有スル者ナルコトヲ證スヘキ書面ヲ添附スヘシ

第五十五條　選擧事務所ノ設置ノ屆出ハ文書ヲ以テ之ヲ爲シ選擧事務所ノ所在地及設置年月日ヲ記載スヘシ

第五十六條　選擧事務長、選擧委員、選擧事務員又ハ選擧事務所ニ異動アリタルコトノ屆出ハ前三條ノ例ニ依リ之ヲ爲スヘシ

前項ノ屆出ニシテ解任又ハ辭任ニ因ル異動ニ關スルモノニハ衆議院議員選擧法第八十八條第三項若ハ第四項又ハ第八十九條第二項若ハ第三項ノ通知アリタルコトヲ證スヘキ書面ヲ添附スヘシ選擧事務長ヲ辭任シタル推薦屆出者選擧事務長ヲ解任シタル場合ニ於テハ併セテ其ノ解任ニ付議員候補者ノ承諾アリタルコトヲ證スヘキ書面ヲ添附スヘシ

第五十七條　選擧事務長故障アルトキ之ニ

代リテ其ノ職務ヲ行フコトノ届出ハ文書ヲ以テ之ヲ爲シ選擧事務長ノ氏名（選擧事務長ノ選任ヲ爲シタル推薦届出者モ亦故障アルトキハ併セテ其ノ氏名）、故障ノ事實及其ノ職務代行ヲ始メタル年月日ヲ記載シ且故障ノ生シタルコトヲ證スヘキ書面ヲ添附スヘシ

選擧事務長故障アルトキ之ニ代リテ其ノ職務ヲ行フ者之ヲ罷メタルコトノ届出ハ文書ヲ以テ之ヲ爲シ故障ノ止ミタル事實及其ノ職務代行ヲ罷メタル年月日ヲ記載シ且故障ノ止ミタルコトヲ證スヘキ書面ヲ添附スヘシ

第九章　選擧運動ノ費用

第五十八條　選擧事務長選擧運動ノ費用ノ支出ノ承諾ヲ與ヘタル場合ニ於テ承諾ニ係ル費用ノ支出終了シタルトキ又ハ選擧ノ期日經過シタルトキハ選擧事務長ハ遲滯ナク其ノ承諾ヲ受ケタル者ニ就キ支出金額（財産上ノ義務ノ負擔又ハ金錢以外ノ財産上ノ利益ノ使用若ハ費消ノ承諾ヲ與ヘタル場合ニ於テハ其ノ負擔シタル義務又ハ其ノ使用シ若ハ費消シタル利益）、其ノ用途ノ大要、支出先、支出年月日及支出者ノ氏名ヲ記載シタル精算書ヲ作成スヘシ

第五十九條　演説又ハ推薦状ニ依ル選擧運動ノ費用ニシテ議員候補者、選擧事務長、選擧委員又ハ選擧事務員ニ非サル者カ議員候補者又ハ選擧事務長ト意思ヲ通シテ支出シタルモノニ付テハ選擧事務長ハ其ノ都度遲滯ナク議員候補者又ハ支出者ニ就キ前條ノ例ニ依リ精算書ヲ作成スヘシ

前項ノ費用ニシテ議員候補者ト意思ヲ通シテ支出シタルモノニ付テハ其ノ意思ヲ通シタル都度議員候補者ハ直ニ其ノ旨ヲ選擧事務長ニ通知スヘシ

第六十條　立候補準備ノ爲ニ要シタル費用ニシテ議員候補者若ハ選擧事務長ト爲リタル者カ支出シ又ハ他人カ其ノ者ト意思ヲ通シテ支出シタルモノニ付テハ選擧事務長ハ其ノ就任後遲滯ナク議員候補者又ハ支出者ニ就キ第五十八條ノ例ニ依リ精算書ヲ作成スヘシ

第六十一條　選擧事務長ハ左ニ掲クル帳簿ヲ備フヘシ

一　承諾簿

二　評價簿

三　支出簿

第六十二條　選擧事務長選擧運動ノ費用ノ支出ノ承諾ヲ與ヘタルトキハ直ニ承諾ニ係ル金額（財産上ノ義務ノ負擔又ハ金錢以外ノ財産上ノ利益ノ使用若ハ費消ノ承諾ヲ與ヘタル場合ニ於テハ承諾ニ係ル義務又ハ利益）、其ノ用途ノ大要、承諾年月日及承諾ヲ受ケタル者ノ氏名ヲ承諾簿ニ記載スヘシ

選擧事務長選擧運動ノ費用ノ支出ノ承諾ヲ與ヘタル後未タ支出セラレサル費用ニ付テハ文書ヲ以テ其ノ承諾ノ取消ヲ爲スコトヲ得此ノ場合ニ於テハ其ノ旨ヲ前項

ノ例ニ依リ承諾簿ニ記載スヘシ

選擧事務長第五十八條ノ規定ニ依リ精算書ヲ作成シタルトキハ直ニ支出總金額（財産上ノ義務ノ負擔又ハ金錢以外ノ財産上ノ利益ノ使用若ハ費消ニ付テハ其ノ種類別總額）、其ノ用途ノ大要、精算年月日及承諾ヲ受ケタル者ノ氏名ヲ承諾簿ニ記載スヘシ

第六十三條　左ニ掲クル場合ニ於テハ選擧事務長ハ直ニ財産上ノ義務又ハ金錢以外ノ財産上ノ利益ヲ時價ニ見積リタル金額、其ノ用途ノ大要、支出先、支出年月日及見積リノ詳細ナル根據ヲ評價簿ニ記載スヘシ

一　選擧事務長選擧運動ノ費用トシテ財産上ノ義務ヲ負擔シ又ハ金錢以外ノ財産上ノ利益ヲ使用シ若ハ費消シタルトキ

二　選擧事務長第五十九條第一項又ハ第六十條ノ規定ニ依リ財産上ノ義務ノ負擔又ハ金錢以外ノ財産上ノ利益ノ使用若ハ費消ニ關スル精算書ヲ作成シタルトキ

三　選擧事務長前條ノ規定ニ依リ財産上ノ義務ノ負擔又ハ金錢以外ノ財産上ノ利益ノ使用若ハ費消ニ關スル承諾簿ノ記載ヲ爲シタルトキ

第六十四條　左ニ掲クル場合ニ於テハ選擧事務長ハ直ニ支出金額、其ノ用途ノ大要、支出先及支出年月日ヲ支出簿ニ記載スヘシ

一　選擧事務長金錢ヲ以テ選擧運動ノ費用ノ支出ヲ爲シタルトキ

二　選擧事務長第五十九條第一項又ハ第六十條ノ規定ニ依リ金錢ノ支出ニ關スル精算書ヲ作成シタルトキ

三　選擧事務長第六十二條第三項ノ規定ニ依リ金錢ノ支出ニ關スル承諾簿ノ記載ヲ爲シタルトキ

四　選擧事務長前條ノ規定ニ依リ評價簿ノ記載ヲ爲シタルトキ

第六十五條　衆議院議員選擧法第百九條ノ規定ニ依リ事務ノ引繼ヲ爲ス場合ニ於テハ第六十六條ニ定ムル精算屆書ノ樣式ニ準シ選擧運動ノ費用ノ計算書ヲ作成シテ引繼ヲ爲ス者及引繼ヲ受クル者ニ於テ之ニ引繼ノ旨及引繼年月日ヲ記載シ共ニ署名捺印シ第六十八條ニ定ムル帳簿及書類ト共ニ其ノ引繼ヲ爲スヘシ

第六十六條　衆議院議員選擧法第百六條第一項ノ規定ニ依ル選擧運動ノ費用ノ精算ノ屆出ハ文書ヲ以テ之ヲ爲シ內務大臣ノ定ムル精算屆書ノ樣式ニ依ルヘシ

第六十七條　選擧運動ノ費用ノ支出ヲ爲シタルトキハ其ノ都度領收書其ノ他ノ支出ヲ證スヘキ書面ヲ徵スヘシ但シ之ヲ徵シ難キ事情アルトキ又ハ一口五圓未滿ノ支出ヲ爲シタルトキハ此ノ限ニ在ラス

第六十八條　衆議院議員選擧法第百七條第二項ノ規定ニ依リ帳簿及書類ノ種類ヲ定ムルコト左ノ如シ

一　第五十八條乃至第六十條ノ精算書

二　第六十一條ニ掲クル帳簿

三　第六十五條ノ計算書
四　前條ノ領收書其ノ他ノ支出ヲ證スヘキ書面

第十章　選擧ニ關スル費用

第六十九條　選擧人名簿、投票ノ用紙及封筒、投票函並點字器ノ調製ニ要スル費用ハ北海道地方費又ハ府縣ノ負擔トス

第七十條　選擧事務ノ爲地方長官、選擧長、開票管理者又ハ投票管理者ニ於テ要スル費用及選擧會場、開票所又ハ投票所ニ要スル費用ハ關係行政廳ノ經費ヲ以テ之ヲ支辨スヘシ

衆議院議員選擧法第三十三條ノ規定ニ依ル投票ニ關スル選擧事務ノ爲投票管理者又ハ特別投票管理者ニ於テ要スル費用及其ノ投票記載ノ場所ニ要スル費用ハ選擧人ノ屬スル投票區ノ行政廳ノ經費ヲ以テ之ヲ支辨スヘシ

第七十一條　前條ノ關係行政廳二以上アル場合ニ於テハ其ノ支辨スヘキ費用ハ關係行政廳ニ之ヲ平分スヘシ此ノ場合ニ於テ關係行政廳ノ經費カ同一經濟ニ屬スルトキハ一行政廳ノ經費ヲ以テ之ヲ支辨スヘシ

第七十二條　投票立會人、開票立會人及選擧立會人ニハ職務ノ爲要スル費用ヲ給ス

前項ノ費用ノ額ハ地方長官之ヲ定ム

第一項ノ費用ハ北海道地方費又ハ府縣ノ負擔トス

第十一章　無料郵便物ノ差出

第七十三條　衆議院議員選擧法第百四十條第一項ノ選擧運動ノ爲ニスル通常郵便物ハ左ニ掲クルモノニ限ル

一　重量十匁迄ノ無封ノ書狀
二　私製葉書

前項ノ郵便物ハ之ヲ特殊取扱ト爲スコトヲ得ス

第七十四條　前條ノ郵便物ハ選擧事務長ノ選任ヲ爲シタル議員候補者又ハ推薦屆出者ニ限リ之ヲ差出スコトヲ得

選擧事務長ノ選任ヲ爲シタル推薦屆出者死亡其ノ他ノ事由ニ因リ前條ノ郵便物ヲ差出スコトヲ得サルトキハ議員候補者之ヲ差出スコトヲ得

前項ノ議員候補者ハ前條ノ郵便物ヲ其ノ未タ差出サレサル選擧人ニ對シテノミ差出スコトヲ得選擧事務長ニ異動アリタル場合ニ於テ新ニ選擧事務長ノ選任ヲ爲シタル者モ亦同シ

第七十五條　前二條ニ定ムルモノノ外第七十三條ノ郵便物ニ關シ必要ナル事項ハ遞信大臣之ヲ定ム

第十二章　公立學校等ノ設備ノ使用

第七十六條　衆議院議員選擧法第百四十條第二項ノ營造物ノ設備ハ左ニ掲クルモノニシテ道府縣、市町村、市町村組合、町村組合、商業會議所又ハ農會ノ管理ニ屬スルモノニ限ル

一　公會堂
二　議事堂
三　前各號ノ外地方長官ノ指定シタル營造物ノ設備

議事堂ニシテ國又ハ公共團體ノ他ノ營造物ノ設備ト同一ノ建物內ニ在リ又ハ之ニ接續シ若ハ近接シ其ノ使用ニ依リ國又ハ公共團體ノ事務ニ著シキ支障アリト認ムルモノニ付テハ地方長官ハ豫メ之ヲ指定シ其ノ使用ヲ制限シ又ハ禁止スルコトヲ得

前二項ノ指定ヲ爲シタルトキハ地方長官ハ直ニ之ヲ告示スヘシ

第七十七條　公立學校及前條ノ營造物ノ設備ノ使用ハ選擧事務長ノ選任ヲ爲シタル議員候補者又ハ推薦屆出者ニ限リ之ヲ申請スルコトヲ得

第七十四條第二項ノ規定ハ前項ノ申請ニ之ヲ準用ス

第七十八條　公立學校ヲ使用セムトスルトキハ其ノ使用スヘキ學校ノ設備及日時ヲ記載シタル文書ヲ以テ當該公立學校管理者ニ之ヲ申請スヘシ

同一議員候補者ノ爲二回以上同一公立學校ヲ使用セムトスルトキハ先ノ申請ニ對シ許可セラレタル使用ノ日ヲ經過シタル後ニ非サレハ更ニ申請ヲ爲スコトヲ得ス

第七十九條　同一公立學校ヲ同一日時ニ使用スヘキ二以上ノ申請アリタルトキハ公立學校管理者ハ先ニ到達シタル申請書ノ申請ニ對シ、其ノ到達同時ナルトキハ既ニ使用ヲ許可セラレタル度數ノ少キ議員候補者ノ爲ノ申請ニ對シ其ノ使用ヲ許可スヘシ其ノ度數モ亦同シキトキハ申請者又ハ其ノ代人立會ノ上抽籤ニ依リ其ノ使用ヲ許可スヘキ者ヲ決定スヘシ

第八十條　第七十八條ノ規定ニ依ル申請書ノ到達アリタルトキハ公立學校管理者ハ當該公立學校長ノ意見ヲ徵シテ其ノ許否ヲ決定シ到達ノ日ヨリ二日以內ニ申請者又ハ其ノ代人及當該公立學校長ニ通知スヘシ

第八十一條　公立學校ノ使用ノ許可ハ左ノ各號ノ規定ニ依ル

一　公立學校長ニ於テ學校ノ授業又ハ諸行事ニ支障アリト認ムル場合ニ於テハ其ノ使用ヲ許可スルコトヲ得ス
二　職員室、事務室、宿直室、器械室、標本室其ノ他公立學校長ニ於テ著シキ支障アリト認ムル設備ニ付テハ其ノ使用ヲ許可スルコトヲ得ス
三　使用ヲ許可スヘキ期間ハ選擧ノ期日ノ公布又ハ告示アリタル日ヨリ選擧ノ期日ノ前日迄トス
四　使用ノ時間ハ一回ニ付五時間ヲ超ユルコトヲ得ス

第八十二條　道廳府縣立學校管理者タル地方長官ハ前四條ニ規定スル管理者ノ權限ヲ學校長ニ委任スルコトヲ得

地方長官前項ノ委任ヲ爲シタルトキハ直ニ之ヲ告示スヘシ

第八十三條　前五條ノ規定ハ第七十六條ノ營造物ノ設備ノ使用ニ之ヲ準用ス但シ公立學校長ニ該當スル者ナキ場合ニ於テハ第八十一條中公立學校長トアルハ管理者トス

第八十四條　第七十六條ノ營造物ノ設備ノ使用ニ付一般ニ使用ニ關スル料金徵收ノ定アルモノニ關シテハ其ノ料金ヲ徵收スルコトヲ妨ケス

第八十五條　公立學校又ハ第七十六條ノ營造物ノ設備ノ使用ノ準備及其ノ後片付等ニ要スル費用ハ使用ノ許可ヲ受ケタル者ノ負擔トス

公立學校又ハ第七十六條ノ營造物ノ設備ノ使用ニ因リ其ノ設備ヲ損傷シタルトキハ使用ノ許可ヲ受ケタル者ニ於テ之ヲ賠償シ又ハ原狀ニ復スヘシ

第八十六條　地方長官ハ公立學校又ハ第七十六條ノ營造物ノ設備ノ管理者カ本章ノ規定ニ違反シテ又ハ不當ニ使用ノ許可ヲ爲シ又ハ爲ササルトキハ使用ノ許可ヲ取消シ又ハ使用ノ許可ヲ爲スコトヲ得

第八十七條　地方長官ハ選擧運動ノ爲ニスル公立學校又ハ第七十六條ノ營造物ノ設備ノ使用ニ關シ本章ニ定ムルモノノ外必要ナル規定ヲ設クルコトヲ得

第十三章　交通至難ノ島嶼ニ於ケル特例

第八十八條　北海道廳根室支廳管內國後郡、紗那郡、擇捉郡及蘂取郡ニ於ケル選擧ニ關シテハ第八十九條乃至第百七條ノ規定ニ依ル

第八十九條乃至第九十二條　（削除）

第九十三條　衆議院議員選擧法第十六條第一項ニ定ムル出訴期間ハ決定ノ通知ヲ受ケタル日ヨリ三十日以內トス

第九十四條　衆議院議員選擧法第三十一條第二項乃至第四項ノ規定及第三十四條中投票ヲ受理スヘカラスト決定シタル場合ニ關スル規定ハ之ヲ適用セス

第九十五條　投票管理者ハ投票ノ翌日投票所ニ於テ衆議院議員選擧法第四十八條、第四十九條第二項及第五十一條ノ例ニ依リ開票管理者ニ屬スル職務ヲ行ア此ノ場合ニ於テハ投票立會人ハ其ノ例ニ依リ開票立會人ニ屬スル職務ヲ行フ

第三十九條ノ規定ハ前項ノ規定ニ依リ投票ヲ點檢スル場合ニ之ヲ準用ス

第九十六條　各議員候補者ノ得票數ノ計算終リタルトキハ投票管理者ハ其ノ得票數ヲ朗讀スヘシ

第九十七條　投票ノ點檢終リタルトキハ投票管理者ハ直ニ其ノ結果ヲ開票管理者ニ報告スヘシ

第九十八條　投票管理者ハ點檢濟ニ係ル投票ノ有效無效ヲ區別シ各之ヲ封筒ニ入レ投票立會人ト共ニ之ニ封印ヲ施スヘシ

第三十四條ノ規定ニ依リ受理スヘカラスト決定シタル投票ハ投票管理者之ヲ其ノ儘他ノ封筒ニ入レ投票立會人ト共ニ之ニ封印ヲ施スヘシ

第九十九條　投票管理者ハ前四條ノ規定ニ

依ル手續ニ關スル顚末書ヲ作成シ投票立會人ト共ニ署名シ投票錄及前條ノ投票ト併セテ開票管理者ニ之ヲ送致スヘシ

第百條　投票管理者ハ豫メ開票ノ日時ヲ告示スヘシ

第百一條　選擧人ハ其ノ投票所ニ就キ開票ノ參觀ヲ求ムルコトヲ得

第百二條　天災其ノ他避クヘカラサル事故ニ因リ投票ヲ行フコトヲ得サルトキ又ハ更ニ之ヲ行フノ必要アルトキハ投票管理者ハ更ニ期日ヲ定メ投票ヲ行ハシムヘシ

前項ノ規定ハ開票ニ之ヲ準用ス

投票管理者第一項ノ規定ニ依リ投票ノ期日ヲ定メタルトキハ少クトモ五日前ニ之ヲ告示シ前項ノ規定ニ依リ開票ノ期日ヲ定メタルトキハ豫メ之ヲ告示スヘシ

投票管理者第一項又ハ第二項ノ規定ニ依リ投票又ハ開票ノ期日ヲ定メタルトキハ直ニ之ヲ開票管理者、選擧長及地方長官ニ報告スヘシ

第百三條　開票管理者ハ第九十七條ノ報告及衆議院議員選擧法第三十五條又ハ第三十六條ノ規定ニ依リ送致セラレタル投票函ノ總テ到達シタル翌日開票ヲ行フヘシ

開票管理者ハ前項ノ投票函ノ投票ニ付衆議院議員選擧法第四十九條第一項及第二項ノ規定ニ依ル手續ヲ終リタルトキハ前項ノ報告ヲ調査シ投票區每ニ各議員候補者ノ得票數ヲ朗讀シ終リニ各議員候補者ノ得票總數ヲ朗讀スヘシ

第九十七條ノ報告遲著ノ虞アルトキハ其ノ報告總テ到達セサルモ投票函ノ總テ到達シタル翌日以後ハ開票管理者ハ其ノ投票函ノ投票及前日迄ニ到達シタル報告ニ付前項ノ例ニ依リ開票ノ手續ヲ爲スコトヲ得

前項ノ規定ニ依リ開票ヲ行ヒタル場合ニ於テハ開票管理者ハ報告ノ總テ到達シタル日又ハ其ノ翌日更ニ開票所ニ於テ調査未濟ノ報告ヲ調査シ該報告ニ付投票區每ニ各議員候補者ノ得票數ヲ朗讀シ終リニ前項ノ規定ニ依ル得票總數ニ通算シタル各議員候補者ノ得票總數ヲ朗讀スヘシ

第二項及前項ノ場合ニ於テハ開票管理者ハ直ニ其ノ結果ヲ選擧長ニ報告スヘシ

第百四條　第九十七條ノ報告ニ關スル書類及第九十九條ノ規定ニ依リ送致ヲ受ケタル顚末書ハ開票管理者ニ於テ議員ノ任期間之ヲ保存スヘシ

第百五條　選擧ノ一部無效ト爲リ更ニ選擧ヲ行ヒタル場合ノ開票ニ於テハ其ノ選擧ニ係ル第九十七條ノ報告ヲ調査スヘシ

第百六條　衆議院議員選擧法第百六條ノ規定ニ依リ屆出ツヘキ事項ニ付同條ノ定ムル期間内ニ屆出ツルコト能ハサル情況アリト認ムルトキハ地方長官ハ第八十八條ノ地域ニ關スル部分ニ限リ分別シテ適宜ニ其ノ期間ヲ延長スルコトヲ得

地方長官前項ノ規定ニ依リ屆出期間ヲ延長シタルトキハ直ニ其ノ旨ヲ告示スヘシ

第八十八條ノ地域ニ關スル當選人ニ對スル衆議院議員選擧法第八十四條第一項ニ定ムル出訴期間ハ第一項ノ規定ニ依リ延長シタル期間ト同一ノ期間之ヲ延長ス

第百七條　衆議院議員選擧法第百二十八條ノ規定ハ投票立會人正當ノ事故ナクシテ第九十五條又ハ第九十九條ニ定メタル義務ヲ缺キタル場合ニ之ヲ適用ス

第百八條　東京府青ケ島ニ於テハ名主ハ其ノ年十二月十九日迄ニ選擧人名簿ヲ支廳長ニ送付スヘシ

前項ノ規定ニ依リ送付ヲ受ケタル選擧人名簿ハ支廳長ニ於テ之ヲ管理スヘシ

第一項ノ規定ニ依リ選擧人名簿ヲ支廳長ニ發送シタル後確定判決ニ依リ之ヲ修正スヘキトキハ名主ハ直ニ其ノ旨ヲ支廳長ニ報告スヘシ

支廳長前項ノ報告ヲ受ケタルトキハ直ニ名簿ヲ修正シ其ノ旨ヲ告示スヘシ

選擧人名簿ヲ其ノ年十二月十九日迄ニ支廳長ニ送付スルコト能ハサル情況アリト認ムルトキハ地方長官ハ適宜ニ選擧人名簿ノ調製、縱覽、修正ノ申立及修正ノ申立ノ決定ニ關スル期日又ハ期間ヲ定メ併セテ之ヲ告示シ其ノ年十二月十九日迄ニ選擧人名簿ヲ送付セシムルコトヲ得

第一項ノ區域ニ於ケル選擧ニ關シテハ第九十三條及第百六條ノ規定ヲ準用ス但シ地方長官トアルハ警視總監トス

投票所ハ支廳ニ之ヲ設ケ投票管理者ノ職務ハ支廳長之ヲ行フ

衆議院議員選擧法第二十四條第二項ノ規定ニ依リ投票立會人ノ選任ヲ爲ス場合ニ於テハ官吏又ハ吏員ノ中ニ就キ之ヲ選任スルコトヲ得

第百九條　沖繩縣大東島ニ於ケル選擧人名簿ニ關スル町村長ノ職務ハ地方長官ノ定メタル官吏之ヲ行フ

前項ノ區域ニ於ケル選擧ニ關シテハ第九十三條乃至第百七條ノ規定ヲ準用ス但シ投票管理者ノ職務ハ地方長官ノ定メタル官吏之ヲ行フ

第十三章ノ二　市町村ノ境界ノ變更アリタル場合ニ於ケル選擧ノ施行

第百九條ノ二　選擧區ノ境界ニ涉リテ境界ノ變更アリタル市町村ニ於テ行フ衆議院議員選擧法第七十五條及第七十九條ノ選擧ニ付テハ同法第二條ノ市町村ノ區域ハ最近ニ總選擧ノ行ハレタル市町村ノ區域トシ選擧ニ關スル事務ヲ管理スベキ市町村長ハ關係市町村長數人アルトキハ其ノ者ノ中ニ就キ地方長官ノ指定スル者トス

第百九條ノ三　前條ノ選擧ヲ行フ場合ニ於テハ關係市町村長ハ選擧前選擧人名簿中市町村ノ境界ノ變更ニ因リ異動アリタル區域ニ係ル部分ヲ投票管理者ニ送付スヘシ

第百九條ノ四　第百九條ノ二ノ選擧ニ付テハ衆議院議員選擧法第三條ノ郡市ノ區域ハ最近ニ總選擧ノ行ハレタル郡市ノ區域トシ開票管理者タルベキ支廳長又ハ市長

ハ關係支廳長又ハ市長數人アルトキハ其ノ者ノ中ニ就キ地方長官ノ指定スル者トス

第百九條ノ五　府縣ノ境界ニ渉リテ市町村ノ境界ノ變更アリタル場合ニ於ケル第百九條ノ二ノ選擧ニ付テハ選擧ニ關スル事務ヲ管理スベキ地方長官ハ其ノ異動アリタル區域ガ最近ノ總選擧ノ際屬シタル府縣ノ地方長官トス

第百九條ノ六　第百九條ノ二ノ選擧ニ關スル費用ニシテ第六十九條乃至第七十二條ノ規定ニ依リ難キモノニ付テハ内務大臣ノ定ムル所ニ依ル

第百九條ノ七　左ノ場合ニ於テ選擧又ハ投票ヲ行フベキ區域ノ境界ニ渉リテ市町村ノ境界ノ變更アリタルトキハ其ノ選擧又ハ投票ニ付テハ前五條ノ規定ヲ準用ス

一　選擧ノ一部無效ト爲リ更ニ選擧ヲ行フトキ（市町村ノ境界ノ變更ガ選擧區ノ境界ニ渉ル場合ヲ除ク）

二　衆議院議員選擧法第三十七條ノ投票ヲ行フトキ

第十四章　補則

第百十條　地方長官衆議院議員選擧法第百四十三條ノ規定ニ依リ選擧事務長カ同法第百十二條又ハ第百十三條ノ罪ヲ犯シ刑ニ處セラレタル旨ノ裁判所ノ長ノ通知ヲ受ケタルトキハ直ニ之ヲ關係選擧長ニ通知スヘシ

選擧長前項ノ通知ヲ受ケタルトキハ直ニ其ノ旨ヲ告示スヘシ

第百十一條　衆議院議員選擧法第百四十四條、第百四十四條ノ二及第百四十五條ノ規定ハ本令ノ適用ニ付之ヲ準用ス

附　則

本令ハ次ノ總選擧ヨリ之ヲ施行ス

北海道衆議院議員選擧特例ハ之ヲ廢止ス

附　則（大正十五年勅令第二百三十八號）

本令ハ郡長及島司廢止ノ日ヨリ之ヲ施行ス

附　則（昭和三年勅令第二百六十四號）

本令ハ公布ノ日ヨリ之ヲ施行ス

本令ハ本令施行ノ日以前ニ於テ市町村ノ境界ノ變更アリタル場合ニ於ケル選擧又ハ投票ニ付テモ亦之ヲ適用ス

（別表點字略ス）

選擧運動ノ爲ニスル文書圖畫ニ關スル件

（大正十五年二月内務省令第五號、昭和五年一月内務省令第四號改正同六年八月同令第二四號改正）

第一條　選擧運動ノ爲文書圖畫（信書ヲ除ク以下之ニ同シ）ヲ頒布シ又ハ掲示スル者ハ表面ニ其ノ氏名及住居ヲ記載スヘシ但シ名刺及選擧事務所ニ掲示スルモノニ付テハ此ノ限ニ在ラス

第一條ノ二　選擧運動ノ爲ニスル文書圖畫ハ郵便又ハ新聞紙ノ廣告ニ依ルノ外之ヲ

頒布スルコトヲ得ス
選擧運動ノ爲ニスル文書圖畫ハ立札、看板ノ類ヲ除クノ外之ヲ貼付シ又ハ掲示スルコトヲ得ス
演說會ノ告知ノ爲使用スル文書ハ前二項ノ規定ニ拘ラス之ヲ頒布シ又ハ貼付シ若ハ掲示スルコトヲ得但シ航空機ニ依リテ之ヲ頒布スルコトヲ得ス

第二條　演說會ノ告知ノ爲使用スル文書ハ二度刷又ハ二色以下トシ演說會ノ日時及場所、演題並出演者ヲ記載シタルモノニ限リ引札ニ在リテハ長一尺幅七寸、張札ニ在リテハ長三尺一寸幅二尺一寸ヲ超ユルコトヲ得ス
選擧運動ノ爲使用スル名刺ノ用紙ハ白色ノモノニ限ル

第二條ノ二　演說會ノ告知ノ爲使用スル張札ノ數ハ左ノ各號ノ制限ヲ超ユルコトヲ得ス
一　衆議院議員選擧法第六十七條第一項乃至第三項ノ屆出アリタル後議員候補者、選擧事務長、選擧委員又ハ選擧事務員カ開催スル演說會ノ爲使用スル張札及議員候補者選擧事務長、選擧委員又ハ選擧事務員ニ非サル者カ議員候補者又ハ選擧事務長ト意思ヲ通シテ開催スル演說會ノ爲使用スル張札ニ付テハ議員候補者一人ニ付通シテ三千枚
二　衆議院議員選擧法第六十七條第一項乃至第三項ノ屆出アリタル後議員候補者、選擧事務長、選擧委員又ハ選擧事務員ニ非サル者カ議員候補者又ハ選擧事務長ト意思ヲ通セスシテ開催スル演說會ノ爲使用スル張札ニ付テハ演說會一箇所ニ付三十枚
三　衆議院議員選擧法第六十七條第一項乃至第三項ノ屆出前ニ於テ開催セラルル演說會ノ爲使用スル張札ニ付テハ演說會一箇所ニ付三十枚

第二條ノ三　演說會ノ爲ニスル張札ニシテ演說會場內ニ於テ使用スルモノニ付テハ前二條ノ規定ヲ適用セス

第二條ノ四　演說會ノ告知ノ爲使用スル張札ニハ第二條ノ二第一號ニ規定スル張札ニ付テハ衆議院議員選擧法第八十八條第五項ノ屆出アリタル警察署、第二條ノ二第二號又ハ第三號ニ規定スル張札ニ付テハ演說會場所在地所轄警察署ノ檢印ヲ受クヘシ

第三條　選擧運動ノ爲使用スル立札、看板ノ類ハ議員候補者一人ニ付通シテ百五十箇以內トシ白色ニ黑色ヲ用ヒタルモノニ限リ且縱九尺橫二尺ヲ超ユルコトヲ得ス

第四條　選擧運動ノ爲使用スル立札、看板ノ類ハ選擧事務所ヲ設ケタル場所ノ入口ヨリ一町以內ノ區域ニ於テハ選擧事務所一箇所ニ付通シテ二箇ヲ超ユルコトヲ得ス

第五條　選擧運動ノ爲ニスル文書圖畫ハ選擧ノ當日ニ限リ投票所ヲ設ケタル場所ノ入口ヨリ三町以內ノ區域ニ於テ之ヲ掲示シ又ハ郵便若ハ新聞紙ノ廣告（新聞紙ニ折込ミ頒布スル場合ヲ含ム）ニ依ルノ外之ヲ頒布スルコトヲ得ス

第六條　削除

第七條　選擧運動ノ爲ニスル張札、立札、看板ノ類ハ承諾ヲ得スシテ他人ノ土地又ハ工作物ニ之ヲ掲示スルコトヲ得ス

附　則

本令ハ次ノ總選擧ヨリ之ヲ施行ス

昭和七年二月十日印刷
昭和七年二月十五日發行

最近選擧事犯判決集

定價金八十五錢

編者 日本檢察學會

東京市神田區今川小路一ノ一
發行者 山田直次郎

東京市神田區今川小路一ノ二
印刷者 淺野徹

東京市神田區今川小路一丁目一番地
發行所 立興社
振替東京五〇三五八番
電話九段三〇四六番

印刷所 正隆堂

最近選擧事犯判決集
附　衆議院議員選擧法・同法施行令
　　選擧運動ノ爲ニスル文書圖畫ニ關スル件
日本立法資料全集　別巻　1187

平成30年４月20日　　復刻版第１刷発行

編　者　日　本　撿　察　學　會

発行者　今　井　　　貴
　　　　渡　辺　左　近

発行所　信　山　社　出　版
〒113-0033　東京都文京区本郷６-２-９-102
モンテベルデ第２東大正門前
電　話　03（3818）1019
ＦＡＸ　03（3818）0344
郵便振替　00140-2-367777（信山社販売）
Printed in Japan.

制作／(株)信山社，印刷・製本／松澤印刷・日進堂

ISBN 978-4-7972-7302-1 C3332

別巻　巻数順一覧【950～981巻】

巻数	書　名	編・著者	ISBN	本体価格
950	実地応用町村制質疑録	野田藤吉郎、國吉拓郎	ISBN978-4-7972-6656-6	22,000円
951	市町村議員必携	川瀬周次、田中迪三	ISBN978-4-7972-6657-3	40,000円
952	増補 町村制執務備考 全	増澤鐵、飯島篤雄	ISBN978-4-7972-6658-0	46,000円
953	郡区町村編制法 府県会規則 地方税規則 三法綱論	小笠原美治	ISBN978-4-7972-6659-7	28,000円
954	郡区町村編制 府県会規則 地方税規則 新法例纂 追加地方諸要則	柳澤武運三	ISBN978-4-7972-6660-3	21,000円
955	地方革新講話	西内天行	ISBN978-4-7972-6921-5	40,000円
956	市町村名辞典	杉野耕三郎	ISBN978-4-7972-6922-2	38,000円
957	市町村吏員提要〔第三版〕	田邊好一	ISBN978-4-7972-6923-9	60,000円
958	帝国市町村便覧	大西林五郎	ISBN978-4-7972-6924-6	57,000円
959	最近検定 市町村名鑑 附 官国幣社 及 諸学校所在地一覧	藤澤衛彦、伊東順彦、増田穆、関惣右衛門	ISBN978-4-7972-6925-3	64,000円
960	鼇頭対照 市町村制解釈 附 理由書 及 参考諸布達	伊藤寿	ISBN978-4-7972-6926-0	40,000円
961	市町村制釈義 完　附 市町村制理由	水越成章	ISBN978-4-7972-6927-7	36,000円
962	府県郡市町村 模範治績　附 耕地整理法 産業組合法 附属法令	荻野千之助	ISBN978-4-7972-6928-4	74,000円
963	市町村大字読方名彙〔大正十四年度版〕	小川琢治	ISBN978-4-7972-6929-1	60,000円
964	町村会議員選挙要覧	津田東璋	ISBN978-4-7972-6930-7	34,000円
965	市制町村制 及 府県制　附 普通選挙法	法律研究会	ISBN978-4-7972-6931-4	30,000円
966	市制町村制註釈 完　附 市制町村制理由〔明治21年初版〕	角田真平、山田正賢	ISBN978-4-7972-6932-1	46,000円
967	市町村制詳解 全　附 市町村制理由	元田肇、加藤政之助、日鼻豊作	ISBN978-4-7972-6933-8	47,000円
968	区町村会議要覧 全	阪田辨之助	ISBN978-4-7972-6934-5	28,000円
969	実用 町村制市制事務提要	河邨貞山、島村文耕	ISBN978-4-7972-6935-2	46,000円
970	新旧対照 市制町村制正文〔第三版〕	自治館編輯局	ISBN978-4-7972-6936-9	28,000円
971	細密調査 市町村便覧(三府 四十三県 北海道 樺太 台湾 朝鮮 関東州)　附 分類官公衙公私学校銀行所在地一覧表	白山榮一郎、森田公美	ISBN978-4-7972-6937-6	88,000円
972	正文 市制町村制 並 附属法規	法曹閣	ISBN978-4-7972-6938-3	21,000円
973	台湾朝鮮関東州 全国市町村便覧 各学校所在地〔第一分冊〕	長谷川好太郎	ISBN978-4-7972-6939-0	58,000円
974	台湾朝鮮関東州 全国市町村便覧 各学校所在地〔第二分冊〕	長谷川好太郎	ISBN978-4-7972-6940-6	58,000円
975	合巻 佛蘭西邑法・和蘭邑法・皇国郡区町村編成法	箕作麟祥、大井憲太郎、神田孝平	ISBN978-4-7972-6941-3	28,000円
976	自治之模範	江木翼	ISBN978-4-7972-6942-0	60,000円
977	地方制度実例総覧〔明治36年初版〕	金田謙	ISBN978-4-7972-6943-7	48,000円
978	市町村民 自治読本	武藤榮治郎	ISBN978-4-7972-6944-4	22,000円
979	町村制詳解　附 市制及町村制理由	相澤富蔵	ISBN978-4-7972-6945-1	28,000円
980	改正 市町村制 並 附属法規	楠綾雄	ISBN978-4-7972-6946-8	28,000円
981	改正 市制 及 町村制〔訂正10版〕	山野金蔵	ISBN978-4-7972-6947-5	28,000円

別巻　巻数順一覧【915 ～ 949 巻】

巻数	書　名	編・著者	ISBN	本体価格
915	改正 新旧対照市町村一覧	鍾美堂	ISBN978-4-7972-6621-4	78,000 円
916	東京市会先例彙輯	後藤新平、桐島像一、八田五三	ISBN978-4-7972-6622-1	65,000 円
917	改正 地方制度解説〔第六版〕	狭間茂	ISBN978-4-7972-6623-8	67,000 円
918	改正 地方制度通義	荒川五郎	ISBN978-4-7972-6624-5	75,000 円
919	町村制市制全書 完	中嶋廣蔵	ISBN978-4-7972-6625-2	80,000 円
920	自治新制 市町村会法要談 全	田中重策	ISBN978-4-7972-6626-9	22,000 円
921	郡市町村吏員 収税実務要書	荻野千之助	ISBN978-4-7972-6627-6	21,000 円
922	町村至宝	桂虎次郎	ISBN978-4-7972-6628-3	36,000 円
923	地方制度通 全	上山満之進	ISBN978-4-7972-6629-0	60,000 円
924	帝国議会府県会郡会市町村会議員必携 附関係法規 第1分冊	太田峯三郎、林田亀太郎、小原新三	ISBN978-4-7972-6630-6	46,000 円
925	帝国議会府県会郡会市町村会議員必携 附関係法規 第2分冊	太田峯三郎、林田亀太郎、小原新三	ISBN978-4-7972-6631-3	62,000 円
926	市町村是	野田千太郎	ISBN978-4-7972-6632-0	21,000 円
927	市町村執務要覧 全 第1分冊	大成館編輯局	ISBN978-4-7972-6633-7	60,000 円
928	市町村執務要覧 全 第2分冊	大成館編輯局	ISBN978-4-7972-6634-4	58,000 円
929	府県会規則大全　附 裁定録	朝倉達三、若林友之	ISBN978-4-7972-6635-1	28,000 円
930	地方自治の手引	前田宇治郎	ISBN978-4-7972-6636-8	28,000 円
931	改正 市制町村制と衆議院議員選挙法	服部喜太郎	ISBN978-4-7972-6637-5	28,000 円
932	市町村国税事務取扱手続	広島財務研究会	ISBN978-4-7972-6638-2	34,000 円
933	地方自治制要義 全	末松偕一郎	ISBN978-4-7972-6639-9	57,000 円
934	市町村特別税之栞	三邊長治、水谷平吉	ISBN978-4-7972-6640-5	24,000 円
935	英国地方制度 及 税法	良保両氏、水野遵	ISBN978-4-7972-6641-2	34,000 円
936	英国地方制度 及 税法	髙橋達	ISBN978-4-7972-6642-9	20,000 円
937	日本法典全書 第一編 府県制郡制註釈	上條慎蔵、坪谷善四郎	ISBN978-4-7972-6643-6	58,000 円
938	判例挿入 自治法規全集 全	池田繁太郎	ISBN978-4-7972-6644-3	82,000 円
939	比較研究 自治之精髄	水野錬太郎	ISBN978-4-7972-6645-0	22,000 円
940	傍訓註釈 市制町村制 並ニ 理由書〔第三版〕	筒井時治	ISBN978-4-7972-6646-7	46,000 円
941	以呂波引町村便覧	田山宗堯	ISBN978-4-7972-6647-4	37,000 円
942	町村制執務要録 全	鷹巣清二郎	ISBN978-4-7972-6648-1	46,000 円
943	地方自治 及 振興策	床次竹二郎	ISBN978-4-7972-6649-8	30,000 円
944	地方自治講話	田中四郎左衛門	ISBN978-4-7972-6650-4	36,000 円
945	地方施設改良 訓論演説集〔第六版〕	鹽川玉江	ISBN978-4-7972-6651-1	40,000 円
946	帝国地方自治団体発達史〔第三版〕	佐藤亀齢	ISBN978-4-7972-6652-8	48,000 円
947	農村自治	小橋一太	ISBN978-4-7972-6653-5	34,000 円
948	国税 地方税 市町村税 滞納処分法問答	竹尾高堅	ISBN978-4-7972-6654-2	28,000 円
949	市町村役場実用 完	福井淳	ISBN978-4-7972-6655-9	40,000 円

別巻　巻数順一覧【878 ～ 914 巻】

巻数	書　名	編・著者	ISBN	本体価格
878	明治史第六編 政黨史	博文館編輯局	ISBN978-4-7972-7180-5	42,000 円
879	日本政黨發達史 全〔第一分冊〕	上野熊藏	ISBN978-4-7972-7181-2	50,000 円
880	日本政黨發達史 全〔第二分冊〕	上野熊藏	ISBN978-4-7972-7182-9	50,000 円
881	政党論	梶原保人	ISBN978-4-7972-7184-3	30,000 円
882	獨逸新民法商法正文	古川五郎、山口弘一	ISBN978-4-7972-7185-0	90,000 円
883	日本民法鼇頭對比獨逸民法	荒波正隆	ISBN978-4-7972-7186-7	40,000 円
884	泰西立憲國政治攬要	荒井泰治	ISBN978-4-7972-7187-4	30,000 円
885	改正衆議院議員選擧法釋義 全	福岡伯、横田左仲	ISBN978-4-7972-7188-1	42,000 円
886	改正衆議院議員選擧法釋義 附 改正貴族院令,治安維持法	犀川長作、犀川久平	ISBN978-4-7972-7189-8	33,000 円
887	公民必携 選擧法規ト判決例	大浦兼武、平沼騏一郎、木下友三郎、清水澄、三浦數平	ISBN978-4-7972-7190-4	96,000 円
888	衆議院議員選擧法輯覽	司法省刑事局	ISBN978-4-7972-7191-1	53,000 円
889	行政司法選擧判例總覽―行政救濟と其手續―	澤田竹治郎・川崎秀男	ISBN978-4-7972-7192-8	72,000 円
890	日本親族相續法義解 全	髙橋捨六・堀田馬三	ISBN978-4-7972-7193-5	45,000 円
891	普通選擧文書集成	山中秀男・岩本溫良	ISBN978-4-7972-7194-2	85,000 円
892	普選の勝者 代議士月旦	大石末吉	ISBN978-4-7972-7195-9	60,000 円
893	刑法註釋 卷一～卷四(上卷)	村田保	ISBN978-4-7972-7196-6	58,000 円
894	刑法註釋 卷五～卷八(下卷)	村田保	ISBN978-4-7972-7197-3	50,000 円
895	治罪法註釋 卷一～卷四(上卷)	村田保	ISBN978-4-7972-7198-0	50,000 円
896	治罪法註釋 卷五～卷八(下卷)	村田保	ISBN978-4-7972-7198-0	50,000 円
897	議會選擧法	カール・ブラウニアス、國政研究科會	ISBN978-4-7972-7201-7	42,000 円
901	鼇頭註釈 町村制　附 理由 全	八乙女盛次、片野続	ISBN978-4-7972-6607-8	28,000 円
902	改正 市制町村制　附 改正要義	田山宗堯	ISBN978-4-7972-6608-5	28,000 円
903	増補訂正 町村制詳解〔第十五版〕	長峰安三郎、三浦通太、野田千太郎	ISBN978-4-7972-6609-2	52,000 円
904	市制町村制 並 理由書　附 直接間接税類別及実施手続	高崎修助	ISBN978-4-7972-6610-8	20,000 円
905	町村制要義	河野正義	ISBN978-4-7972-6611-5	28,000 円
906	改正 市制町村制義解〔帝國地方行政学会〕	川村芳次	ISBN978-4-7972-6612-2	60,000 円
907	市制町村制 及 関係法令〔第三版〕	野田千太郎	ISBN978-4-7972-6613-9	35,000 円
908	市町村新旧対照一覧	中村芳松	ISBN978-4-7972-6614-6	38,000 円
909	改正 府県郡制問答講義	木内英雄	ISBN978-4-7972-6615-3	28,000 円
910	地方自治提要 全　附 諸届願書式 日用規則抄録	木村時義、吉武則久	ISBN978-4-7972-6616-0	56,000 円
911	訂正増補 市町村制問答詳解　附 理由及追輯	福井淳	ISBN978-4-7972-6617-7	70,000 円
912	改正 府県制郡制註釈〔第三版〕	福井淳	ISBN978-4-7972-6618-4	34,000 円
913	地方制度実例総覧〔第七版〕	自治館編輯局	ISBN978-4-7972-6619-1	78,000 円
914	英国地方政治論	ジョージ・チャールズ・ブロドリック、久米金彌	ISBN978-4-7972-6620-7	30,000 円

別巻　巻数順一覧【843～877巻】

巻数	書　名	編・著者	ISBN	本体価格
843	法律汎論	熊谷直太	ISBN978-4-7972-7141-6	40,000円
844	英國國會選擧訴願判決例 全	オマリー、ハードカッスル、サンタース	ISBN978-4-7972-7142-3	80,000円
845	衆議院議員選擧法改正理由書 完	内務省	ISBN978-4-7972-7143-0	40,000円
846	戇齋法律論文集	森作太郎	ISBN978-4-7972-7144-7	45,000円
847	雨山遺稾	渡邉輝之助	ISBN978-4-7972-7145-4	70,000円
848	法曹紙屑籠	鷺城逸史	ISBN978-4-7972-7146-1	54,000円
849	法例彙纂 民法之部 第一篇	史官	ISBN978-4-7972-7147-8	66,000円
850	法例彙纂 民法之部 第二篇〔第一分冊〕	史官	ISBN978-4-7972-7148-5	55,000円
851	法例彙纂 民法之部 第二篇〔第二分冊〕	史官	ISBN978-4-7972-7149-2	75,000円
852	法例彙纂 商法之部〔第一分冊〕	史官	ISBN978-4-7972-7150-8	70,000円
853	法例彙纂 商法之部〔第二分冊〕	史官	ISBN978-4-7972-7151-5	75,000円
854	法例彙纂 訴訟法之部〔第一分冊〕	史官	ISBN978-4-7972-7152-2	60,000円
855	法例彙纂 訴訟法之部〔第二分冊〕	史官	ISBN978-4-7972-7153-9	48,000円
856	法例彙纂 懲罰則之部	史官	ISBN978-4-7972-7154-6	58,000円
857	法例彙纂 第二版 民法之部〔第一分冊〕	史官	ISBN978-4-7972-7155-3	70,000円
858	法例彙纂 第二版 民法之部〔第二分冊〕	史官	ISBN978-4-7972-7156-0	70,000円
859	法例彙纂 第二版 商法之部・訴訟法之部〔第一分冊〕	太政官記録掛	ISBN978-4-7972-7157-7	72,000円
860	法例彙纂 第二版 商法之部・訴訟法之部〔第二分冊〕	太政官記録掛	ISBN978-4-7972-7158-4	40,000円
861	法令彙纂 第三版 民法之部〔第一分冊〕	太政官記録掛	ISBN978-4-7972-7159-1	54,000円
862	法令彙纂 第三版 民法之部〔第二分冊〕	太政官記録掛	ISBN978-4-7972-7160-7	54,000円
863	現行法律規則全書（上）	小笠原美治、井田鐘次郎	ISBN978-4-7972-7162-1	50,000円
864	現行法律規則全書（下）	小笠原美治、井田鐘次郎	ISBN978-4-7972-7163-8	53,000円
865	國民法制通論 上卷・下卷	仁保龜松	ISBN978-4-7972-7165-2	56,000円
866	刑法註釋	磯部四郎、小笠原美治	ISBN978-4-7972-7166-9	85,000円
867	治罪法註釋	磯部四郎、小笠原美治	ISBN978-4-7972-7167-6	70,000円
868	政法哲學 前編	ハーバート・スペンサー、濱野定四郎、渡邊治	ISBN978-4-7972-7168-3	45,000円
869	政法哲學 後編	ハーバート・スペンサー、濱野定四郎、渡邊治	ISBN978-4-7972-7169-0	45,000円
870	佛國商法復説 第壹篇自第壹卷至第七卷	リウヒエール、商法編纂局	ISBN978-4-7972-7171-3	75,000円
871	佛國商法復説 第壹篇第八卷	リウヒエール、商法編纂局	ISBN978-4-7972-7172-0	45,000円
872	佛國商法復説 自第二篇至第四篇	リウヒエール、商法編纂局	ISBN978-4-7972-7173-7	70,000円
873	佛國商法復説 書式之部	リウヒエール、商法編纂局	ISBN978-4-7972-7174-4	40,000円
874	代言試驗問題擬判録 全 附録明治法律學校民刑問題及答案	熊野敏三、宮城浩蔵 河野和三郎、岡義男	ISBN978-4-7972-7176-8	35,000円
875	各國官吏試驗法類集 上・下	内閣	ISBN978-4-7972-7177-5	54,000円
876	商業規篇	矢野亨	ISBN978-4-7972-7178-2	53,000円
877	民法実用法典 全	福田一覺	ISBN978-4-7972-7179-9	45,000円

別巻　巻数順一覧【810～842巻】

巻数	書　名	編・著者	ISBN	本体価格
810	訓點法國律例 民律 上卷	鄭永寧	ISBN978-4-7972-7105-8	50,000円
811	訓點法國律例 民律 中卷	鄭永寧	ISBN978-4-7972-7106-5	50,000円
812	訓點法國律例 民律 下卷	鄭永寧	ISBN978-4-7972-7107-2	60,000円
813	訓點法國律例 民律指掌	鄭永寧	ISBN978-4-7972-7108-9	58,000円
814	訓點法國律例 貿易定律・園林則律	鄭永寧	ISBN978-4-7972-7109-6	60,000円
815	民事訴訟法 完	本多康直	ISBN978-4-7972-7111-9	65,000円
816	物権法(第一部)完	西川一男	ISBN978-4-7972-7112-6	45,000円
817	物権法(第二部)完	馬場愿治	ISBN978-4-7972-7113-3	35,000円
818	商法五十課 全	アーサー・B・クラーク、本多孫四郎	ISBN978-4-7972-7115-7	38,000円
819	英米商法律原論 契約之部及流通券之部	岡山兼吉、淺井勝	ISBN978-4-7972-7116-4	38,000円
820	英國組合法 完	サー・フレデリック・ポロック、榊原幾久若	ISBN978-4-7972-7117-1	30,000円
821	自治論 一名人民ノ自由 巻之上・巻之下	リーバー、林董	ISBN978-4-7972-7118-8	55,000円
822	自治論纂 全一册	獨逸學協會	ISBN978-4-7972-7119-5	50,000円
823	憲法彙纂	古屋宗作、鹿島秀麿	ISBN978-4-7972-7120-1	35,000円
824	國會汎論	ブルンチュリー、石津可輔、讃井逸三	ISBN978-4-7972-7121-8	30,000円
825	威氏法學通論	エスクバック、渡邊輝之助、神山亨太郎	ISBN978-4-7972-7122-5	35,000円
826	萬國憲法 全	高田早苗、坪谷善四郎	ISBN978-4-7972-7123-2	50,000円
827	綱目代議政體	J・S・ミル、上田充	ISBN978-4-7972-7124-9	40,000円
828	法學通論	山田喜之助	ISBN978-4-7972-7125-6	30,000円
829	法學通論 完	島田俊雄、溝上與三郎	ISBN978-4-7972-7126-3	35,000円
830	自由之權利 一名自由之理 全	J・S・ミル、高橋正次郎	ISBN978-4-7972-7127-0	38,000円
831	歐洲代議政體起原史 第一册・第二冊／代議政體原論 完	ギゾー、漆間眞學、藤田四郎、アンドリー、山口松五郎	ISBN978-4-7972-7128-7	100,000円
832	代議政體 全	J・S・ミル、前橋孝義	ISBN978-4-7972-7129-4	55,000円
833	民約論	J・J・ルソー、田中弘義、服部徳	ISBN978-4-7972-7130-0	40,000円
834	歐米政黨沿革史總論	藤田四郎	ISBN978-4-7972-7131-7	30,000円
835	内外政黨事情・日本政黨事情 完	中村義三、大久保常吉	ISBN978-4-7972-7132-4	35,000円
836	議會及政黨論	菊池學而	ISBN978-4-7972-7133-1	35,000円
837	各國之政黨 全〔第1分冊〕	外務省政務局	ISBN978-4-7972-7134-8	70,000円
838	各國之政黨 全〔第2分冊〕	外務省政務局	ISBN978-4-7972-7135-5	60,000円
839	大日本政黨史 全	若林淸、尾崎行雄、箕浦勝人、加藤恒忠	ISBN978-4-7972-7137-9	63,000円
840	民約論	ルソー、藤田浪人	ISBN978-4-7972-7138-6	30,000円
841	人權宣告辯妄・政治眞論一名主權辯妄	ベンサム、草野宣隆、藤田四郎	ISBN978-4-7972-7139-3	40,000円
842	法制講義 全	赤司鷹一郎	ISBN978-4-7972-7140-9	30,000円